高等院校"十三五"
网络与新媒体系列教材

智能新媒体

李卫东 ◉ 编著

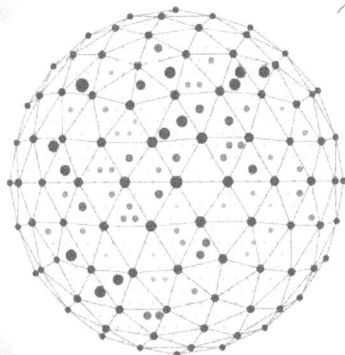

人民邮电出版社

北 京

图书在版编目（CIP）数据

智能新媒体：微课版 / 李卫东编著. -- 北京：人民邮电出版社，2021.8
高等院校"十三五"网络与新媒体系列教材
ISBN 978-7-115-56153-4

Ⅰ. ①智… Ⅱ. ①李… Ⅲ. ①智能技术－应用－传播媒介－高等学校－教材 Ⅳ. ①G206.2-39

中国版本图书馆CIP数据核字(2021)第047336号

内 容 提 要

本书系统讲解智能新媒体的基础知识和前沿动态。全书分为基本原理篇、应用模式篇、运营管理篇三篇。基本原理篇（第1章至第5章）从基本概念、关键技术、产品形态、应用模式、产品搭建方法、传播模式（云传播）和内容生产方式（大数据可视化）七个层面介绍了智能新媒体的基本原理；应用模式篇（第6章至第9章）囊括了人工智能+信息获取、人工智能+交流互动、人工智能+生活娱乐、人工智能+电子商务四个领域的传统应用模式和新型应用模式；运营管理篇（第10章和第11章）主要介绍了智能新媒体的运营管理战略和典型产品实例。

本书可作为网络与新媒体专业的核心课程教材，也可作为新闻学、传播学、广播电视学和广告学等专业的学科基础课（新媒体概论类）教材，以及公共管理学等其他专业的通识课教材，亦可供人工智能应用领域、互联网领域、信息化领域和传媒领域的业界人士参考阅读。

◆ 编　　著　李卫东
　　责任编辑　王　迎
　　责任印制　李　东　胡　南
◆ 人民邮电出版社出版发行　　北京市丰台区成寿寺路 11 号
　　邮编　100164　　电子邮件　315@ptpress.com.cn
　　网址　https://www.ptpress.com.cn
　　北京虎彩文化传播有限公司印刷
◆ 开本：700×1000　1/16
　　印张：16　　　　　　　　　　　2021 年 8 月第 1 版
　　字数：312 千字　　　　　　　2024 年 8 月北京第 3 次印刷
　　　　　　　　　　　定价：59.80 元

读者服务热线：(010)81055256　印装质量热线：(010)81055316
反盗版热线：(010)81055315
广告经营许可证：京东市监广登字 20170147 号

丛书序

新媒体范式的历史演进及其社会构建

——兼论传播学学科发展的着眼点与着手处

喻国明

当今世界正处在一个科技大发展和社会大变革的时期，以新一代信息通信技术为代表的传播革命方兴未艾，技术迭代日渐加快。面对层出不穷的媒介形式和愈发复杂的传播生态，站在现实实践与未来发展的节点上，我们有必要认真思考一下面向未来传播的传播学学科发展的方向、逻辑与路径。而要回答这样一个顶层设计的战略问题，需要回到传播学学科体系中的"元概念"——媒介，即从理解媒介、理解新媒体出发，探寻答案。

一、新媒体之"新"：不仅仅是时间序列上的新与旧，而是为社会连接提供了新的方式、尺度和标准

传统的传播学主流观点把媒介看作物理级意义上的从经验上可感知的对象，将其理解为一种传递信息和发挥社会功能的工具。它是一种显现的实存，是机器、是渠道、是技术，是一个纯粹的客体。但在技术革命引发传播生态大变革的现在与未来，在基于社交链条、智能算法以及未来即将大规模登场的基于传感器资讯的机器写作的信息流之中，已很难区分出什么是媒介（客体）角色、什么是人（主体）角色。面对正在日益去客体化的媒介，在媒介和非媒介没有排他性限制的数字化时代，传统的媒介"工具"论正遭遇解释力的危机。

不同于人与媒介之间主客二元对立的传统媒介定义，麦克卢汉"媒介是人的延伸"的论断为重新理解媒介提供了新的思路。在麦克卢汉看来："所谓媒介即讯息，只不过是说任何媒介（即人的任何延伸）对于个人和社会的任何影响都是由于新的尺度产生的；我们的任何一种延伸（或曰任何一种新的技术），都是要在我们的事务当中引进一种新的尺度。……任何媒介或者技术的'讯息'都是由它引入的人间事物的尺度变化、速度变化和模式变化。"也就是说，媒介是人感知外部世界的"中介"，它不仅仅是器物本身，更重要的是由其邀约的一系列关系和意义的总和。"任何技术都逐渐创造出全新的人的环境，环境并非消极的包装用品，而是积极的作用进程。"从更宏观的视角来看，社会关系的发生、维系与发展必须依附于作为中介纽带的媒介。在这个意义上，媒介本质上是社会关系的隐喻，它构造了社会。

所以，正如麦克卢汉所言，"任何的新媒介都是一个进化的过程，一个生物裂变的过程，它为人类打开了通向感知和新型活动领域的大门"。任何媒介技术的升级换代，也就是人类社会的社会关系的再造和基于这种社会关系再造的资源再分配。从这个角度来说，"新媒体"（New Media）不是具体的特定的工具实体，而是由每一次传播技术改进带来的社会联结的拓展，即新媒体之"新"，在于为连接提供新的方式、尺度和标准。

历史地看，在口语传播阶段，人类除了身体外没有任何传播技术可以借用，需要亲身参与在场的交流，凭借语言进行跨空间的交流，凭借记忆进行跨时间的交流；壁画、雕刻等象征性活动的兴起使得人类超越了自身的生物边界，其中最重要的是文字的出现，它从空间和时间上弥补了语言缺陷，更具保存性、统一性以及符号性；纸张的发明与使用为传播提供了更经济、更便携的载体，让传播成本更低廉，传播速度更快捷；印刷术在时空传递性及经济性方面进一步促进了文字传播，大量的文字典籍可以被更为准确、更为规模化的保存与复制，读报活动取代了上教堂的交流，印刷媒介催生了近代社会，全球化的传播也依赖印刷术逐步得以实现；作为文字传播和电子媒介的中介形式，电报第一次将传播与交通分离开来，极大改变了人们的时空观念；广播延伸了语言的传播效果，其亲近性与冲击力激发起听众的情感纽带，且因不受文化程度的限制打破了阶级界限，覆盖广大地区，具有即时性、同步性和广域性；与广播同样，电视媒介也深入家庭，进一步推动了资讯、知识与文化艺术的通俗化与普及性。可以看出，传播技术的发展和媒介形态的变革是社会进化的关键部分，每一种新技术都给社会交往带来一个新的规模、速度、范围及传播模式的演进。技术的进步对边界与业态的改变总是不乏案例的。例如，在很长一段时间，乳肉家禽畜牧业和蔬菜花卉种植业需紧密分布在城市周边，而随着包装、运输等相关技术的改进，这些产业的市场版图逐渐拓展，业态结构也不断丰富。同样，传播技术的升级也在不断以新的连接方式拓展着传播时空，重塑着传媒业态，所谓社会的媒介化本质上就是以媒介的逻辑重构社会生活的各个领域。

简而言之，传播技术的发展不断带来"新的媒体"，这些新媒体表征着新的社会连接方式、尺度与标准，使人们能够探索更多的实践空间，能拥有更多的资源和更多的领地，去展示和安放我们的价值、个性以及生活的样态。

二、新连接之"社会构造"：社会传播图景已发生根本性改变

新一轮科技革命所催生出的"新"的媒体——以互联网为代表的数字媒介——连接起并改造着"旧"的媒介，它重新连接一切，不仅仅是架构社会生活的基础设施，而且已经成为重构社会生活的"设计师"。所以，作为一种"高维媒体"，互联网引发了从传播的连接层次到传播的社会结构一系列的前所未有的革命性改变。这意味着，我们需要厘清传播环境与传播现实发生的根本性转变，把握新的宏观社会传播图景。

从社会构造上来看，"微粒化社会"已到来。所谓"微粒化社会"就是指颗粒度很微小的社会。伴随着社会传播技术门槛的下降与传播工具的普及，个人作为传播的主体有机会直接成为社会资源的接触者和操控者。在大数据、云计算、人工智能等多种数字化信息技术的浪潮下，万物互联进一步将人与人、人与世界的物理连接上升到生理级、心理级的多重互联互通，其疆界进一步拓展、要素进一步丰富、结构进一步生态化，原本散落在个人身上的闲置时间、闲置知识、闲置经验等各类闲置资源在新技术条件下得以被发现、被检索、被匹配。个体之间可以产生自由的连接，连接期间还会产生很多互动，这些连接和互动呈现出多样性很足的社会及其价值与功能。可以说，整个互联网将原有的以单位（机构）为基本运作主体的社会构造裂解为以个人为基本运作主体的"微粒化社会"，这种社会构造上的改变是一种核裂变式的能量释放。

从社会赋能来看，"连接"成为一种赋能赋权的力量源泉。连接与再连接是互联网改造世界的基本逻辑，而连接的基础性资源是关系资源，互联网世界的影响力与组织力直接取决于行动者能够在多大程度上激活、掌握、调动和整合关系资源，也就是说，关系赋权成为一种新的权力机制。所谓关系赋权，即在嵌套性关系网络中，个体力量在无限连接中聚合、放大、爆发，为社会中相对无权者赋予话语权和行动权。关系赋权不依赖外部权力的特定干预，而是依靠复杂网络中大量个体的自组织协同，从关系网络中内生涌现出权力。这意味着，越来越多的权力不是自上而下地被赋予，而是自下而上地涌现。虽然褪去了武力、行政和资本的强制性和制裁性，但是"连接"以及其代表的关系赋权可以在最小的干预、最短的时间内发挥更大程度的功能，其效力和效能不逊色于甚至有时优于以往任何一种权力来源。

从信息结构来看，"泛众化"传播时代的社会信息结构向分布式（并联式）转型。4G 和 5G 技术的崛起开创了泛众化传播的新时代，视频语言作为一种可以容纳多元要素、多样文化的"宽通道"表达方式，前所未有地降低了人们参与社会表达、成为传播供给者的门槛，使过去不常见的亚文化形态得以完成其表达空间的释放和价值实现。这意味着，信息结构已经从过去的科层制社会的"串联式"模型转变为扁平化的分布式社会的"并联式"模型。因此，如何处理好圈层、群落之间的横向沟通与信任，便成为社会发展之于传播最为重要的责任与使命。而相比"摆事实，讲道理"，"关系认同"与"情感共振"成为传播机制中更为重要的影响性因素，我们需要通过非理性因素的有效作用将碎片化的人群重新组织起来，找到社会共识与最大公约数。

从传播格局来看，平台型媒体的崛起成为传播渠道的寡头独占者。互联网解构了传统的传播格局，尤其是通过"一站满足式"的平台型媒体构建，使其对于渠道、流量及用户的寡头化独占成为常态。传统媒体对传播渠道的完全掌控已不复存在，于是，传统媒体为打通传播信息的"最后一公里"，便借助多种手段向互联网平台拓展，在这个意义上，传统媒体成了新媒体的内容生产商之一，新媒体成了传统媒体依赖的触达用户的"中介"。"媒介融合"问题的提出，便源自传统主流媒介的渠道中断或渠道失灵；如何通过整（融）合实现主流意识形态的畅达传播，便是"媒介融合"战略的预设目标。而 5G 时代的到来将极大促进社会的"线下"生活向"线上"生活的转移，面对"线上"社会生活逐步"加宽""变细"和"加厚"——即基于场景化服务的要求和任务，谁以科技的力量、人本的逻辑去建构自己的发展与服务，谁就是未来发展的主导者。

三、新范式之着眼点与着手处：传播学学科需要"积极重构"

马克思在一百多年以前讲过一个论断："历史的逻辑从哪里开始，理论的逻辑就应该从哪里开始。"这句话告诉我们，历史（实践）逻辑是理论逻辑最为重要的对标物，社会科学的一切学术都应以实践的检验作为最高标准，而不是理论"卡拉 OK"自说自话的产物。概言之，面对飞速发展的媒介与传播技术，以及大幅度扩展的实践边界，传播学学科需要"积极重构"，即新的传播现实需要我们用全新的理论逻辑与实践范式与之相匹配。对传播学学科而言，我们需要重新定位我们学科的基础，重新划定我们学科的边界、要素、结构和相应的作用机制，这可能是传播学学科建设发展中特别关键的事情。面向未来传播，把握传播学学科发展的着眼点和着手处需要立足于四个关键词。

1. 格局为界

新的学科范式的建立，应回到"原点"，回到现场，站在全局和时代发展的高点上重新划定学科的边界与框架。回顾新闻传播学学科的成长史，媒介技术无疑成为促进整个学科成长的关键因素，传播学的学科发展实际上也必然要越来越多地包容技术革命所带来的新的因素，没有这种制度性的包容、规则性的包容，我们的发展就会付出极大的代价。我们必须认识到技术逻辑对于传播学学科体系构建的基础性结构作用，必须认识到传播学的学科体系从来没有像今天一样面临着扩容、重构的革命性任务。格局大小决定可供性的丰富程度，我们需要从时间维度和空间维度这两个维度来构造可供性。时间维度即对于未来发展的把握，空间维度即对"点"的把握与对"结构"的把握，互联网时代，后者为要。

2. 战略为要

战略问题解决"在哪儿做"和"做什么"，战术问题解决"如何做"，做正确的事比把事情做正确更重要。"问题单"上的层次高低决定着学科建设成果的价值高下。随着 5G 时代的来临，传播学的学术构架正在发生革命性的改变。最基础的部分应该是"电信传播学"，研究通信技术如何影响着传播的样式、传播的种类等。其上一层是"符号传播学"，因为今天各种各样的符号都能成为传播的载体，也会形成各种各样的机制规律角色扮演的问题，需要研究。再上一层就是"人际传播学"，这不是传统意义上的狭义的人际传播，而且人与人、人与他人、人与社会等这样的人际社会的传播。更高一层是"人机传播学"，研究人和机器、人和物如何进行沟通。这些将会成为未来传播学体系的基本构造。

3. 交叉为本

传播学未来发展的不二法门仍然是跨领域基础上的研究协同。尼葛洛庞帝在学科发展中的"反学科"主张造就了超一流的麻省理工学院（MIT）媒体实验室，这生动地说明问题导向是实现学科创新的基本逻辑。当下和未来传播过程所连接的要素、资源越来越多，所涉及的领域以及相应的规律机制就越来越多。面对一个生态级的研究对象，大数据、云计算、人工智能、5G、区块链等一系列的新的技术和新的领域，靠累积和学习就搞清楚是不可能的，要求人们成为"全才"既不现实也不可能，这个问题最好的解决办法就是要让专业的人来做专业的事，即需要多学科之间的共同协同来完成问题的解读与解决。所以，学科的交叉、人员的协同是传播学学科发展的潮流所向。只有通过跨学科的协同与整合，我们才能够产生巨大的传播生产力、技术生产力和社会生产力。

4. 简明为金

研究逻辑和表达逻辑是完全不同的：研究逻辑是要寻求问题的解决方案；而表达逻辑则是要寻求传播的通达效能，以减少文化折扣及认知偏差。所以对传播学理论建设来说，理论的最高境界是透彻，简明是以深度把握其本质为前提的，当然，还需"将密室尘封的理论搬到广场"，好的理论成果应该如阳光照亮人们的生活，此为传播学研究者的责任担当。同样，还需关切的是，在传播学学科与信息科学、计算机科学无限交融汇合的今天，传播学仍然要找到自己的特长和领域。我们认为，信息的"机器逻辑"与"人的逻辑"具有不同的导向，与其他学科不同的是，人的介入，依托于人对信息的认知、使用、创造、治理等心理与行为，是区分信息与新闻、比特与符号、场景与意义、价值的关键要素，也是传播学学科的立命之本。

关于高等院校"十三五"网络与新媒体系列教材的组织编撰的缘起，要感谢人民邮电出版社财经分社武恩玉社长，是她最先提议我组织相关的专家资源，由"网络与新媒体专业建设"的 9 家国内新闻传播学科建设中新媒体研究的重镇院系成立"网络新媒体教育 C9 联盟"，并于 2019 年 6 月 22 日举行了论坛和启动仪式，这是新闻传播学科向着未来传播学殿堂迈进的重要一步。在这里尤其要感谢第一批 C9 联盟院校的掌门人或学科带头人的共襄盛举，他们是：北京师范大学喻国明执行院长、中国传媒大学丁俊杰院长、清华大学彭兰主任、上海交通大学李本乾院长、复旦大学张涛甫执行院长、华中科技大学张明新院长、华南理工大学苏宏元院长、西安交通大学李明德院长、重庆大学董天策院长等。

这套教材虽然是以个人署名的方式呈现和出版的，但其中的不少思想和探索实际上是来自于整个中国学术界与实践界锐意创新的智慧，大而言之，是这个时代大格局中奋斗和探索中的人们的创新智慧的结晶。我们感谢这个时代，更感谢这个时代中志在潮头的所有探索者、创新者。谨以此系列教材向一切努力前行的人们致以敬礼！

喻国明

2021 年 6 月 6 日于浩思家园

序言 FOREWORD

教育是培养人的活动，是使人成为人的事业。教育的价值，体现在培养社会新人、帮助人类实现自身再生产的同时，传承、弘扬社会的文明。而教材是教育得以进行的基本条件。无论是对于中小学教育还是大学教育而言，教材的编纂、流通与选择都是教育教学活动的前提。对于大学教育而言，教材建设，特别是哲学社会科学（简称文科）的教材建设尤其重要。习近平总书记站在国家战略高度提出以下要求："要抓好教材体系建设，形成适应中国特色社会主义发展要求、立足国际学术前沿、门类齐全的哲学社会科学教材体系。"教材体系建设是培养新人、传承文化的重要基础。一般而言，大学的专业人才培养是一个复杂的系统工程，涉及诸多环节和要素，其中教材建设便是重中之重。教材是教师讲授课程的依据和学生学习的必备材料，是贯彻教学大纲的重要物质基础。因此，好的教材的编写，就是人才培养工程中的一项重要的基础建设。

如今，我们置身于信息爆炸式膨胀的云传播环境，云计算、物联网、移动互联网、大数据和人工智能等新型信息技术层出不穷，新媒体自身的形态也在不断发展演化。当下人工智能的迅猛发展，使得智能新媒体成为新媒体发展的新趋势和新方向。从业界来看，现实中的智能新媒体应用丰富多彩，一般都具有复杂性和综合性的特质。如何让学生认清这些应用的本质，如何描述一种应用的基本原理，如何让学生创造一种全新的应用呢？从教育界来看，在人工智能时代，作为新闻传播大类通识课的新媒体类课程到底应该讲什么？作为网络与新媒体专业的学生到底应该学什么？如何才能兼顾夯实专业基础知识和掌握前沿技术发展及其应用的新动态？这些都是我们亟待解决的现实问题。

对于新闻传播大类专业，尤其是网络与新媒体专业的大学生来说，一本合适的、高水平的《智能新媒体》教材，不仅有助于引领他们进入专业知识的殿堂，而且还有助于学生们站在学科、专业的制高点，通过全面梳理新技术、新应用、新产品和新业态，厘清各概念之间的相互关系，系统建立"智能新媒体"的理论视图和知识图谱。李卫东教授撰述的《智能新媒体》，就是应时而生的、为网络与新媒体专业师生度身订制的高水平大学专业课教材。

李卫东教授是华中科技大学新闻与信息传播学院的教授、博士生导师。与大多数文科专业的教授不同，他本科、硕士、博士及博士后阶段虽然都在华中科技大学求学，但在这些不同阶段学习的却是不同的专业。他有多年的互联网业界的创业经历和其他丰富的工作经验，拥有国家认证的计算机技术与软件专业技术系统分析师资格（高级工程师级）。他本科阶段学习的是动力学，硕士、博士研究生阶段学习的是公共管理，博士后阶段则是在新闻传播学流动站，与我合作研究新闻传播问题，这种复合的知识背景使得他很自然地对网络传播、智能新媒体产生了浓厚的兴趣。他在国内学界第一个提出了"云传播"的概念，揭示了云传播的机制。其主讲课程《网络与新媒体应用模式》入选了国家精品在线开放课程，其出版的教材《网络与新媒体应用模式——创新设计及运营战略视角》也深受学界、业界好评。

李卫东教授的这本《智能新媒体》教材是对其既有研究领域的延伸和拓展，其厚实的工科基础和复合的专业优势，使得他在智能新媒体研究和知识组织方面得心应手。他试图让学生全面掌握智能新媒体的基础知识，拓展他们的学术视野，引领学生进入智能新媒体的学术前沿，致力于培养学生的智能新媒体应用模式的创新设计能力。全书由三个部分（篇）组成，即基本原理篇、应用模式篇和运营管理篇。与国内已经出版的同类著作相比，这本教材在对知识内容的组织方面表现出了鲜明的特色。

基本原理篇（第1章至第5章）概括了传统新媒体和智能新媒体的基础知识，讲清了智能新媒体的基本原理。从传统新媒体的基础理论出发，从基本概念、关键技术、产品形态、应用模式、产品搭建方法、云传播模式和内容生产方式（大数据可视化）七个层面介绍了智能新媒体的基本原理。第1章讲述了人工智能与新媒体的发展演化关系，厘清了智能新媒体的概念，探讨了智能新媒体的网络基础设施和计算模式；第2章讲述了原生应用、页面应用、混合应用、软硬一体机、智能机器人和智能云服务等智能新媒体的产品形态，讲述了什么是应用模式，介绍了应用模式的原子理论、基本构成和体系结构；第 3 章讲述了智能新媒体的平台型产品、应用型产品和终端型产品的搭建方法；第 4 章讲述智能新媒体的云传播模式的基本原理；第 5 章讲述了智能新媒体内容生产方式，介绍了大数据可视化的原理和方法。

应用模式篇（第 6 章至第 9 章）囊括了人工智能+信息获取、人工智能+交流互动、人工智能+生活娱乐、人工智能+电子商务四个领域的传统应用模式和新型应用模式类型。第 6 章讲述了智能新闻、智能学习和搜索引擎三类应用模式；第 7 章讲述了智能交互、即时通信和社交网络三类应用模式；第 8 章讲述了智能生活、网络游戏和网络视频三种应用模式；第 9 章讲述了智能电子商务应用模式和传统电子商务模式。

在运营管理篇（包括第 10 章至第 11 章）中，作者较为深入地论述了智能新媒体的运营管理战略。重点讲述了智能新媒体的运营管理战略的典型案例，其中第 10 章介绍了智能新媒体产品运营的用户思维和云生态思维；第 11 章详细分析了五个不同领域的智能新媒体应用产品。

全书结构从理论到实践，从业务运作到智能新媒体运营管理，层层递进，干支分明，体例严谨，逻辑清晰。在总体上遵循了新媒体传播相关知识的内在逻辑。同时，在内容的组织方面，又有意识地考虑到了学生学习接受的认知规律，实现了课程知识内在的科学逻辑与学生认知逻辑的有机统一。

由于《智能新媒体》教材的研究对象是日新月异、方兴未艾的，远远还没有到达成熟的定型的状态的智能新媒体，李卫东教授作为一位思想敏锐、具有开拓创新意识的学者，面对这一变化难测的智能新媒体传播现实，也难免会出现力所不逮的情形。根据辩证唯物主义认识论，事物的发展、真相的呈现有一个过程，人们对事物、对真理的认识难以一蹴而就，也会经历一个由浅入深、由表及里的阶段性演进过程。所以，这本教材对当下智能新媒体的传播现象、机理、模式的解读和归纳，不一定完全精准，或者作者在编写时与现实相适应，但是随着时过境迁，原有的论断可能不完全符合新的现实。这种情形在其他学科领域也是一种常态，我们没有必要、也不可能要求这本教材在对未知领域探索中的一切表述都做到精准无误。

　　还有一点需要指出的是，在今天这个信息化时代，教材本身的出版建设已经趋向立体化、多媒体化，除了纸质材料（如教科书、讲义、讲授提纲、参考书刊、辅导材料等教学辅助材料）、视听材料（如教学影片、图片库、唱片、录音、录像磁带）外，还有开放式的网络链接资料。其内容正在从有限向无限延伸。人们对教材本身连接师生、沟通学校与社会、串联学界与行业的功能的期待也日益强烈。所以，教材的建设也存在一个逐步丰富、日趋完善的问题。李卫东教授的这本《智能新媒体》作为网络传播领域的大学教材，初试啼声，领风气之先，其开拓创新、填补空白之功，自应被充分肯定。但我也期待，随着网络传播的发展以及智媒体传播实践的演进，李卫东教授能够与时俱进，日新日新又日新，在再版中不断地对本书予以修订和完善，为高等教育的发展，为学生的学习和成才做出应有的贡献。

　　是为序。

张昆

2020 年 6 月于喻园

前 言 FOREWORD

当前，全世界都在抢占人工智能发展的制高点。我国能否在人工智能基础理论和核心技术领域有所创新，无疑是我国能否引领全球人工智能发展的关键。我国人工智能应用的广阔市场是促进人工智能关键核心技术发展的原始动力。换言之，人工智能的应用创新是原始创新的催化剂。只有人工智能的应用创新在各行业、各领域遍地开花，才能为人工智能关键核心技术的研发成果提供广阔的应用市场和高额回报，才能为人工智能的原始创新提供优质土壤。

可喜的是，人工智能在中国各行业、各领域的应用越来越广泛，也正在现有新媒体的各个层面引起全面变革，智能新媒体逐渐"飞入寻常百姓家"。智能新媒体是一种人工智能技术与现有媒介体系深度融合的产物：新智能的涌现是智能新媒体的重要功能；信息的传播是智能新媒体的基本功能。智能新媒体可定义为兼具智能属性和媒体属性的人工智能应用，是数据、算法和算力的集成，是具有"大脑"的新媒体。

党的二十大报告指出，要加快建设网络强国、数字中国。加快数字中国建设，就是要适应我国发展新的历史方位，全面贯彻新发展理念，以信息化培育新动能，用新动能推动新发展，以新发展创造新辉煌。

中国能否开创和引领互联网平台发展的潮流，关系到"数字中国"和"中国式现代化"的建设，关系到中国能否打造世界级的互联网传播平台。网络与新媒体专业如何为数字中国和中国式现代化的建设提供一流的创新型人才，是教材建设和课程建设需要探索和实践的重要方向。在人工智能时代，网络与新媒体领域的专业人才究竟应该学什么？应该重点培养他们哪方面的能力？这是当前教育界必须认真思考的问题。我国互联网前辈们为我国互联网的发展开创了广阔天地，让我国成为了名副其实的互联网大国。我国高校所培养的学生的创新潜力和创新能力不断被证明。在人工智能时代，我国高校培养的学生完全有可能打造出世界级的智能新媒体应用产品。

因此，我们认为智能新媒体应用，特别是其应用模式的创新设计能力是核心竞争力，依据有三点。

第一，应用模式创新设计是国民经济行业与人工智能融合发展的逻辑起点。国民经济行业要实现智能化，首先要回答这两个问题：其一是要明确到底需要人工智能解决什么问题，如何解决这些问题，其二是要弄清楚运用人工智能能做什么。应用模式的创新设计就是确定我们如何应用人工智能全面实现原有生产方式和经营方式的智能化，能清晰回答"运用人工智能可以解决什么问题，究竟如何解决"。

第二，应用模式创新设计是建设智能社会的关键。我们只有在人工智能+信息获取、人工智能+交流互动、人工智能+生活娱乐、人工智能+商业贸易、人工智能+公共服务等应用场景中，找到科学的、恰当的和具有突破性的应用模式，才能让人工智能在这些领域发挥引领作用，才能真正推动人工智能在各行各业落地生根，才能建设真正的智能社会，才有可能带动人工智能核心技术的突破。

第三，能构建独具特色的原创应用模式是一家智能新媒体应用提供商创新能力和发展潜力的集中体现。智能新媒体应用要最终推向市场，一般要经历应用产品概念设计（应用模式创新设计）、应用产品详细设计、应用系统架构设计、应用系统程序设计、应用产品运营管理等基本环节。应用模式创新设计是应用产品概念设计环节中最具战略性的关键环节，是对某种用户需求的抽象描述，它能直接决定一个智能新媒体应用的发展潜力和发展前景，也是决定其生死存亡的核心竞争力之一。

因此，本书将"应用模式的创新设计能力"作为智能新媒体（人工智能应用）领域专业人才培养的"一根红线"，系统讲解了智能新媒体的基础知识和前沿动态。首先，本书从基本概念、关键技术、产品形态、应用模式、产品搭建方法、传播模式和内容生产方式七个层面详细讲解了智能新媒体的基本原理；其次，重点讲解了人工智能+信息获取、人工智能+交流互动、人工智能+生活娱乐、人工智能+电子商务四个领域的传统应用模式和新型应用模式；最后介绍了智能新媒体的运营管理战略和典型产品实例。这样的内容安排，既可以让读者全面掌握智能新媒体的基础知识，又可以让读者具备智能新媒体应用模式创新设计的能力，能有机融合智能新媒体基础知识的学习和创新设计能力的提升。

李卫东

目 录 CONTENTS

第1章　智能新媒体概述 ……………………………………………… 1

1.1　新媒体的概念 …………………………………………………… 1
　1.1.1　什么是新媒体 ……………………………………………… 2
　1.1.2　网络与新媒体关系辨析 …………………………………… 3
1.2　人工智能与新媒体发展 ………………………………………… 4
　1.2.1　人工智能的概念与类型 …………………………………… 4
　1.2.2　人工智能的基础知识 ……………………………………… 5
　1.2.3　人工智能的算法基础 ……………………………………… 9
　1.2.4　什么是智能新媒体 …………………………………………18
1.3　智能新媒体的计算模式：云计算 ………………………………21
　1.3.1　云计算概述 …………………………………………………22
　1.3.2　云计算的部署类型 …………………………………………23
　1.3.3　云计算的特征 ………………………………………………26
　1.3.4　云计算是如何实现的 ………………………………………27
　1.3.5　云计算与人工智能发展 ……………………………………30
1.4　智能新媒体的基础设施 …………………………………………30
　1.4.1　互联网和移动互联网 ………………………………………30
　1.4.2　物联网 ………………………………………………………33
　1.4.3　5G …………………………………………………………34
【课后习题】 …………………………………………………………37

第2章　智能新媒体应用的产品形态和应用模式 …………………38

2.1　产品形态类型 ……………………………………………………39
　2.1.1　原生应用 ……………………………………………………39
　2.1.2　页面应用 ……………………………………………………40
　2.1.3　混合应用 ……………………………………………………40
　2.1.4　软硬一体机 …………………………………………………41
　2.1.5　智能机器人 …………………………………………………41
　2.1.6　云服务 ………………………………………………………42
2.2　页面应用形态演变 ………………………………………………45
　2.2.1　Web 3.0 与智能新媒体产品形态的发展 …………………45
　2.2.2　HTML5 与智能新媒体产品形态的发展 …………………47
2.3　应用模式理论 ……………………………………………………49

2.3.1 应用模式的概念 ⋯⋯⋯⋯⋯⋯⋯⋯⋯⋯⋯⋯⋯⋯⋯⋯⋯ 49

2.3.2 应用模式的原子理论 ⋯⋯⋯⋯⋯⋯⋯⋯⋯⋯⋯⋯⋯⋯⋯ 50

2.3.3 原子应用模式的基本构成 ⋯⋯⋯⋯⋯⋯⋯⋯⋯⋯⋯⋯⋯ 50

2.3.4 应用模式的体系结构 ⋯⋯⋯⋯⋯⋯⋯⋯⋯⋯⋯⋯⋯⋯⋯ 53

2.4 应用模式创新设计实例 ⋯⋯⋯⋯⋯⋯⋯⋯⋯⋯⋯⋯⋯⋯⋯⋯ 55

2.4.1 应用的战略定位 ⋯⋯⋯⋯⋯⋯⋯⋯⋯⋯⋯⋯⋯⋯⋯⋯⋯ 56

2.4.2 服务模式 ⋯⋯⋯⋯⋯⋯⋯⋯⋯⋯⋯⋯⋯⋯⋯⋯⋯⋯⋯⋯ 56

2.4.3 盈利模式 ⋯⋯⋯⋯⋯⋯⋯⋯⋯⋯⋯⋯⋯⋯⋯⋯⋯⋯⋯⋯ 59

2.4.4 用户管理模式 ⋯⋯⋯⋯⋯⋯⋯⋯⋯⋯⋯⋯⋯⋯⋯⋯⋯⋯ 59

【课后习题】 ⋯⋯⋯⋯⋯⋯⋯⋯⋯⋯⋯⋯⋯⋯⋯⋯⋯⋯⋯⋯⋯⋯ 59

第3章 智能新媒体的产品搭建方法 ⋯⋯⋯⋯⋯⋯⋯⋯⋯⋯⋯⋯ 60

3.1 平台型智能新媒体产品搭建 ⋯⋯⋯⋯⋯⋯⋯⋯⋯⋯⋯⋯⋯ 61

3.1.1 如何搭建平台型智能新媒体产品的传输媒介 ⋯⋯⋯⋯ 61

3.1.2 如何搭建人工智能服务的基础平台 ⋯⋯⋯⋯⋯⋯⋯⋯ 63

3.2 应用型智能新媒体产品搭建 ⋯⋯⋯⋯⋯⋯⋯⋯⋯⋯⋯⋯⋯ 64

3.2.1 如何运用平台服务快速搭建应用型智能新媒体产品 ⋯ 65

3.2.2 如何运用平台服务搭建虚拟现实和增强现实产品 ⋯⋯ 66

3.2.3 如何运用软件服务建立智能新媒体内容生产平台 ⋯⋯ 67

3.3 终端型智能新媒体产品搭建 ⋯⋯⋯⋯⋯⋯⋯⋯⋯⋯⋯⋯⋯ 68

3.3.1 智能分发系统的搭建 ⋯⋯⋯⋯⋯⋯⋯⋯⋯⋯⋯⋯⋯⋯⋯ 68

3.3.2 智能交互系统的搭建 ⋯⋯⋯⋯⋯⋯⋯⋯⋯⋯⋯⋯⋯⋯⋯ 69

3.3.3 智能机器人系统的搭建 ⋯⋯⋯⋯⋯⋯⋯⋯⋯⋯⋯⋯⋯⋯ 69

【课后习题】 ⋯⋯⋯⋯⋯⋯⋯⋯⋯⋯⋯⋯⋯⋯⋯⋯⋯⋯⋯⋯⋯⋯ 71

第4章 智能新媒体的传播模式：云传播 ⋯⋯⋯⋯⋯⋯⋯⋯⋯⋯ 72

4.1 云传播概述 ⋯⋯⋯⋯⋯⋯⋯⋯⋯⋯⋯⋯⋯⋯⋯⋯⋯⋯⋯⋯⋯ 72

4.1.1 云传播的定义 ⋯⋯⋯⋯⋯⋯⋯⋯⋯⋯⋯⋯⋯⋯⋯⋯⋯⋯ 73

4.1.2 云传播的性质 ⋯⋯⋯⋯⋯⋯⋯⋯⋯⋯⋯⋯⋯⋯⋯⋯⋯⋯ 73

4.2 云传播的革命性特征 ⋯⋯⋯⋯⋯⋯⋯⋯⋯⋯⋯⋯⋯⋯⋯⋯⋯ 76

4.2.1 云端化 ⋯⋯⋯⋯⋯⋯⋯⋯⋯⋯⋯⋯⋯⋯⋯⋯⋯⋯⋯⋯⋯ 76

4.2.2 智慧化 ⋯⋯⋯⋯⋯⋯⋯⋯⋯⋯⋯⋯⋯⋯⋯⋯⋯⋯⋯⋯⋯ 77

4.2.3 平台化 ⋯⋯⋯⋯⋯⋯⋯⋯⋯⋯⋯⋯⋯⋯⋯⋯⋯⋯⋯⋯⋯ 80

【课后习题】 ⋯⋯⋯⋯⋯⋯⋯⋯⋯⋯⋯⋯⋯⋯⋯⋯⋯⋯⋯⋯⋯⋯ 82

第5章 智能新媒体的内容生产：大数据可视化 ⋯⋯⋯⋯⋯⋯ 83

5.1 大数据概述 ⋯⋯⋯⋯⋯⋯⋯⋯⋯⋯⋯⋯⋯⋯⋯⋯⋯⋯⋯⋯⋯ 84

5.1.1 什么是大数据 ⋯⋯⋯⋯⋯⋯⋯⋯⋯⋯⋯⋯⋯⋯⋯⋯⋯⋯ 84

5.1.2 大数据分析的关键技术 ⋯⋯⋯⋯⋯⋯⋯⋯⋯⋯⋯⋯⋯⋯ 85

5.1.3 大数据带来的主要挑战 ⋯⋯⋯⋯⋯⋯⋯⋯⋯⋯⋯⋯⋯⋯ 88

5.2 大数据可视化 ……………………………………………… 91
  5.2.1 什么是大数据可视化 ………………………………… 91
  5.2.2 如何实现大数据可视化 ……………………………… 94
  5.2.3 如何建设大数据可视化平台 ………………………… 97
【课后习题】 …………………………………………………… 98

第6章 人工智能+信息获取应用模式 ……………………… 99
6.1 智能新闻应用模式 ……………………………………… 100
  6.1.1 智能新闻概述 ……………………………………… 100
  6.1.2 区块链新闻 ………………………………………… 102
  6.1.3 虚拟现实新闻 ……………………………………… 105
  6.1.4 数据新闻 …………………………………………… 106
  6.1.5 位置新闻 …………………………………………… 108
  6.1.6 兴趣新闻 …………………………………………… 109
6.2 智能学习应用模式 ……………………………………… 110
  6.2.1 智能学习概述 ……………………………………… 110
  6.2.2 智慧课堂 …………………………………………… 110
  6.2.3 慕课 ………………………………………………… 111
  6.2.4 专家系统 …………………………………………… 112
  6.2.5 机器翻译 …………………………………………… 114
6.3 搜索引擎应用模式 ……………………………………… 116
  6.3.1 搜索引擎概述 ……………………………………… 116
  6.3.2 虚拟现实搜索引擎 ………………………………… 118
  6.3.3 增强现实搜索引擎 ………………………………… 119
  6.3.4 智能搜索引擎 ……………………………………… 120
【课后习题】 …………………………………………………… 123

第7章 人工智能+交流互动应用模式 ……………………… 124
7.1 智能交互应用模式 ……………………………………… 124
  7.1.1 智能交互概述 ……………………………………… 125
  7.1.2 智能身份识别 ……………………………………… 125
  7.1.3 智能语音交互 ……………………………………… 127
  7.1.4 智能多轮对话 ……………………………………… 129
  7.1.5 智能情感对话 ……………………………………… 129
7.2 即时通信应用模式 ……………………………………… 131
  7.2.1 即时通信概述 ……………………………………… 131
  7.2.2 即时消息 …………………………………………… 131
  7.2.3 移动聊天 …………………………………………… 134
  7.2.4 云会议 ……………………………………………… 136
7.3 社交网络应用模式 ……………………………………… 138

　　　7.3.1　社交网络概述 ………………………………………………… 138
　　　7.3.2　实名社交网络 ………………………………………………… 139
　　　7.3.3　短视频社交网络 ……………………………………………… 142
　　　7.3.4　阅后即焚社交网络 …………………………………………… 144
　　　7.3.5　智能社交网络 ………………………………………………… 145
　　　7.3.6　虚拟世界社交网络 …………………………………………… 147
　【课后习题】 …………………………………………………………… 149

第8章　人工智能+生活娱乐应用模式 …………………………………… 150
　8.1　智能生活应用模式 ………………………………………………… 151
　　　8.1.1　智能家居 ………………………………………………………… 151
　　　8.1.2　智慧医疗 ………………………………………………………… 153
　8.2　网络游戏应用模式 ………………………………………………… 155
　　　8.2.1　网络游戏概述 …………………………………………………… 155
　　　8.2.2　动作游戏 ………………………………………………………… 159
　　　8.2.3　角色扮演游戏 …………………………………………………… 161
　　　8.2.4　冒险游戏 ………………………………………………………… 162
　　　8.2.5　模拟游戏 ………………………………………………………… 163
　　　8.2.6　益智游戏 ………………………………………………………… 164
　8.3　网络视频应用模式 ………………………………………………… 165
　　　8.3.1　网络视频概述 …………………………………………………… 166
　　　8.3.2　在线视频直播 …………………………………………………… 167
　　　8.3.3　互动视频分享 …………………………………………………… 169
　　　8.3.4　社会化视频分享 ………………………………………………… 170
　【课后习题】 …………………………………………………………… 172

第9章　人工智能+电子商务应用模式 …………………………………… 173
　9.1　人工智能+电子商务应用模式概述 ……………………………… 173
　　　9.1.1　基本概念 ………………………………………………………… 174
　　　9.1.2　原子模式类型 …………………………………………………… 175
　9.2　智能电子商务应用模式 …………………………………………… 178
　　　9.2.1　智能电子商务概述 ……………………………………………… 179
　　　9.2.2　智慧商圈 ………………………………………………………… 179
　　　9.2.3　智慧商超 ………………………………………………………… 181
　　　9.2.4　智慧门店 ………………………………………………………… 183
　　　9.2.5　虚拟现实购物 …………………………………………………… 186
　9.3　传统电子商务模式 ………………………………………………… 187
　　　9.3.1　C2C电子商务 …………………………………………………… 187
　　　9.3.2　B2B电子商务 …………………………………………………… 188
　　　9.3.3　B2C电子商务 …………………………………………………… 190

9.3.4 LBS 电子商务 ·· 194

9.3.5 O2O 电子商务 ·· 196

【课后习题】 ·· 200

第10章 智能新媒体产品的运营思维 ···························· 201

10.1 智能新媒体产品运营的基本思维：用户思维 ············ 202

10.1.1 什么是用户思维 ·· 202

10.1.2 激励机制：黏住用户的关键 ································· 203

10.1.3 保护个人隐私：留住用户的底线 ·························· 205

10.1.4 简约和新鲜：抓住用户的法宝 ···························· 206

10.2 智能新媒体产品运营的云生态思维：开放合作 ········ 207

10.2.1 什么是云生态思维 ·· 207

10.2.2 打造云生态圈：建立开放合作的基础 ···················· 208

10.2.3 兼顾社会效益与商业利益："赚钱有道"是长久之计 ··· 210

10.2.4 与整个经济生态环境融合发展：优化经济生态环境的"催化剂" ··· 211

【课后习题】 ·· 211

第11章 智能新媒体应用的案例分析 ···························· 212

11.1 短视频社交应用："TikTok" ····························· 212

11.1.1 "TikTok"简介 ·· 212

11.1.2 应用模式分析 ·· 213

11.2 智能社交应用："Ta 在" ································· 216

11.2.1 Ta 在简介 ··· 216

11.2.2 应用模式分析 ·· 217

11.3 智能健康应用："心潮减压" ····························· 218

11.3.1 心潮减压简介 ·· 218

11.3.2 应用模式分析 ·· 219

11.4 云会议应用："WeLink" ································· 221

11.4.1 WeLink 简介 ·· 221

11.4.2 应用模式分析 ·· 221

11.5 智能商务应用："沃德股市气象站" ····················· 224

11.5.1 沃德股市气象站简介 ·· 224

11.5.2 应用模式分析 ·· 226

后记 ··· 228

主要参考文献 ··· 229

附录 章节导读微课列表 ··· 234

第1章 智能新媒体概述

✓ 学习要点

- 什么是新媒体
- 什么是人工智能
- 人工智能有哪些关键技术
- 什么是智能新媒体
- 5G 的革命性特征
- 云计算的基本原理

✓ 关键术语

- 新媒体
- 智能新媒体
- 人工智能
- 物联网
- 5G
- 云计算
- 大数据

什么是"新媒体"？"智能新媒体"的内涵与外延又是什么？当前流行的"云计算（Cloud Computing）、物联网（The Internet of Things，IoT）、移动互联网、大数据和人工智能（Artificial Intelligence，AI）"与智能新媒体又有什么关系？本章试图全面梳理这些内容，厘清各概念之间的相互关系，初步建立智能新媒体的理论视图。

1.1　新媒体的概念

当前国内外有关新媒体概念的定义各不相同，至今仍较含糊不清。学术界、产业界对新媒体的概念乱用、混用的现象随处可见，常将新媒体、互联网（国际计算机网络）、因特网、手机、数字媒体、手机新媒体、网络媒体、自媒体、第四媒体、第五媒体、智能媒体等概念混为一谈。本节重点讲解究竟什么是新媒体，以及如何辨析网络与新媒体的关系。

1.1.1 什么是新媒体

当前，与新媒体有关的概念五花八门，但大多未能讲清其内涵和外延，这一问题突出表现在两个方面。

一是人们提出了数字媒体、网络媒体、手机新媒体、自媒体等概念，但这些概念往往强调特定方面或某些特征，与新媒体概念本身的关系未能被厘清。例如，数字媒体经常被提及，其被定义为具有可操作性、网络性、可压缩性、稠密性和公正性的媒体。数字媒体使得数据的操作变得较为容易，如数码相机拍摄的照片可借助软件进一步编辑处理，但胶片相机拍摄的照片就难以再编辑处理；不同的数字媒体之间借助合适的协议可以交互，可以连接成一个网络；数字媒体以技术为基础，很多数字信息可以放在一个很小的物理存储空间。但数字媒体与新媒体的关系是什么，其内涵与外延有何不同？或者数字媒体仅仅是新媒体的一种类型？另外，网络媒体、手机新媒体的概念界定也存在类似问题。

二是人们在界定新媒体的概念时所关注的对象和层面各不相同，把不同层面的概念进行混用。例如，若把"网络"与"电视"比较后，就说网络是新媒体显然是错误的，因为网络是"信息高速公路"，电视是终端，二者显然不在一个层面上。只能说"电脑"相较于电视是新媒体；若把"手机"和网络相提并论，说"网络是第四媒体，手机是第五媒体"，显然也是不严谨的，同样因为网络是信息高速公路，而手机仅仅是终端而已。也有人说新、旧媒体的区别主要看其传播特征，这种说法看似很理性，但仔细一想，在逻辑上也是说不通的。因为新、旧媒体本身没有区别清楚，哪来的新、旧传播特征呢？一般来说，一种新型的媒体问世后，人们才会发现或总结其新型的传播特征，而较难先构想一种新型的传播特征，然后拿这把尺子"量"哪些是新型的媒体。

所以，界定新媒体的概念，首先要确定我们定义新媒体概念的层面和角度，不能将应用（软件）、终端和支撑网络等不同层面的概念不加区分、相互嫁接、随意组合或比较：不能把应用之新（如微信）与终端之旧（如电脑）进行比较后，就说微信是新媒体；也不能把终端之新（手机）与网络之旧（如互联网）进行比较后，说手机是新媒体。

本书认为，新媒体可从"终端"视角、"应用"视角和"体系"视角进行界定。

第一，新媒体的终端说。目前，大家普遍认为新媒体是相对于报纸、杂志、广播（如收音机）、电视等传统媒体而言的。所谓报纸、杂志、广播、电视等传统媒体有一个共同的基本特征：它们全都是人们获取信息的终端。也即，这里新、旧媒体的更替，其本质是新、旧媒体终端的更替，或者说新媒体其实是"新媒体终端"的简称等。既然这样，本书认为，与"模拟电视"相比较，新媒体是指"数字电视"和"智能电视"；与电视相比较，新媒体是指"计算机（或电脑）终端"；与计算机（或电脑）相比较，新媒体是指"智能手机"等移动终端。

第二，新媒体的应用说。对用户而言，其真正感受到的新媒体其实就是由网络提供的一个个具体的应用（App）组成。正是这些应用深刻改变了用户的生活方式、消费方式、沟通方式和娱乐方式。用户借助各种各样的应用，能实现实时的信息获取、便捷的购物、流畅的沟通和无处不在的娱乐。由此可见，新媒体的本质是"网络应用"，或者说新媒体是"新媒体应用"的简称。因此，本书认为，要认识智能新媒体，关键是认识具体的一个个网络应用。

第三，新媒体的体系说。新媒体可看作一个由新型网络、新型数据处理模式、新型计算模式、新型浏览模式、新型应用模式和新型终端构成的新型媒介体系。也即，所谓新媒体是"新型媒介体系"的简称。因此，所谓新媒体，可能是网络之"新"，可能是数据处理模式之"新"，可能是计算模式之"新"，可能是浏览模式之"新"，可能是终端之"新"，也可能是应用之"新"。其中，新型应用是"新媒体体系"的核心。因为若没有丰富多彩的应用，所谓新型网络、新型数据处理模式、新型计算模式、新型浏览模式和新型终端都将成为"空壳"，将变得毫无意义。由此可见，新媒体的体系说和应用说在本质上是相通的。

1.1.2 网络与新媒体关系辨析

厘清了新媒体之后，网络与新媒体的关系就非常清楚了。

若将新媒体理解为狭义的新媒体终端，则网络是由新媒体终端相互连接而成的。新媒体终端经历了电视机、计算机和手机的演变历程，相应地网络经历了广电网、互联网和移动互联网的演变历程。其他所谓"网络就是新媒体""智能新媒体相加就是网络新媒体"等说法显然都是不严谨的。

若将新媒体理解为新型媒介体系，则网络是新型媒介体系的基础平台，是新媒体的一部分。

网络与新媒体显然具有一种相辅相成、相互促进的关系：新型网络技术的发展会催生新型的新媒体终端；新媒体终端自身的更替也会不断扩大网络的覆盖面。当前，智能穿戴设备在一定程度上更能代表未来，更能方便地连接"无处不在"的网络。这些不断涌现的新媒体终端能为人们随时随地获取网络中的媒介信息。

1.2 人工智能与新媒体发展

人工智能的广泛使用，将对新媒体发展产生革命性影响，将全方位再造新媒体，将全面变革现有新媒体的各个层面，将催生新型媒介体系——智能新媒体。本节首先介绍人工智能的概念与类型、基础知识和算法基础，在此基础上详细分析智能新媒体的内涵。

1.2.1 人工智能的概念与类型

1. 人工智能的概念

人工智能是研究、开发用于模拟、延伸和扩展人的智能的理论、方法、技术及应用系统的一门新的技术科学。其中人工是指人工系统，智能一般是指思维和推理能力。

人工智能概念最早是在 1950 年，由英国数学家图灵在其论文《计算机与智能》中提出的。论文以"机器能思考吗？"开始，论述并提出了"图灵测试"，提出了人工智能机器需要达到的智能标准。但机器在这个测试中表现良好，就说明该机器具有智能，这就涉及人工智能如何定义的问题。一般而言，人工智能有助于计算机系统或机器实现有智能性要求的任务。在早期，人工智能主要借助计算机程序解决一些人类解决起来比较困难的任务，如下棋、证明定理和解决难题等。但现在，人们更倾向于认为，人工智能是机器执行与人类智能相似的智能行为，如判断、推理、证明、识别、感知、理解、通信、设计、思考、规划、学习和问题求解等思维活动。例如，2017 年 5 月，中国乌镇围棋峰会上，阿尔法围棋机器人（AlphaGo）与世界围棋冠军柯洁对战，成为第一个击败人类职业围棋选手的人工智能程序。

目前还没有大家都认可的人工智能定义。常见的定义有：人工智能就是要让机器的行为看起来像是人所表现出的智能行为一样；人工智能是一种让计算机能够思维，使机器具有智力的激动人心的尝试；人工智能是人造机器所表现出来的智能性；人工智能就是机器具有可以像人一样思考和行动的特征，即机器"像人一样思考""像人一样行动""理性地思考""理性地行动"等。

人工智能学是一门研究如何构造智能机器或智能系统，使它能够模拟、延伸和扩展人类智能的学科，具体的研究内容包括研究如何使计算机去做过去只有人才能做的智能工作，研究计算机如何模拟人的某些思维过程和智能行为（如学习、推理、思考、规划等）。

2. 人工智能的分类

按照人工智能对人类智能模拟水平的高低，人工智能可分为弱人工智能、强人工智能和超人工智能。

弱人工智能（Artificial Narrow Intelligence，ANI）是指机器只不过看起来像是智能的，但是并不真正拥有智能，也不具有自主意识。弱人工智能往往只擅长单一方面的能力，不能运用知识去处理其他问题，它只能在特定领域里把事情做好，而通常不能反映出人类思想。如谷歌公司的阿尔法围棋机器人（AlphaGo）和 AlphaGo Zero 就是典型的弱人工智能，它们只擅长下棋，并不能解决其他问题。目前的聊天机器人只能与人进行简单的沟通，还无法真正与人就不同问题进行交流，也不具备情感、理性等。

强人工智能（Artificial General Intelligence，AGI）是指机器具有推理和解决问题的能力，是有知觉和自我意识的。这就要求机器能感知环境的变化和不断地自我学习。如基于生物神经网络的人工智能，其能模拟人脑的思维过程。

超人工智能（Artificial Super Intelligence，ASI）是指机器具有超越人类思考和行动能力的智能。有学者把超人工智能定义为：在几乎所有领域（包括科学研究领域）都比最聪明的人类智能还强的人工智能。但超人工智能最终能否实现，目前还存在较多的争议。

1.2.2　人工智能的基础知识

人工智能的实现需要深入探索机器感知、机器思维、机器学习和机器行为等基本问题。机器感知是使机器具有人类的感知能力，其中以机器视觉（Machine Vision）与机器听觉（Machine Hearing）为主：机器视觉是让机器能够识别并理解文字、图像、物景等；机器听觉是让机器能识别并理解语言、声响等。机器思维是指对通过感知得来的外部信息及机器内部各种信息进行有目的的处理，使机器能够获得类似于人的推理、判断、决策的能力。机器学习（Machine Learning）就是研究如何使机器具有类似于人类的学习能力，使机器能通过学习自动获取知识。知识是智能的基础。要使机器具有智能，就必须使其拥有知识，并能够获取知识和运用知识。机器行为是指机器具有类似于人类的表达能力、行动能力，即"说""写""画""走"等行为能力，是机器作用于外界的重要途径。人工智能系统是为了实现特定目标，采用人工智能建立的智能机器和智能系统。人工智能系统集成了机器智慧，为各领域的应用提供设施与平台，其包括模型开发、系统分析、构造技术、建造工具、语言处理等结构，涉及机器感知、机器思维、机器学习、机器行为等多方面内容。具体而言，人工智能的技术原理较为繁杂，下面仅从知识表示与处理技术、知识推理与搜索技术、自然语言处理技术、智能体与多智能体系统方面做简要介绍，以便人文社会科学领域的读者形成对人工智能的初步认识。

1. 知识表示与处理技术

（1）知识的概念与特性

知识是人类在实践生活和科学研究中积累起来的对世界和人类自身的认识

和经验。因果关联是信息之间的关联形式之一，因果关联可构成知识。例如，如果大雁南飞，那么冬天就要来了。"如果……，那么……"，将信息关联起来，就形成了知识，这种关联形式称为知识的"规则"。

知识具有相对确定性和不确定性。知识的相对确定性是指，知识在一定的条件下一般是正确的。例如，牛顿"力"学在牛顿经典力学体系下是正确的，而 1+1=2 在二进制计算中就不是正确的。知识的不确定性是指，信息或信息的关联存在随机性、模糊性、不完全性，从而导致知识真假的不确定性。例如，"头痛且流涕"和"患了感冒"之间是一种不确定的因果关系，"所有的天鹅都是白的，所有的乌鸦都是黑的"也具有不确定性。

（2）知识的表示方法

知识可以用适当的形式表示出来，如语言、文字、图形、神经网络等，这样知识就能够被存储、传播。知识表示是将人类知识形式化或模型化，即对知识进行描述，使其成为可以被机器接受的知识描述的数据结构。目前，知识表示方法主要有一阶谓词逻辑表示法、产生式表示法、框架表示法等。

人工智能中用到的逻辑可分为两大类。一类是经典命题逻辑和一阶谓词逻辑，其特点是任何一个命题的真值或者为"真"，或者为"假"，二者必居其一。因为它只有两个真值，所以又称为二值逻辑。另一类是泛指经典命题逻辑外的那些逻辑，主要包括三值逻辑、多值逻辑、模糊逻辑等，统称为非经典逻辑。命题逻辑与谓词逻辑是最先应用于人工智能的两种逻辑，它们在知识的形式化表示方面发挥了重要作用。

2．知识推理与搜索技术

（1）知识推理技术

机器通过知识表示方法可以拥有一定的知识，但机器还需要思维能力才能实现运用知识求解问题。推理是问题求解的重要方法：从初始证据出发，按照某种策略不断运用知识库中的知识，逐步推出结论的过程称为推理。在人工智能系统中，实现推理的程序被称为"推理机"。按照推理的途径，可以将推理划分为演绎推理、归纳推理和默认推理：演绎推理是从全称判断推出单称判断的过程，即由一般性知识推出适合于某一具体情况的结论，是从一般到个别的推理；归纳推理是从足够多的实例中归纳出一般性结论的推理过程，是从个别到一般的推理；默认推理又称缺省推理，是在知识不完全的情况下，假设某些条件已经具备所进行的推理。

按照所用知识的确定性来划分，推理可分为确定性推理和不确定性推理：确定性推理是指推理时所用的知识和证据都是确定的，推出来的结论也是确定的，其真值或为真或为假；不确定性推理是指所用的知识和证据不全是确定的，推理出的结论也不全是确定的。

确定性推理方法主要包括自然演绎推理、鲁宾逊归结原理：从一组已知为真的事实出发，直接运用经典逻辑的推理规则推出结论的过程为自然演绎推理；鲁宾逊归结原理是机器定理证明的基础，是一种基于逻辑推理规则与谓词公式的证明子句集不可满足性，从而实现定理证明的一种理论及方法。它的基本方法是：将要证明的定理表示成谓词公式，并化为子句集，然后进行归结，一旦归结出空子句集，则定理得证。不确定推理是从不确定的初始证据出发，通过运用不确定知识，推出具有一定程度的不确定性但又是合理或基本合理的结论的思维过程。不确定性推理方法主要包括可信度方法、证据理论方法、模糊推理方法等。

（2）知识搜索技术

搜索技术是解决是否一定能找到一个解、是否终止运行、找到的解是否最佳、搜索过程时间与空间复杂性如何等问题的技术。常见的搜索策略包括回溯策略、宽度优先搜索策略、深度优先搜索策略、启发式图搜索策略等。回溯策略从初始状态出发，不停地、试探性地寻找路径，若它遇到不可解结点就回溯路径中最近的父结点上，查看该父结点是否还有其他子结点未被扩展。若有，则沿这些子结点继续搜索，如果找到目标，就成功退出搜索，返回解题路径。宽度优先搜索策略是由初始状态 S_0 生成新状态，然后依次扩展这些状态，再生成新状态；本层扩展完后，再进入下一层。如此一层一层地扩展下去，直到搜索到目的状态。深度优先搜索策略是从初始状态 S_0 出发，沿一个方向一直扩展下去，到达一定的深度。如果未找到目的状态或无法再扩展时，便回溯另一条路径继续搜索；若还未找到目的状态或无法再扩展时，再回溯另一条路径搜索。启发式图搜索策略是指能够利用问题有关的启发信息来简化搜索过程的策略。

3. 自然语言处理技术

人工智能让机器能像人一样思考或行动，理解人类自然语言是其必备的基本能力。自然语言处理（Natural Language Processing，NLP）技术是使人工智能与人进行深层互动的重要技术之一。自然语言所具有的多义性、上下文相关性、模糊性、非系统性、环境相关性等特征使得机器理解自然语言难度较大，但其应用价值也较大。例如，自然语言处理技术在人工智能领域有着广泛的应用，能被用于实现客户意见分析、实现更准确的搜索以及知识管理和发现等领域。

在客户意见分析领域，自然语言处理技术可分析各种形式的客户交互，例如电子邮件、社交媒体文章、在线评论、电话录音文本等，并发现哪些因素会为客户带来正面和负面的体验。企业可以使用这些因素来改进产品和服务。

在搜索领域，自然语言处理技术可让搜索引擎对关键短语、实体和情绪建立索引，从而提供更好的搜索体验。

在知识管理和发现领域，自然语言处理技术可以按主题对文档进行整理和分类，以便于发现和向读者推荐与同一主题相关的其他文章，以提供个性化的内容推荐。

自然语言处理过程主要包括三个层次：词法分析、句法分析、语义分析。

其中，词法分析是从句子中切分出单词，找出单词的各个词素，从中获得单词的语言学信息，并确定单词的词义。例如，汉语的每一个字就是一个词素。找出词素很容易，但要切分出词就非常困难。不仅需要具备构词的知识，还需要解决可能出现的切分歧义。如"我们—研究所—有—东西"，可以是"我们—研究—所有—东西"。

句法分析是对句子或短语结构进行分析，以确定构成句子的各个词、短语之间的关系以及各自在句子中的作用，将这些关系用层次结构加以表达，并对句法结构进行规范化。要让计算机识别句法，需要形式文法，其类似自然语言的文法。常见的文法分类是乔姆斯基（N. Chomsky）根据形式文法中所使用的规则集提出的，这个分类谱系定义了四种形式的文法：短语结构文法、上下文有关文法、上下文无关文法、正则文法。

语义分析是把分析得到的句子与应用领域中的目标表示相关联，从而理解语义。目前，语义法和格文法的提出能与句法分析紧密结合，实现语义分析。语义法是将文法知识和语义知识组合起来，以统一的方式定义文法规则集；格文法是为了找出动词和与动词处在结构关系中的名词的语义关系，同时涉及动词或动词短语与其他各种名词短语之间的关系。

当然，还有更高级的语用分析，这是未来需要不断突破的重要方向之一。语用分析也许能让机器人具有伦理判断和价值判断的能力。

4. 智能体与多智能体系统

多智能体系统能够通过实现多智能体之间的相互协作来达到整体目标，从而解决现实中广泛存在的复杂大规模问题。

（1）什么是智能体

在人工智能领域，智能体（Agent）可以看作一个程序或一个实体，它嵌入环境中，通过传感器感知环境，通过效应器作用于环境并满足设计要求。目前，智能体的能力不断加强，能越来越多地模拟人的思维和行为，在分布式人工智能、机器人学、人机交互、智能搜索等领域被广泛应用。智能体含有独立的外部设备、输入/输出设备、各种功能操作处理程序、数据结构和相应的输出，具有自主性、反应性、社会性、进化性等特点。

（2）什么是多智能体系统

对于现实中的复杂大规模问题，只靠单个的智能体往往无法描述和解决。因此，需要一个包含多个智能体的应用系统，通过智能体自身具备的问题求解能力和行为目标，以及多个智能体之间的相互协作，从而达到整体目标，这样的系统被称为多智能体系统（Multi-Agent System，MAS）。多智能体系统是一个协调系统，各个智能体之间相互通信，彼此协调，集成各个子系统信息，从而提高问题求解效率。在多智能体系统中，不同领域的专家系统、同一领域的不同专家系统可以协作求解，这样就能打破当前知识工程中仅使用一个专家系统的限制。

1.2.3　人工智能的算法基础

1.　什么是机器学习

机器学习是人工智能中最活跃的研究和应用领域之一，如阿尔法围棋机器人、图像识别、智能汽车等，都和机器学习密切相关。与传统的为解决特定任务、硬编码的软件程序不同，机器学习是用大量的数据进行"训练"，通过各种算法从数据中学习如何完成任务。

机器学习使计算机能模拟人的学习行为，自动地通过学习来获取知识和技能，不断提高性能。一个机器学习系统一般包含环境、知识库、执行与评价、学习四个基本部分：环境指外部信息来源，可以是工作对象，也可以是外界条件；知识库用于存储学习得到的知识；执行是指计算机将所学到的知识用于现实问题的解决，评价是指由系统或人工协助对执行所得到的结果进行评价；学习是指计算机根据反馈信息决定是否需要从环境中进一步索取信息进行学习，以修改完善知识库中的知识。

机器学习的发展主要经历了神经元模型研究、符号概念获取、知识强度学习、连接学习和混合学习、大规模学习和深度学习（Deep Learning）五个阶段。当前机器学习主要处于大规模学习和深度学习阶段。运用机器学习算法可实现个性化推荐，可实现准确的预测模型构建、图像和视频分析、高级文本分析（使用自然语言处理从非结构化文本中提取见解和关系进行分析）、文档分析（自动从数百万文档中提取文本和数据进行分析）、语音服务（将文本转换为逼真的语音，为应用程序增加语音功能）等。例如，"Amazon Forecast"服务使用机器学习，将时间序列数据与其他变量相结合来实现高度准确的预测：用户只需要提供历史数据，以及可能会影响预测结果的任何其他数据（如对衬衫的特定颜色的需求可能会随着季节和商店位置而变化）；Amazon Forecast 会自动检查这些数据，识别有意义的内容，并生成一个预测模型，该预测模型的预测准确率要比单独查看时间序列数据的高出 50%。

依据计算机学习能力，机器学习可分为监督学习、强化学习和非监督学习。监督学习根据"教师"提供的正确响应调整监督学习系统的参数和结构，监督学习系统对每个输入模式都有一个正确的目标输出。强化学习中外部环境对强化学习系统的输出结构只给出评价信息，而不是正确答案，强化学习系统通过那些受惩的动作改善自身的性能。基于遗传算法的学习方法就是一种强化学习。非监督学习完全按照环境提供的数据的某些统计规律调节自身的参数或者结构，以表示外部输入的某种固有特性，如聚类或者某种统计上的分布特征。当然，机器学习还可以按照学习方法、推理方式等角度进行分类，限于篇幅，在此不赘述。

2.　什么是人工神经网络

人类智能的学习过程主要表现为中枢神经系统的连接活动过程。对人类中枢神经系统的理解是人工神经网络（Artificial Neural Networks，ANN）的前提。神经元是人脑神经系统最基本的组织单位和工作单元。现代人大脑内约有10^{11}个神经元，每个神经元与其他神经元之间约有1000个连接，大脑内约有10^{14}个连接。每个神经元主要由胞体、轴突和树突三部分组成：胞体是神经元的主体，用于处理由树突接收的其他神经元传来的信号；轴突是由细胞体向外延伸的所有纤维中最长的一条分支，用来向外传递神经元产生的输出电信号；树突是指由胞体向外延伸的除轴突以外的其他所有分支，用于接收从其他神经元的突触传来的信号。神经元主要有两个功能：一是神经元的抑制与兴奋；二是神经元内神经冲动的传导。

人工神经网络是由大量的处理单元（神经元）互相连接而形成的复杂网络结构。人工神经网络受动物大脑中的生物神经网络的启发，是对人脑组织结构和运行机制的某种抽象、简化和模拟。其中，人工神经网络是从微观结构和功能上对人脑的抽象、简化，旨在模仿人脑结构及其功能的智能信息处理系统。人工神经网络是模拟人类智能的一条重要途径，它反映了人脑功能的若干基本特征，如信息分布式存储、自适应学习、联想记忆和容错性、模式分类、鲁棒性等。

人工神经网络的提出最初是为了能使其以与人脑相同的方式来解决问题。然而，随着时间的推移，人工神经网络的研究重点从生物学转移到了如何使人工神经网络完成特定任务。随着现代科学技术和硬件设备的蓬勃发展，人工神经网络在处理数据量大且复杂的问题中有着越来越重要的作用。

人工神经网络的以下几个突出的优点使它近年来引起人们的极大关注：

（1）可以充分逼近任意复杂的非线性关系；

（2）所有定量或定性的信息都等势分布存储于人工神经网络内的各神经元，故它有很强的鲁棒性和容错性；

（3）采用并行分布处理方法，使得快速进行大量运算成为可能；

（4）可学习和自适应不知道或不确定的系统；

（5）能够同时处理定量、定性知识。

随着时代的发展，计算机视觉、语音识别（Speech Recognition）、自然语音处理等领域对信息处理需求越来越高，传统的人工神经网络显得力不从心。为了适应图像、语音和自然语言等方面的需求，学者们将传统人工神经网络的网络结构口占成多个隐含层，其中的运算也引入了卷积（Convolution），形成了一种新的神经网络——卷积神经网络（Convolutional Neural Network，CNN）。

3. 什么是卷积神经网络

深度学习是机器学习的一个新领域，卷积神经网络是一种应用广泛的深度学习网络结构。卷积神经网络是一种包含卷积计算且具有深度结构的前馈神经网络，采用深度学习的算法。它的人工神经元可以响应一部分覆盖范围内的周围单元，对于处理大型图像有出色表现。进入 21 世纪，随着深度学习理论的提出和数值计算设备的改进，卷积神经网络得到了快速发展，被应用于计算机视觉、自然语言处理等领域。

卷积神经网络已经成为科学研究的热点之一。卷积神经网络采用局部连接、权值共享和下采样方式，去掉大量不重要的网络参数，简化模型结构，提高训练效率。卷积神经网络对于平移、比例缩放、倾斜或其他形式的形变具有高度的不变性，可以直接对图像的像素进行卷积，从中提取特征。一个卷积神经网络包含卷积层、池化层、全连接层等结构。

图 1-2-1 所示为一个简单的卷积神经网络结构。第 1 层输入图像进行卷积操作，得到第 2 层深度为 4 的特征图（Feature Map）；对第 2 层的特征图进行池化（Pooling）操作，得到第 3 层的特征图；重复上述操作得到第 5 层深度为 8 的特征图；最后将这 8 个特征图，也就是 8 个矩阵，按行展开连接成向量，传入全连接（Fully Connected）层，全连接层就是一个人工神经网络。图 1-2-1 中的每个特征图都可以看成排列成矩阵形式的神经元，它们与人工神经网络中的神经元大同小异。

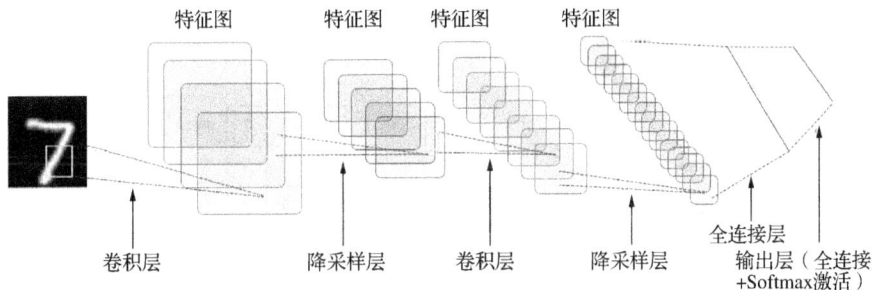

图 1-2-1　卷积神经网络结构

但卷积神经网络究竟是如何计算的呢？下面介绍卷积操作、池化操作和反向传播算法。

（1）卷积操作

卷积操作是指从图像的左上角开始，使用设定好参数的卷积核从左到右、从上到下扫描整幅图像，卷积核与图像对应区域的数值相乘再求和，因此得到特征信息。卷积操作的计算过程如图 1-2-2 所示。每个卷积层包含多个卷积核，不同的卷积核用于计算不同的特征图，多卷积核可以提取到更丰富的特征。

卷积计算公式为

$$x^l = \sum\nolimits_{m_i \in M_i} x^{l-1}_{m_i} \times w^l_{m_i} + b^l_{m_i} \tag{1.2.1}$$

卷积层有一个特别重要的特点就是参数共享机制，即每个神经元连接数据窗的权重是固定的。在二维矩阵中，卷积操作对一个-区域进行计算，且区域大小与卷积核大小相等。图 1-2-2 所示有一个 5×5 的矩阵（代表灰度图像），构造一个 3×3 的矩阵，这个矩阵在卷积神经网络中称作卷积核，也即过滤器。对这个 5×5 的灰度图像进行卷积计算，设置步长为 2，以图 1-2-2 中左上角的计算为例，0×3+2×1+1×0+3×8+0×9+2×3+5×2+6×1+1×0=48，其他的以此类推。让卷积核在灰度图像上逐步移动，对整个灰度图像进行卷积操作得到一个 2×2 的矩阵。

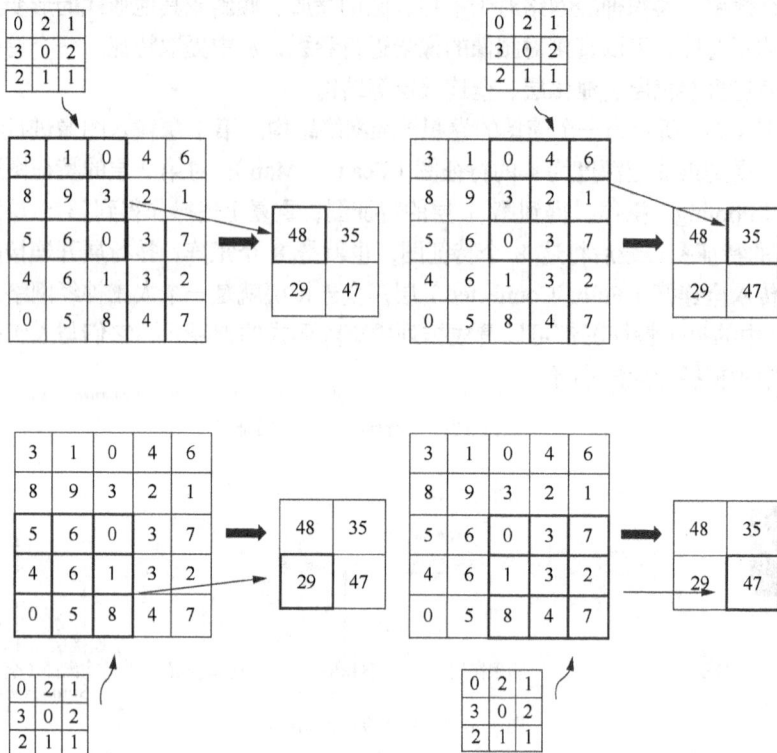

图 1-2-2　卷积操作的计算过程

卷积操作得到的特征图的大小与卷积操作前特征图的大小、卷积核的大小、卷积核的步长存在一定关系，如式（1.2.2）和式（1.2.3）所示。

$$W_2 = \frac{W_1 - F + 2P}{S} + 1 \qquad (1.2.2)$$

$$H_2 = \frac{H_1 - F + 2P}{S} + 1 \qquad (1.2.3)$$

式（1.2.2）和式（1.2.3）中，W_2 是卷积操作后特征图的宽度，W_1 是卷积操作前图像或者特征图的宽度，F 是卷积核的宽度，P 是指对卷积操作前的图像或者特征图周围进行补 0 操作，S 表示卷积核的步长，H_2 是卷积操作后特征图的高度，H_1 是卷积操作前图像或者特征图的高度。

（2）池化操作

池化的本质就是采样。池化操作一般通过简单的最大值、最小值或平均值操作完成，通过下采样减少特征数量，除去特征图中不重要的部分，减小"过拟合"风险。简而言之，池化操作就是特征选择和信息过滤的过程。池化操作包括两种方式：平均值池化和最大值池化。在实践中一般采用最大值池化方式。池化操作实际上就是在 $n×n$ 的样本中取最大值或平均值作为下采样的输出值。全连接层一般作为卷积神经网络的最后几层，由上一层的特征堆叠得到融合卷积层学到的特征，可以在卷积神经网络中起到分类的作用。

下面以最大值池化方式介绍池化操作的过程，设置池化区域为 2×2，步长为 2，具体池化操作如图 1-2-3 所示。

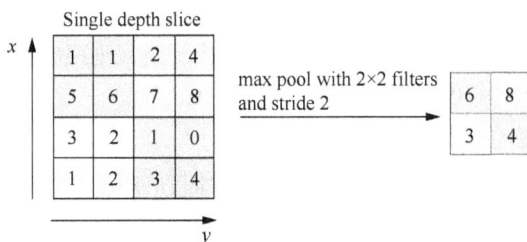

图 1-2-3　具体池化操作

（3）反向传播算法

卷积神经网络学习过程中需要定义损失函数，用于评估预测值与真实值之间的差异程度，损失函数也是卷积神经网络中需要进行优化的目标函数。卷积神经网络的训练目标就是最小化损失函数。损失函数值越小，说明预测值与真实值越接近，模型的预测效果越好。

卷积神经网络采用反向传播算法进行训练。前向计算每个神经元的输出值，然后根据损失函数反向计算每个神经元的误差项，根据误差项计算每个神经元权值的梯度，最后根据梯度下降算法更新权值。梯度下降算法分为批量梯度下降、小批量梯度下降、随机梯度下降（Stochastic Gradient Descent，SGD）三种。采用批量梯度下降算法描述反向传播算法的步骤如下。

卷积神经网络的输入：m 个训练样本 $(x_1, y_1), (x_2, y_2), \cdots, (x_m, y_m)$、激活函数 σ、总层数 L、迭代步长 α、最大迭代次数 Max、停止迭代阈值 ϵ、各层的神经元个数、损失函数。卷积神经网络的输出：隐藏层与输出层的权值 W 与偏置 b。

① 随机初始化隐藏层与输出层的权值 W 与偏置 b。

② 进行第一次迭代：$iter = 1$。

③ 输入第 i 个训练样本，i 从 1 开始。

④ 训练样本的值作为第一层输入层的值：$a^{i,1} = x_i$。

⑤ 从第二层一直到第 L 层输出层，使用前向传播算法，依次计算每层每个神经元的值：$a^{i,l} = \sigma(net^{i,l}) = \sigma(W^l a^{i,l-1} + b^l)$。

⑥ 使用损失函数计算输出层的损失函数值 $\delta^{i,L}$。

⑦ 从第 L 层输出层到第二层，使用反向传播算法，依次计算每层每个神经元的损失函数值：$\delta^{i,l} = \left(W^{l+1}\right)^{\mathrm{T}} \delta^{i,l+1} \odot \sigma\left(z^{i,l}\right)$。

⑧ 按照步骤④～⑦依次输入 m 个训练样本进行训练。

⑨ 从第二层一直到第 L 层输出层，根据 m 个训练样本的损失函数值，更新每层的权值 W^l 与偏置 b^l

$$W^l = W^l - \alpha\sum\nolimits_{i=1}^{m} \delta^{i,l}\left(a^{i,l-1}\right)^{\mathrm{T}} \tag{1.2.4}$$

$$b^l = b^l - \alpha\sum\nolimits_{i=1}^{m} \delta^{i,l} \tag{1.2.5}$$

如果所有的 W、b 的变化值小于停止迭代阈值，则跳出循环。

⑩ 重复步骤②～⑨直到迭代次数达到 Max。

⑪ 输出各层的权值 W 与偏置 b。

其中符号 $\odot$ 表示 Hadamard 积，对于两个维度的向量若 $A = \left(a_1, a_2, a_3, \cdots, a_n\right)^{\mathrm{T}}$ 与 $B = \left(b_1, b_2, b_3, \cdots, b_n\right)^{\mathrm{T}}$，则 $A \odot B = \left(a_1b_1, a_2b_2, a_3b_3, \cdots, a_nb_n\right)^{\mathrm{T}}$。

使用批量梯度下降算法训练模型时，每次更新权值与偏置时，需要遍历训练样本中的所有样本。当训练样本非常大时，计算量将非常大。实际中常用随机梯度下降算法，每次随机选择一个样本进行权值与偏置值迭代，极大地提高了计算效率。由于样本存在噪声与随机性，因此随机梯度下降算法不容易陷入某个局部最小值。

4. 几种常用的卷积神经网络

常用的卷积神经网络包括“LeNet-5”“AlexNet”“VGGNet”等。总体来看，卷积神经网络的发展和演化的基本主线是其堆积层数不断增加：LeNet-5 中含有 2 个卷积层、2 个下抽样层（池化层）以及 3 个全连接层；AlexNet 的网络结构很简单，它是 LeNet-5 的放大版，输入是一个 224×224 的图像，经过 5 个卷积层，3 个全连接层（包含一个分类层），到达最后的标签空间；VGGNet 使用 3×3 的卷积，2 个连续的 3×3 的卷积相当于 5×5 的感受野*（Receptive Field），3 个相当于 7×7 的感受野。LeNet-5、AlexNet、VGGNet、ZFNet 的网络结构改进不大，但“GoogLeNet”“ResNet”“DenseNet”的网络结构都有不同程度的创新。限于篇幅，本小节仅简要介绍最新的 ResNet 和 DenseNet。

（1）ResNet

2015 年由何恺明博士提出的 ResNet 在网络结构上做了很大创新，而不再是简单地堆积层数，这是深度学习发展历程上里程碑式的事件。

理论和实验已经表明，神经网络的深度（Depth）和宽度（Width）是表征

---

* 注：一个神经元所反应（支配）的刺激区域就叫作神经元的感受野。

神经网络复杂度的两个核心因素。不过深度相比宽度在增加神经网络的复杂度方面更加有效，这也正是 VGGNet 想方设法增加深度的一个原因。

然而，随着深度的增加，训练会变得愈加困难。这主要是因为在基于随机梯度下降算法的神经网络训练过程中，误差信号的多层反向传播非常容易引发梯度"弥散"：梯度过小会使回传的训练误差极其微弱或者"爆炸"，梯度过大会导致模型训练出现"爆炸"的现象。

神经网络更深意味着参数空间更大，优化问题变得更难。因此，简单地去增加神经网络深度反而会出现更大的训练误差。深层神经网络虽然收敛了，却开始退化了，即增加神经网络层数却导致更大的训练误差，这就是退化问题。

ResNet 引入了残差网络（Residual Network）结构，通过残差网络，神经网络可变得很深，即使达到了 1000 多层，最终的分类效果也会非常好。残差网络的基本结构如图 1-2-4 所示。

从图 1-2-4 可以看出，数据经过了两条路线：一条是常规路线，另一条则是捷径（Shortcut）。捷径是直接实现单位映射的直接连接的路线。这种带有捷径的残差网络结构可以很好地应对退化问题。我们把神经网络中的一个模块的输入和输出关系看作

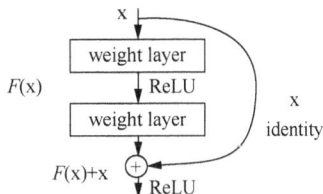

图 1-2-4　残差网络的基本结构

$y=H(x)$，那么直接通过梯度方法求 $H(x)$ 就会遇到上面提到的退化问题。如果使用了这种带捷径的残差网络结构，那么可变参数部分的优化目标就不再是 $H(x)$。若用 $F(x)$ 来代表需要优化的目标的话，则 $H(x)=F(x)+x$，也就是 $F(x)=H(x)-x$。因为在单位映射的假设中，$y=x$ 就相当于观测值，所以 $F(x)$ 就对应着残差，因而叫残差网络。由于学习残差 $F(x)$ 比直接学习 $H(x)$ 简单，所以只需要去学习输入和输出的差值就可以了，绝对量变为相对量（$H(x)-x$ 就是输出相对于输入变化了多少），因此优化起来就简单了很多。

残差网络进一步采用了深度残差模块，如图 1-2-5 所示。

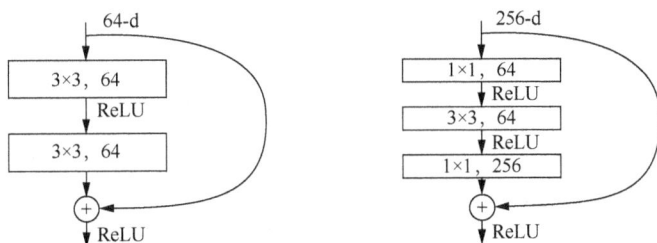

图 1-2-5　深度残差模块

这相当于对相同数量的层又减少了参数量，因此可以拓展成更深的模型。于是何恺明博士提出了 50、101、152 层的 ResNet，而且不仅没有出现退化问

题，错误率也大大降低，同时计算复杂度也保持在很低的程度。

（2）DenseNet

DenseNet 是 2017 年提出的网络结构，DenseNet 吸收了 ResNet 的精华部分，并在此基础上做了更加创新的工作，使得网络性能进一步提升。

DenseNet 的特点是：密集连接、缓解梯度消失问题、加强特征传播、鼓励特征复用，极大地减少了参数量。DenseNet 是一种具有密集连接特点的卷积神经网络。在该网络中，任意两层之间都有直接的连接。也就是说，DenseNet 每一层的输入都是前面所有层输出的并集，而该层所学习的特征图也会被直接传给其后面所有层作为输入。DenseNet 中的密度模块（Dense Block）结构如图 1-2-6 所示。

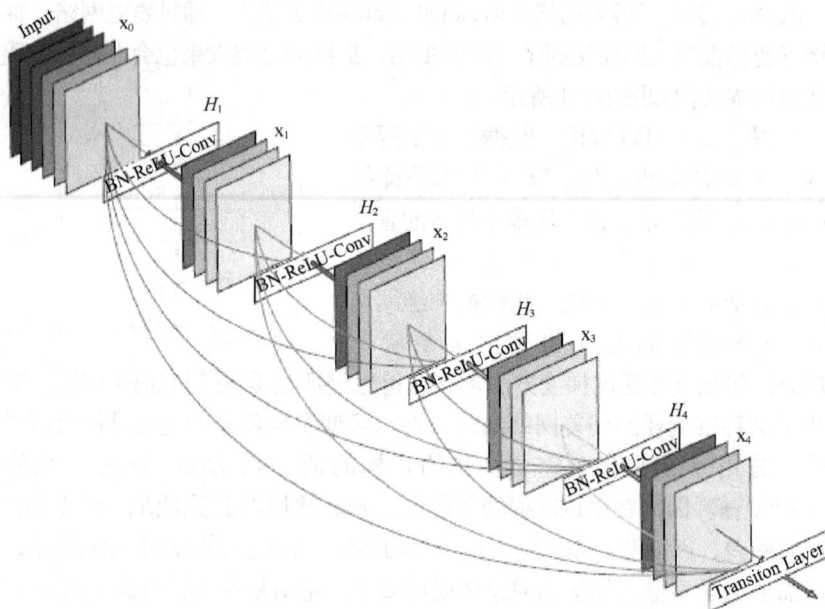

图 1-2-6　密度模块结构

DenseNet 的一个优点是网络更窄、参数更少，这很大一部分原因得益于密度模块的设计。在密度模块中每个卷积层的输出特征图的宽度都很小（小于100），而不像其他网络一样动辄几百上千的宽度。同时，密集连接使得特征和梯度的传递更加有效，网络也就更加容易训练。密集连接相当于每一层都直接连接输入和损失，因此就可以减轻梯度消失现象。另外，DenseNet 的这种密集连接有正则化的效果，因此对于过拟合有一定的抑制作用。

DenseNet 比其他网络效率更高，其关键就在于网络每层计算量的减少以及特征的重复利用。密集连接能使每一层都包含之前所有层的输出信息，因此其只需要很少的特征图，这也是 DneseNet 的参数较其他模型大大减少的原因。DenseNet 结构如图 1-2-7 所示，它由多个密度模块连接而成，密集连接仅存在于同一个密度模块中，不同密度模块之间没有密集连接。

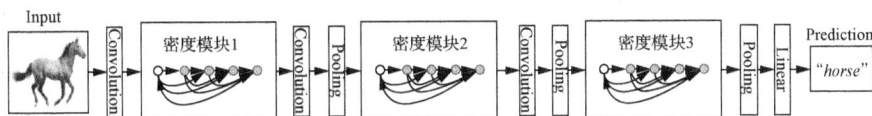

图 1-2-7　DenseNet 结构

DenseNet 的优点总结如下：
① 有效解决梯度消失问题；
② 强化特征传播；
③ 支持特征重用；
④ 大幅度减少参数。

DenseNet 的核心思想在于建立了不同层之间的连接关系，充分利用了特征，进一步减轻了梯度消失现象，训练效果非常好。另外，DenseNet 利用瓶颈层（Bottleneck Layer，密度模块中的 1×1 卷积层）、过渡层（Transition Layer，密度模块之间的 1×1 卷积层）以及较小的生长率（每个密度模块中每层输出的特征图个数）使得网络变窄、参数减少，有效抑制了过拟合，同时减少了计算量。

5. 人工神经网络与连接学习

人工神经网络是将人工神经元按照一定的拓扑结构进行连接所形成的网络。人工神经网络是对生物神经网络的模拟，其结构包含输入端、输出端和计算单元三部分，其中输入端相当于生物神经元的树突，输出端相当于轴突和突触，计算单元相当于胞体。

人工神经网络的基本工作单元是人工神经元。人工神经元是对生物神经元的抽象和模拟，它采用数学模型的方法模拟生物神经元的结构和功能。人工神经网络的拓扑结构可分为前馈网络和反馈网络：前馈网络是指只包含前向连接，不存在任何其他连接方式的神经网络，其连接方式是从上一层每一个神经元到下一层的所有神经元；反馈网络是指允许采用反馈连接方式所形成的网络，其连接方式是一个神经元的输出可以被反馈至同层或浅层的神经元重新作为输入。

连接学习是基于人工神经网络的机器学习方式，其基本思想是：人脑学习所获得的信息分布在神经元之间的突触连接上，学习和记忆的过程实际上是在网络训练过程中完成的突触连接权值的修正和稳定过程。连接学习的发展与人工神经网络的发展联系密切，基于人工神经网络结构模型及其层次，连接学习可以划分为浅层连接学习和深度学习两大类。

6. 深层神经网络与深度学习

深层神经网络也叫深度神经网络（Deep Neural Networks，DNN），通常指隐藏层不少于两层的神经网络，目前数十层、上百层甚至更多的深层神经网络很普遍。深层神经网络是深度学习算法设计的网络基础。卷积神经网络是最典型最常用的深层神经网络。卷积神经网络是一种由若干卷积层和子采样层交替叠加形成的深层神经网络，其出现受生物界感受野概念的启发，采用逐层抽象、逐次迭代的工作方式。

深度学习是连接学习的子领域，是基于深层神经网络、面向底层数据对象、采用逐层抽象机制、最终形成高层概念的机器学习方式。基于深层卷积神经网络的深度学习过程就是对卷积神经网络的训练过程，由计算信号的正向传播和误差的反向传播组成：卷积神经网络的正向传播是指从输入层到输出层的计算信号传播过程；卷积神经网络的反向传播是误差的反向传播和参数的反向调整。深度学习使得无人驾驶汽车等人工智能应用成为可能。

1.2.4　什么是智能新媒体

智能新媒体是一种人工智能与现有媒介体系深度融合的产物。一方面，智能的涌现是智能新媒体的重要功能；另一方面，信息的传播是智能新媒体的基本功能。结合这两个方面，智能新媒体可定义为同时兼具智能属性和媒体属性的人工智能应用，是数据、算法和算力的集成，是具有"大脑"的新媒体。其中，数据是信息传播的内容，也是智能涌现的前提，是智能新媒体形成的基础。智能新媒体的智能性体现在其具有类似人脑的思维和推理能力，算法是实现这些能力的关键。面向海量数据（大数据）的复杂算法运行需要强大的算力，因此算力是实现智能新媒体的保障。如 AlphaGo 之所以能战胜围棋顶尖高手，是因为其依靠一千多万张棋谱、深度学习算法和强大的算力。

依据 1.1 节中"新媒体的体系说"，智能新媒体可被定义为在人工智能环境下由新型网络、新型数据处理模式、新型计算模式、新型浏览模式、新型应用模式和新型终端构成的新型媒介体系。也即，智能新媒体的网络之"新"是"5G"，数据处理模式之"新"是机器学习，计算模式之"新"是"人工智能云"，浏览模式之"新"是智能浏览器，终端之"新"是智能穿戴设备，应用模式之"新"是智能应用模式。

因此，智能新媒体的内涵可以通过层次模型进行描述，这样就可以清晰地厘清其发展的脉络，如图 1-2-8 所示。

智能新媒体的终端层作为内容和服务到达用户的收受媒介，正在向智能化方向发展。机器人已成为人机一体的新型信息传播终端，新闻主播机器人、聊天机器人等成为越来越重要的信息传收者。总体而言，"万物皆终端"是总体的发展趋势，即万事万物都将成为智能新媒体的终端，都将成为信息的传播者。具体而言，智能新媒体的终端层的革新主要体现在以下四个层面。

第一，电视、电脑、智能手机等终端的媒介属性差异将会进一步减小。如存储在云端的一部电视剧，用户用自己的账号付费后，在家里可用电视看，在上班的路上可用智能手机接着看，到办公室后可用计算机继续看。

| 终端层 | |

应用
模式层

人工智能+生活娱乐

人工智能+信息获取　　人工智能+交流互动　　人工智能+电子商务

浏览层

万维网 1.0　　万维网 2.0　　万维网 3.0

计算层

云计算
软件服务
平台服务
数据服务
存储服务
基础设施服务

大数据
非结构化数据
结构化数据
关系数据
非关系数据

数据层

数据+算力体系结构

人工智能云服务

自然语言处理
语音、图像、视频识别
智能体与多智能体系统

算法体系结构

机器学习
监督学习
强化学习
非监督学习

深度学习
人工神经网络

知识计算
知识搜索
知识推理
知识表示

基础
设施层

图 1-2-8　智能新媒体的层次模型

　　第二，人工智能正在再造当前的智能手机。一般而言，智能手机是指具有独立的操作系统、独立的存储能力、独立的计算能力，能无线接入移动通信网络的新型手机。但随着更多的人工智能被应用到智能手机当中，新型的智能手机开始具有屏内指纹识别、语音识别、刷脸支付、智慧识物、智慧识屏等人工智能性能。

【拓展案例】
华为 Mate 10

19

第三，具有人工智能性能的智能手表、智能手环等智能穿戴设备不断问世，正在带给我们全新的信息传播体验。当前，谷歌眼镜、苹果手表、谷歌智能鞋、微软眼镜、太阳能比基尼、手套式手机、节拍手套、社交牛仔裤、卫星导航鞋等智能穿戴设备正逐步成为重要的智能新媒体终端。这些不断涌现的智能新媒体终端能为人们随时随地获取"云"中的媒介信息提供便利。特别是随着无线通信及移动计算技术的应用将逐步普及，人们借助各类智能新媒体终端，能突破地域的限制，能实现随时随地互相接收信息，能有效提高信息传播的便捷性，拓宽信息传播的广度。同时，人们可以根据自身的个性化需求，应用各类智能新媒体终端定制各类信息，从而实现一种定时、定向的个性化传播。

第四，虚拟现实（Virtual Reality，VR）和增强现实（Augmented Reality，AR）终端也正在兴起。虚拟现实终端主要有移动端虚拟现实设备、计算机端虚拟现实设备和一体机虚拟现实设备。其中一体机虚拟现实设备通常是一种具备独立处理器的头戴式显示设备，具备独立运算、输入和输出功能。增强现实终端也在快速发展，主要包括手持式增强现实设备、空间展示增强现实设备和可穿戴式增强现实设备。其中，手持式增强现实设备是用手机或任何移动终端的摄像头获取现实世界的图像，在移动终端的现实世界图像、视频中叠加虚拟信息；空间展示增强现实设备主要是指用显示器等屏幕呈现增强现实信息；可穿戴式增强现实设备主要包括广场显示或其他视网膜显示技术设备和头戴式显示技术设备。

【拓展案例】
网易影见

在智能新媒体的应用模式层，人工智能与现有的各类应用产品正在融合发展，如人工智能+信息获取应用模式、人工智能+交流互动应用模式、人工智能+生活娱乐应用模式、人工智能+电子商务应用模式。本书第 6 章、第 7 章、第 8 章、第 9 章将分别对这四种应用模式进行详细讲述。

在智能新媒体的浏览层，经历了万维网 1.0（Web 1.0）和万维网 2.0（Web 2.0）时代，正在向万维网 3.0（Web 3.0）时代发展。本书第 2 章将对其进行详细讲述。

【拓展案例】UC
浏览器

在智能新媒体的计算层，人工智能+云计算的深度融合将成为智能新媒体发展的基本趋势，人工智能云服务将成为人工智能应用产品搭建的基石。算法是智能新媒体的核心，强大的算力和无限扩展的计算资源是实现智能新媒体应用的前提。云计算作为一种新型的计算模式，是信息技术（Information Technology，IT）发展历程中最具革命性的重大进展。人工智能+云计算将推动智能新媒体向云端化方向发展，云端化存储、云端化部署和云端化开发将成为人工智能应用产品

【拓展案例】喜马拉雅的开放平台

实现的基本方法。也即，智能新媒体产品通过接入的方式就可获取智能资源和智能功能。本章 1.3 节将对其进行详细讲述。

在智能新媒体的数据层，基于机器学习和深度学习算法的大数据智能涌现是智能新媒体内容产生的基本方式。大数据是智能的源泉，是人工智能应用开发的基础资源。智能新媒体应用的数据规模正由"小数据时代"迈向"大数据时代"，数据处理模式正由"关系数据管理技术"向"非关系数据管理技术"转变。在大数据环境下，如何开发、利用海量非结构化数据是当前面临的重要难题之一。人工智能的发展和成熟能为视频的识别和分析提供有力的技术支撑，专门处理和分析海量非结构化数据的人工智能产品也在不断涌现，将为人们传播和利用海量非结构化数据带来"福音"。本书第 5 章将对其进行详细讲述。

在智能新媒体的基础设施层，硬件基础设施和网络基础设施也在不断升级换代。硬件基础设施包括各类数据中心（Data Center）、服务器集群、超级计算机，以及各类存储设备、网络设备等。网络基础设施包括 5G 网络和智能物联网等。"网络"一词不再专指互联网，网络应用的基础平台正从互联网、移动互联网向 5G 和智能物联网扩展。本章 1.4 节将对其进行详细讲述。

总之，一个个具体的智能新媒体应用相当于用户在网络空间要到达的"目的地"，相当于"车站"。终端是用户使用智能新媒体应用的"工具"，相当于"车"，是一种"交通工具"；浏览器是用户使用智能新媒体应用的浏览工具，设定了大家都必须遵守的一系列"协议"，相当于"交通规则"；网络基础设施是用户使用智能新媒体应用的"支撑平台"，相当于"高速公路"；云计算是智能新媒体应用运行的新型"架构"，大数据是智能新媒体应用发展的战略资源，相当于智能新媒体的"石油"。

1.3　智能新媒体的计算模式：云计算

机器学习可被认为是预测解析的自动化，根据海量数据计算产生模型。数据和算法需要依靠强大的计算能力才能产生智能。特别是对海量数据进行频繁的数据访问需要耗费大量运算时间，且需要超大规模的计算能力。因此，如何为智能新媒体应用提供强大的算力保障是智能新媒体产生和发展的前提。

云计算的诞生可以说让人工智能插上了腾飞的翅膀。因此，在很大程度上，没有云计算就没有人工智能。云计算将成为智能新媒体的主流计算模式，云计算是智能新媒体发展的支撑技术，人工智能和云计算相互融合是未来的主要发展趋势，人工智能云将成为智能新媒体的支撑平台。

【拓展案例】清华大学人工智能"使能"平台——紫为云

作为智能新媒体的设计者和运营者，无须了解云计算的细节，但云计算的理念和方法一定要深入了解。当一切都在"云之上"时，当一切都是"云"时，我们就不能"谈云色变"，一定要掌握其本质内涵和思想精髓。

1.3.1 云计算概述

1. 云计算的定义

云计算是网格计算（Grid Computing）、分布式计算（Distributed Computing）、并行计算（Parallel Computing）的最新发展。美国国家标准和技术研究院提出，云计算是一种能够通过网络以便利的、按需付费的方式获取计算资源（包括网络、服务器、存储、应用和服务等）并提高其可用性的模式。这些计算资源来自一个共享的、可配置的资源池，能够以最省力和无人干预的方式获取和释放。中国云计算专家委员会认为，云计算最基本的概念是通过整合、管理、调配分布在网络各处的计算资源，以统一的界面同时向大量用户提供服务。

尽管云计算的具体定义不尽相同，但云计算的本质可被概括为：可让用户通过互联网使用大规模、可扩展信息技术资源的一种计算方式。也即，云计算运用分布式计算资源和存储资源能构建全球服务协作网络。借助云计算，网络服务（Network-as-a-Service）提供者可以在瞬息之间处理数以千万计甚至亿计的信息，能实现与超级计算机同样强大的效能；用户可以按需计量地使用这些计算服务。云计算的目的就是把个人用户的数据和程序从个人计算机移到"云端"，让用户通过互联网像用电一样获取各种各样的信息技术资源。在云计算模式下，计算资源、存储资源和应用程序资源等信息技术资源变成了水和电一样的公共基础资源。从本地计算到云计算就好比从"单机发电"到"电厂集中供电"，从" 钱放在家里"到"钱存到银行"。

2. 云计算的功能

云计算具有强大的功能。具体内容如下。

首先，云计算具有强大的计算功能：可通过集成网络虚拟机器的服务来构建一种动态的下一代数据中心；可提供全新的计算架构模型，能让用户按需获取理想意义上无限扩展的计算资源、存储资源和应用程序资源。

其次，云计算具有更便捷的服务功能：硬件、软件和数据都是服务。组织和个人几乎在世界的任何地方都可以获取云计算提供的服务；软件服务（Soft-as-a-Service，SaaS）提供商将向消费者提供服务而不是提供可安装在本机上的软件。

最后，云计算具有更强的安全功能：能更好地恢复、管理和保护程序以抵御网络攻击；可实现低成本的灾难恢复和数据存储解决方案；可按需执行安全控制，实时监测，防止系统被篡改。

3. 云计算的层次模型

云计算的逻辑层次划分主要有"四层次论"和"五层次论"。

四层次论认为，云计算可以分为四个逻辑层次：最上层是服务层，提供账户管理、服务目录、部署服务和用户报告等；第三层是管理层，提供资源管理和负载均衡；第二层是虚拟化层，提供硬件虚拟化和应用虚拟化；最底层是包括服务器、网络和存储等在内的资源层。

五层次论认为，云计算系统是由云客户端（Cloud Clients）、云应用（Cloud Applications）、云平台（Cloud Platform）、云基础设施（Cloud Infrastructure）和服务器层五个层面构成的分层体系。其中，云客户端有时又被称为云终端，是直接面向客户的人机接口；服务器层是由计算机硬件和/或计算机软件组成的；云应用、云平台和云基础设施可统称为云服务（Cloud Service）层。

4. 移动云计算

随着移动互联网的发展，移动云计算（Mobile Cloud Computing，MCC）逐步成为云计算技术发展的重要方向之一。移动云计算一般可以被概括为移动终端通过无线网络，以按需、易扩展的方式从云端获得所需的基础设施、平台、软件等资源或信息服务的使用与交付模式。移动云计算能将计算密集型或内存密集型任务部署到云计算中心，以便解决移动设备（如智能手机和平板电脑）的计算资源匮乏问题。

移动云计算具有终端资源有限性、用户移动性、接入网异构性以及无线网络的安全脆弱性等特有属性。在移动云计算中，数据处理可以在移动设备之外进行。移动设备作为客户端从云端获得计算、存储、网络、安全等服务，从而突破移动设备的性能、电量瓶颈，扩展其使用范围。

弹性移动云计算（Elastic Mobile Cloud Computing，EMCC）是移动云计算研究和应用的重要进展之一。弹性移动云计算中，移动设备按照实时需求将部分任务迁移到云端执行，无缝透明地利用云资源增强自身功能。现有弹性移动云计算方案又可分为计算迁移型移动云计算（Computing Migration Mobile Cloud Computing，CM-MCC）和云端代理型移动云计算（Cloud Agent-Mobile Cloud Computing，CA-MCC）两类：计算迁移型移动云计算通过云端的虚拟移动设备，来辅助或代替移动设备完成多种任务，主要包括云环境构建、任务分割、模块分配、模块迁移、计算和返回等过程；云端代理型移动云计算主要利用部署在云端的移动设备虚拟机减轻移动设备负载，透明地扩展其功能，其基本实现过程可分为云代理构建、同步维持、代理服务和结果返回。

1.3.2　云计算的部署类型

云计算的部署类型用来区分各种不同的云计算环境，主要的划分标准包括被谁拥有和管理、规模有多大、谁可以访问等。常见的云部署类型主要包括公有云、专有云、社区云、混合云和个人云。

1. 公有云

公有云是指第三方提供商为公众提供的能够公开使用的云，它能够以低廉的价格提供有吸引力的服务给最终用户，创造新的业务价值。公用云模式下，不同用户部署的应用程序、数据库混合在同一物理空间。据浪潮云官网介绍，浪潮云能为区域政府、行业部委和大型企业提供覆盖基础设施即服务（Infrastructure-as-a-Service，IaaS）、平台即服务（Platform-as-a-Service，PaaS）、软件即服务的全面云服务。其计算和网络服务类产品主要有云服务器、物理主机、网络和负载均衡（Inspur Server Load Balancer，InSLB），存储和容灾类服务类产品有云硬盘、云数据库、云容灾和云存储，数据中心服务类产品有云托管、云加速，安全服务（Security-as-a-Service）类产品有云安全和云防火墙。

腾讯云小程序解决方案是腾讯云专为微信小程序用户提供的解决方案，使用户能够一键自动完成域名注册解析以及云端资源分配初始化，使用户拥有快速搭建具备云端能力的专属小程序底层能力。腾讯云小程序解决方案的基础构成产品包括云服务器、云数据库、负载均衡、域名注册解析、弹性缓存等。

国外的 IBM 公有云覆盖全球超过 40 个数据中心，能提供虚拟服务器（Virtual Server）与裸机服务器的混合灵活部署模式，为全球数据中心提供免费带宽传输，能为游戏"出海"、跨境电商、广告投放竞价等业务负载提供全球支持。

亚马逊云服务（Amazon Web Services）能提供大量基于云的全球性产品，其中包括计算、存储、数据库、分析、联网、移动产品、开发人员工具、管理工具、物联网、安全性和企业级应用程序，能为企业的万维网应用、移动应用程序、游戏开发、数据处理与仓库、存储和存档等工作负载提供支持。

其他大型的公有云还包括百度智能云、阿里云、华为云、联想云、网易云、微软云和谷歌云等。

2. 专有云

专有云，也称私有云（Pritate Cloud），它是为一个用户单独使用而构建的，能实现对数据、安全性和服务质量的最有效控制。专有云主要面向组织内部搭建的云平台，仅对内开放，能避免组织内部的信息基础设施的重复建设和投资，能有效实现组织内部信息技术资源的共享。政府组织、企业组织和媒介组织可借助一些成熟的专有云操作系统搭建其专有云数据中心的管理平台。如浪潮云官网介绍，云海 OS 是中国首款自主研发的云数据中心操作系统，能实现业务的自动感知、资源的智能管理、服务的自动化交付，是云数据中心的"中枢神经系统"。用户可运用云海 OS 的服务器虚拟化系统（InCloud Sphere）整合计算、存储和网络等物理资源，对虚拟资源、硬件资源、用户资源进行集中管理；可运用云海 OS 的数据中心管理平台实现业务的动态变更、资源的智能管理和服务的自动化交付。

3. 社区云

社区云是面向社区提供的云平台。社区云基于社区内的网络互连优势和技术易于整合等特点，对社区内各种计算能力进行整合，结合社区内的用户共同需求，为具有共同关心问题的社区用户提供独有使用权的云平台，满足区域用户的需求。

4. 混合云

混合云将公有云模式与专有云模式结合在一起，有助于提供按需的、外部供应的扩展。如何有效满足政府组织和企业组织对信息技术资源的高峰需求是信息化建设面临的基本问题。如果政府组织和企业组织按照最高峰时期的需求来部署信息基础设施的建设，将导致在正常情况下大量的信息技术资源被闲置，在付出高昂成本的同时，信息化建设的投入产出比大幅下降。但哪些应用放在专有云上处理，哪些应用放在公有云上处理就是基本问题。一般而言，组织可将容量小的关键数据放在专有云上处理，防止数据丢失和外泄；将容量大的普通数据利用公有云处理，其成本低且易拓展，这样可以保持安全性和低成本之间的平衡。混合云的典型应用场景就是"云爆发"：在日常情况下，企业在专有云或数据中心上运行其应用系统，一旦周期性的或突发性的流量高峰到来，应用系统对信息技术资源的需求就会超过本地信息基础设施的最大容量，应用系统的运行就自动从本地"爆发"到云端。也即，在云爆发应用场景中，有两种或更多的云（公有云、专有云、社区云）组成混合云，每种云保留独特的实例，但彼此通过标准化或专有的技术联系在一起，以便促进数据和应用的可移植性。

5. 个人云

上述四种云部署类型主要面向组织用户，我们可以把向个人用户提供服务的云部署类型定义为个人云。个人云是由用户周围环境中的设备构建而成的，也可访问其他云提供的一些服务来丰富自身功能。同时，企业也会对个人云中的服务进行管理，以便更好地针对用户的不同应用需求提供服务及整合资源。个人云是指各种设备通过网络连接提供存储、同步、获取并分享数据的服务。"iCloud""SkyDrive""Google Drive"均是企业提供给用户的个人云存储产品，它们提供存储服务（Storage-as-a-Service）以及简单的文件同步服务。个人云中不同设备上的服务或者资源之间存在异构问题，可采用"糅合"（Mashup）技术将不同应用混搭到一起整合成一种新的应用。如联想公司提供的"联想云服务"，能为用户提供"专业加密，安全无忧"的存储服务：所有用户资料均采用网银级别的加密、多机房存储，安全可靠；当用户不想再使用联想云服务时，可一键销毁所有个人资料；支持智能同步功能，仅同步新增和修改过的联系人信息。

1.3.3　云计算的特征

云计算与传统的计算模式相比，具有共享性、公共性、虚拟性、无限扩展性、动态性和节约性等显著特征。

1. 共享性

云计算可提供全新的计算架构模型，能实现计算资源、存储资源和应用程序资源的全面共享，其最本质的特征是资源的共享性。在云计算模式下，不同用户共同使用信息技术资源的机制是：用户通过付费的方式按需获取各类资源，当使用完之后就可以释放所有资源。在理想意义上，云中各类资源都可以被用户占有，也即"什么都可以成为你的"。

2. 公共性

云计算的最终目标就是将计算、服务和应用作为一种公共设施提供给公众，其具有显著的公共性，使人们像使用水、电、煤气和电话那样使用计算机资源。在理想意义上，云中各类资源都可以被用户调用，也即"什么都听你的"。

3. 虚拟性

运用虚拟化技术，形成虚拟的计算资源池、存储资源池、网络资源池和数据资源池是云计算的重要特征之一。虚拟性的本质是软件、系统和基础设施的非物质化。云计算的虚拟性体现在多个层面：服务器虚拟化（ServerV）、存储虚拟化（StoreV）、网络虚拟化（NetV）、管理虚拟化（ManageV）、桌面虚拟化（DeskV）、表现层虚拟化（PresentV）和应用程序虚拟化（AppV）。

4. 无限扩展性

云计算与其他计算模式的区别主要是：其以点播式资源池为基础，任何资源可弹性地快速扩充或缩减，具有无限扩展性。云计算可以瞬间让数千台各式计算机连起来为某用户服务。这种无限扩展性为云计算开展海量数据的存储和计算奠定了坚实的基础。

5. 动态性

云服务系统是一种动态分配资源的系统，云供应商可以根据用户的规模，通过增加服务器节点扩展云服务系统的计算能力。云资源分配根据按需分配、按需所取的原则，弹性分配资源给用户，能实现资源利用最大化。据浪潮云官网介绍，浪潮集团的云服务器可实现分钟级别创建或释放云服务器：5分钟内升级或降级云服务器的 CPU 和内存、在线升级或降级公网带宽、自定义镜像功能轻松复制云服务器数据和环境。

6. 节约性

云计算可采用量入为出的计费方式，即根据用户使用云计算服务的情况收费，类似于水、电、气的弹性收费方式。这种计费方式依赖于规模经济，可以在降低价格的同时为提供商带来丰厚的利润，还可以使云计算用户节省前期投资，避免出现资源不足或闲置的情况。

1.3.4　云计算是如何实现的

作为一种新型计算模式，云计算需要一系列的机制来实现，不同的机制组合可构成不同的云解决方案。本小节仅简要介绍与后续内容紧密相关的部分机制，包括虚拟化机制、负载均衡机制、资源集群机制、故障转移机制和资源调度管理机制。

1. 虚拟化机制

虚拟化是信息技术资源的逻辑表示。虚拟化机制主要负责简化基础设施、系统和软件等信息技术资源的表示、访问和管理，能为信息技术资源提供标准的输入/输出接口。虚拟服务器和云存储设备是云提供者借助虚拟化技术建构云环境的最基本模块。

所谓虚拟服务器，就是一种模拟物理服务器的虚拟化软件：通过向云用户提供独立的虚拟服务器实例，云提供者能使多个云用户共享同一个物理服务器。虚拟机监控器（Hypervisor）主要负责在物理服务器上生成虚拟服务器实例。每个虚拟服务器都可以存储大量的信息技术资源，是云计算实现的重要支撑之一。虚拟服务器的功能主要包括三个方面。

第一，通过虚拟化技术将系统中的各种异构的硬件资源，转换成灵活统一的虚拟资源池，从而形成云计算基础设施，为上层云平台和云服务提供相应的支持。

第二，通过虚拟化技术使得单个服务器可以支持多个虚拟服务器，能提高服务器的利用率，能根据用户业务需求的变化，快速、灵活地进行资源部署。同时，每个虚拟服务器可运行不同的操作系统，这使得运行于不同虚拟机之上的应用程序可以相互独立运行而互不干扰。

第三，云计算使用虚拟化技术在服务器的硬件资源与用户之间加设虚拟化层，虚拟化层负责与用户进行交互，并调用底层所有的信息技术资源。虚拟化层能封装和屏蔽信息技术资源的实现方式，能避免信息技术资源的维护升级影响和干扰用户使用。

云存储设备是指专门为云配置的存储设备，其本质是物理存储设备的虚拟化实例。云用户借助云存储服务就可以创建一个云存储设备，也可以远程访问这些云存储设备。云存储设备能提供的数据存储逻辑单元包括文件（File）、块（Block）、数据集（Dataset）和对象（Object）。云用户可以使用网络存储接口访问文件和块存储设备；使用对象存储接口访问对象存储设备；使用数据库存储接口访问关系数据集和非关系数据集存储设备。

2. 负载均衡机制

负载均衡机制主要负责在运行复杂计算任务时，把计算负载分配给多个信息技术资源。负载均衡机制的负载分配方法主要包括非对称分配方法、负载优先级分配方法和上下文感知分配方法。负载均衡相关产品可作为独立的云服务产品向用户提供。如浪潮云官网介绍，其可为用户提供专业的负载均衡服务，能在多台云服务器间实现业务系统流量的自动分配服务。其负载均衡服务还可以通过流量分发，扩展业务系统对外的服务能力，可通过消除单点故障实现自动切换，提升业务系统的可用性。

3. 资源集群机制

云端的信息技术资源在空间上是零散的、碎片化的。资源集群机制负责把多个信息技术资源实例合并成一个群组，能使得他们像一个整体的信息技术资源那样进行管理和操作，能向客户端提供透明的服务。资源集群的主要类型包括服务器集群、数据库集群和大数据集群。在实际应用中，人们只要在选定的第一个群组成员上安装集群软件系统和集群创建工具，然后添加和设置一个群组成员共同使用的数据存储设备，再在拟加入群组的其他信息技术资源节点上安装集群软件系统，就可成功创建一个资源集群。另外，具有负载均衡功能的资源集群能在集群节点中分配工作负载，既能提高信息技术资源的容量，又能保持信息技术资源的集中管理。

4. 故障转移机制

如何确保云服务的可用性和可靠性是云计算实施需要解决的重要问题之一。故障转移机制就是用于解决此问题的。故障转移机制的原理是，若当前活跃的信息技术资源实例变得不可用时，便自动切换到冗余的或待机的信息技术资源实例上。

5. 资源调度管理机制

资源调度管理是云计算系统的核心问题。由于云计算的资源在地理上是分布的，在本质上是异构的，并且各个组织和管理域有各自的资源管理策略和不同的访问代价模型，因此云计算的资源调度管理必须处理好存储架构问题，需要有安全和容错的特殊机制。

资源调度管理机制主要用于调度信息技术资源，以便影响云用户和云提供者执行的管理操作。资源调度管理机制的核心是虚拟基础设施管理器（Virtualized Infrastructure Manager，VIM）：它能实现从最底层的物理服务器创建虚拟服务器实例，其主要任务是在可用的物理基础设施中分配和释放虚拟信息技术资源，以响应虚拟信息技术资源实例的开放、暂停、继续和终止。因此，资源调度管理的主要目标是实现作业与资源的优化匹配，把不同的作业以较合理的方式分配到相应的节点去完成。由于分布环境中各节点的运行速度、主机的负载、网络通信的时间等是动态变化的，因此资源调度管理是一个非常复杂的问题。资源调度管理机制中主要有三种调度方法：基于经济学的调度、以服务质量为中心的调度、以资源利用率为目标的调度。在实际应用中，可通过建立多源信息技术资源云，来构建一种多源信息技术资源管理体系和服务模式：其主要为用户行为特征与用户需求提供向导，对多源信息加以重构，从用户行为出发分析用户需求，挖掘用户意图，推理得到用户隐性需求，进而对多源信息技术资源加以组织重构、挖掘匹配以及管理利用。

上述机制描述了云计算实现的基本原理：首先通过虚拟化机制实现物理资源的虚拟化，建立计算资源池、存储资源池、网络资源池和数据资源池等虚拟资源池；再通过负载均衡机制、资源集群机制、故障转移机制和资源调度管理机制实现资源池的有效管理。目前，已有成熟的"云操作系统"产品来实现上述机制，综合实施资源管理、映像管理（包括映像创建、部署和生命周期管理等）和用户管理（包括用户身份、许可、请求和计费管理等），在资源和用户之间建立访问通道，面向用户提供服务接口，如华为公司的云操作系统产品"FusionSphere"，如图 1-3-1 所示。

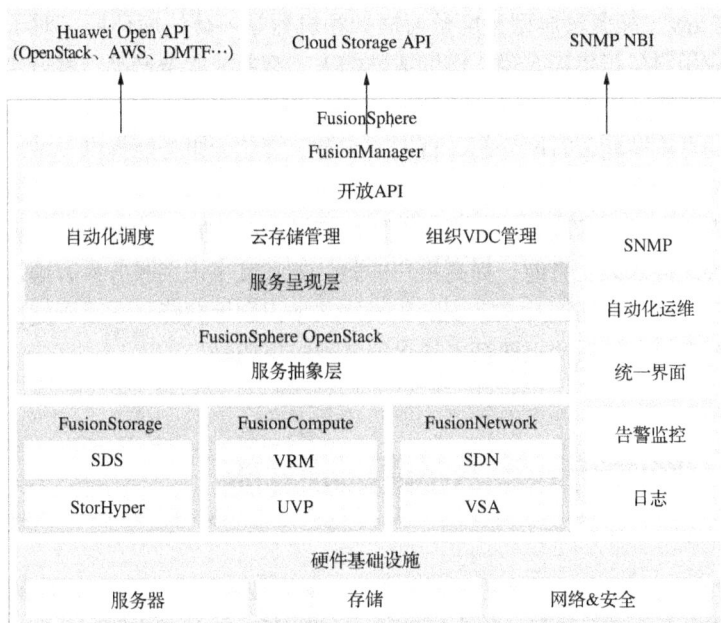

图 1-3-1　云操作系统 "FusionSphere" 结构

据华为云官方网站介绍，FusionSphere 是华为公司面向多行业客户推出的云操作系统产品。基于 OpenStack 架构开发，整个系统专门为云设计和优化，提供虚拟化功能和资源池管理、云基础服务组件和工具、开放的应用程序接口（Application Programming Interface，API）等，可以帮助客户水平整合数据中心的物理和虚拟资源，垂直优化业务平台，让企业的云计算建设和使用更加简捷。FusionSphere 的功能组件主要包括虚拟化引擎（FusionCompute）、块存储（FusionStorage）、网络（FusionNetwork）、容灾（UlterVR）、备份（eBackup）、性能监控和分析（FusionSphere SOI）。其同时支撑公有云和专有云的管理，能提供统一的开放云平台；其支持第三方厂商的计算、存储、网络和安全物理硬件，也支持第三方的计算虚拟化、存储虚拟化、网络虚拟化和安全虚拟化产品；其提供备份、热迁移、亲和性资源调度、电信云定制化扩展、物理资源池等扩展服务；其提供安装部署、升级/补丁、管理数据备份/恢复、信息收集、健康检查等运维服务。

1.3.5 云计算与人工智能发展

云计算能为人工智能发展提供基础的支撑平台。人工智能需要海量的存储和计算资源，人工智能系统的数据只有迁移到云端，才可能获得无限扩展的信息技术资源。也即，人工智能需要专业的云平台才能真正实现。

如浪潮集团官网介绍，其提供的人工智能云解决方案支持大规模机器学习与深度学习应用，用户可实现数据预处理、模型训练、应用推理等，可部署"TensorFlow"等多种典型深度学习框架和机器学习算法库环境。对于专业的新媒体应用服务提供商来说，借助成熟的人工智能云服务产品，就可实现自身产品的智能化。

另据百度智能云官网介绍，百度"天智"智能云服务能提供一站式的语音识别、文字识别、人脸识别、自然语言处理、视频分析与理解等基础服务，也能提供人脸闸机、智能语音助理、图像审核等解决方案，能助力各类新媒体应用产品快速接入人工智能，提高用户体验。如其文字识别服务具有通用文字识别、卡证识别、网络图片文字识别和表格文字识别等功能，适用于远程身份认证、内容审核、纸质文档票据电子化等多种应用场景。

1.4 智能新媒体的基础设施

"网络"是智能新媒体的基础设施，"网络技术"是智能新媒体的基础技术。本节主要介绍互联网、移动互联网、物联网和5G的基本原理和发展概况。

1.4.1 互联网和移动互联网

1. 互联网

互联网（internet）是指将两个以上的计算机网络通过路由器连接起来，组成数据链路，完成网络与网络之间的通信和资源共享。也即，互联网是"计算机互联网络"的简称。其中，计算机互联网络是指将分布在不同地理位置的多台具有独立功能的计算机通过外围设施和通信线路互联起来、在功能完善的管理软件的支持下实现相互资源共享的系统。计算机互联网络的内涵有三个方面：建设计算机网络的主要目的是实现不同计算机之间资源的共享；组建网络的计算机是分布在不同地理位置的具有独立处理能力的"自治计算机";同一网络中的计算机必须使用相同的通信协议。一个完整的计算机互联网络包括以下三个组成部分。(1)计算机:根据在网络中所提供的服务不同,计算机可分为服务器和工作站。(2)外围设施:包括连接设备和传输介质两部分,其中主要的连接设备有网卡、交换机(早期也使用集线器)、路由器、防火墙等,传输介质主要有同轴电缆、双绞线、光纤、微波和红外线等。(3)通信协议:计算机之间在通信时必须遵守的规则,是通信双方使用的通信语言。

目前,全球最大的互联网是因特网(Internet)。因特网是国际计算机互联网络的英文称谓。因特网是一个网络的网络,它以 TCP/IP 将各种不同类型、不同规模、位于不同地理位置的物理网络连接成一个整体进行通信和信息交换,实现资源共享。从网络通信的角度来看,因特网是一个以 TCP/IP 连接各个国家、各个地区、各个机构的计算机网络的数据通信网;从信息技术资源的角度来看,因特网是一个集各个部门、各个领域的各种信息技术资源为一体,供网上用户共享的信息技术资源网。

因特网的内涵包含三个层面:一是因特网是一个基于 TCP/IP 协议栈的国际互联网络;二是因特网是一个网络用户的集合,用户使用网络资源,同时也为该网络提供各类资源,以丰富网络的内容;三是因特网是所有可被访问和利用的信息技术资源的集合。

因特网起源于美国国防部高级研究计划局(Defense Advanced Research Projects Agency,DARPA)的前身高级研究计划局(Advanced Research Projects Agency,ARPA)建立的 ARPANET,该网络于 1969 年投入使用。当时该网络是由四个节点组成的包交换网络,其主要目的是验证远程分组交换网的可行性。

因特网可以被看作一个地理范围涉及全球,连接上亿台计算机或服务器的庞大的国际计算机互联网络,它通过路由器连接多个广域网和局域网。因特网是一个具有极大影响力的计算机网络,是一个全球的信息技术资源库,为用户提供诸如邮件、浏览、信息查询、电子商务、在线娱乐等服务。

简而言之,因特网是一个全球性的巨大的计算机网络,它把全球不同地理位置上的计算机网络进行互联,其中蕴藏了难以计数的信息技术资源,向全世界提供信息服务。因特网的出现,是世界由工业化走向信息化的必然和象征。

2. 移动互联网

移动互联网是以"固定"连接为基础,以"移动"特征为主导的互联网,目标是实现无论是移动终端还是移动子网都可以在任何地方以任何方式接入互联网,从而保持通信不中断。可见,移动互联网是一个新型的融合型网络。在该环境下,用户可以用手机、掌上电脑或者其他手执(车载)终端通过移动互联网接入公共互联网,随时随地享用公共互联网上的服务。移动互联网是相对于目前的固定(计算机)互联网而言的。从技术角度来看,移动互联网和固定互联网的主要区别在于终端和接入网络，以及由此而带来的应用和服务的差别。目前移动互联网的概念有两种：一种是宽带移动互联网，移动终端通过宽带无线通信网络接入公共互联网，与固网宽带用户相比仅仅是接入网络不同；另一种是采用无线应用协议（Wireless Application Protocol，WAP）的互联网，即窄带移动互联网，其终端主要是手机。通常所说的移动互联网指的是第一种概念。移动互联网继承了互联网的体系架构，因此仍然是对互联网的继承和发展。同时，移动互联网对互联网体系架构的发展、终端的便携性以及网络的广覆盖性，将使其成为继宽带之后会对社会产生重大影响的一代互联网，这就是第三代互联网。

随着宽带无线接入技术和移动终端技术的飞速发展，移动互联网正在改变互联网的应用类型，改变互联网的覆盖范围和方式，改变互联网的用户群，改变人们对互联网的理解和使用，并将极大地改变互联网的社会化应用的广度和深度。相比固定互联网，移动互联网的最大特点是移动性和充分个性化：移动性主要表现在移动用户可随时随地接入无线网络，实现无处不在的通信能力。通过移动性管理，可获得相关用户的精确定位和移动性信息；充分个性化表现为终端、网络和内容应用的个性化。

IPv6 的出现是移动通信领域的一个重要里程碑，它支持节点的移动性和自动配置特性，能为实现移动通信和互联网的融合提供可能，为移动互联网的发展提供一个契机，为未来网络和未来业务的发展提供强有力的支撑。在发展IPv6 方面，我国正在持续推动 IPv6 大规模部署，进一步规范 IPv6 地址分配与追溯机制，有效提升 IPv6 安全保障能力，从而推动 IPv6 的全面应用。

根据移动通信技术的演进历程，移动互联网的发展经历了 4 个阶段：

第一代移动通信技术（1G）采用模拟式通信系统，将介于 300Hz 到3400Hz 的语音转换到高频的载波频率 MHz 上，仅能实现语音通话，无法实现手机上网，当时最流行的手机为"大块头"的摩托罗拉 DynaTAC 8000X，俗称"大哥大"；

第二代移动通信技术（2G）诞生于 20 世纪 90 年代初期，其从模拟调制进入数字调制，全球移动通信系统的网速仅有 9.6Kbit/s，开启了手机上网时代；

第三代移动通信技术（3G）诞生于 21 世纪初期，以多媒体通信为特征，支持高速数据传输，其传输速度最低为 384Kbit/s，最高为 2Mbit/s，实现了高速数据传输和宽带多媒体服务，第三代移动通信技术的出现，宣告人类进入移动互联网时代；

第四代移动通信技术（4G）诞生于 2010 年，4G 的诞生标志着人类进入无线宽带时代的到来。4G 集 3G 与无线局域网（Wireless Local Area Network，WLAN）于一体，并能够传输高质量视频图像，能够以 100Mbit/s 的速度下载，上传的速度也能达到 20Mbit/s，并能够满足几乎所有用户对于无线服务的要求。

4G 已经给我们带来了良好的体验，如移动终端的无延迟在线视频播放、流畅的视频通话等精彩应用。然而，随着无线移动设备和服务的爆炸式增长，仍有一些挑战 4G 无法解决，例如频谱危机和高能耗。移动互联网正在逐步开启第五代移动通信技术 5G 时代，1.4.3 小节将专门讲述 5G。

1.4.2　物联网

1. 什么是物联网

物联网在国际上又被称为传感网，是继计算机、互联网与移动通信网之后的又一次信息产业浪潮。2018 年国际电信联盟（International Telecommunication Union，ITU）发布的《物联网网络服务能力暴露的参考架构》报告指出：物联网是信息社会的全球基础设施，依靠现有的和不断发展的可互操作的信息与通信技术，能通过物理的或虚拟的事物间互连来实现高级服务；其通过身份识别、数据捕获、信息处理和通信功能，可充分利用全部事物为各种应用提供服务。国际电信联盟发布的《ITU 互联网报告 2005：物联网》指出：物联网将会引领一个新的通信时代，信息与通信技术（Information and Communication Technology，ICT）的目标已经从满足人与人之间的沟通，发展到实现人与物、物与物之间的连接，无所不在的物联网通信时代即将来临；物联网使我们在信息与通信技术的世界里获得一个新的沟通维度，将从在任何时间、任何地点连接任何人扩展到连接任何物品，而万物的连接就形成了物联网。通俗地讲，物联网就是世界上的万事万物，通过微型感应芯片并借助无线网络技术，不仅可以实现人与物的"对话"，而且可以实现物与物之间的"交流"，这就是物联网。

物联网的核心和基础仍然是互联网。物联网是在互联网基础上延伸和扩展的网络，其用户端延伸和扩展到了任何物品与物品之间，并进行信息交换和通信。从互联网、移动互联网到物联网，其本质就是联网的终端不断扩展的过程：从单纯的计算机的网络、移动终端的网络，逐步发展到万事万物的网络。因此，物联网是通过射频识别（Radio Frequency Identification，RFID）器、红外感应器、全球定位系统、激光扫描器等信息传感设备，按约定的协议，把任何物品与互联网相连接，进行信息交换和通信，以实现对物品的智能化识别、定位、跟踪、监控和管理的一种网络。

2. 物联网的发展战略

开放透明是物联网发展的基本准则。据《物联网网络服务能力暴露的参考架构》报告，网络能力暴露（Network Capability Exposure，NCE）是实现物联网开放机制的功能实体，它使得物联网应用和设备可与底层网络进行交互，以访问底层网络所暴露的网络功能，以便充分利用其底层网络的网络功能。物联网网络能力暴露使得物联网的网络功能公开化、透明化，能提高网络效率，优化物联网的应用和服务，优化用户体验。具体而言，网络能力暴露是一种为物联网网络提供商开发的灵活方法，它使用开放或专有的网络应用程序接口来公开物联网的网络服务功能（如物联网设备管理、动态通信管理等）。具有不同信息与通信技术的各类网络提供商可在网络能力暴露机制中根据访问策略和网络请求发布网络功能，物联网应用可以使用网络能力暴露机制来订阅和访问公开的网络功能。由于缺乏统一的标准，因此从网络提供商的角度来看，必须部署和维护各种专有平台，以暴露其各种网络功能；从集成这些网络功能的开发人员的角度来看，他们需要支付更多的成本。因此，制订统一的物联网网络服务能力暴露的参考标准就显得非常重要。网络能力暴露的总体特征一般包括支持多种网络、公开网络功能、通过设置访问政策来实现安全控制、与其他暴露平台的兼容等总体特征。物联网网络能力暴露平台一般需要支持两种工作模型：单网络工作模型和多网络工作模型。在这两种工作模型中，物联网应用通过网络与物联网设备互动，但物联网应用是通过网络能力暴露访问订阅的网络功能，而不是直接访问某个网络。

打造物联网生态系统是物联网产业竞争的关键。物联网最初被认为是将每个物品"打上"电子标签，然后通过射频识别技术和通信技术形成的信息网络，以实现物品的智能识别、定位与监控。然而物联网的发展很快突破了这个狭窄的定义。物联网技术包括的射频识别技术、传感器技术、纳米技术、智能嵌入技术都会被广泛应用。物联网技术产业链可以细分为标识、感知、信息传输和信息处理 4 个环节。标识环节的关键技术为射频卡，感知环节的关键技术为传感器，信息传输环节的关键技术为无线传输网络，信息处理环节的关键技术为智能芯片标识。据我国《物联网的"十三五"规划（2016—2020 年）》，物联网的生态构建和产业布局正在全球加速展开：国际企业利用自身优势加快互联网服务、整机设备、核心芯片、操作系统、传感器件等产业链布局，操作系统与云平台一体化成为掌控生态主导权的重要手段，工业制造、车联网和智能家居成为产业竞争的重点领域；我国电信、互联网和制造企业也加大力度整合平台服务和产品制造等资源，积极构建产业生态体系，已形成包括芯片、元器件、设备、软件、系统集成、运营、应用服务在内的较为完整的物联网产业链。

1.4.3　5G

人工智能和物联网已经成为全球经济和社会发展的关键领域，将为国家经济社会的长期发展奠定基础。作为无线连接与无线通信的新标准——5G 正成为新经济发展的催化剂。5G 不仅是 4G 的扩展，还提供着更快的无线功能。5G 使数十亿个设备的连接和交互成为可能，让收集、共享和使用这些设备的海量数据成为可能；5G 也能引导工业产品生产和政府管理创新走向新领域。

2019 年 6 月 6 日，工业和信息化部正式向中国电信、中国移动、中国联通、中国广电发放 5G 商用牌照，我国正式进入 5G 时代。5G 的发展和成熟无疑会给智能新媒体的发展插上腾飞的翅膀。智能新媒体的"大脑"往往在云端，复杂的智能计算需要在云端和终端之间进行大量的数据传输，高速的网络连接是智能新媒体发展的基本保障。

1. 什么是 5G

当前 4G 的发展困境和主要不足包括三个方面。

一是 4G 的技术支持能力较难满足虚拟现实、增强现实等高级应用，以及高铁等特殊场景对带宽、速度的需求。

二是 4G 的时延和可靠性较难达到物联网应用的接入要求。

三是 4G 终端的续航能力较难承载智慧城市等复杂应用的低功耗大连接需求。

在这种情况下，5G 应运而生。5G 是第五代移动通信系统（5th Generation Mobile Networks 或 5th Generation Wireless Systems）的简称，指的是第五代移动通信技术，也是 4G 之后的延伸。5G 的传输速度可达 10Gbit/s，比 4G 的传输速度快十倍到百倍，能解决海量无线通信需求，将实现真正的"万物互联"。与 4G 相比，5G 是高度集成的，是一种范式的转换。5G 的新范式包括具有海量带宽的极高载波频率、顶级基站、高密度设备以及前所未有的天线数量。

通俗来讲，1G、2G 满足了人们的语音通话需求；3G、4G 实现了人们随时随地连接互联网的梦想；5G 将开启人与机器超速互联（或者万物超速互联）的新时代。也即，5G 能解决智能新媒体的超大容量、超高速度的连接问题，能汇集海量的数据。在此基础上借助超大规模的存储技术和超级计算技术，最终才能实现强智能和超级智能。

2. 5G 的革命性特征

5G 具有传输速率高、时延低、系统的频谱效率高和低功耗等特点。在传输速率方面，长期演进（Long Term Evolution，LTE）标准中的 4G 峰值速率可以达到 100Mbit/s，5G 的传输速率能比 4G 提高 10～100 倍，其峰值速率能够达到 10Gbit/s，并且可以达到 0.1Gbit/s～1Gbit/s 的用户体验速率；在时延方面，5G 的端到端时延可以降低到 4G 的 1/10 或 1/5，达到毫秒级水平，业务时延小于 5ms，可实现在 450km/h 的高速环境下通信；在系统的频谱效率方面，5G 将通过更高的频谱效率、更多的频谱资源利用，以满足用户业务流量的增长；在功耗方面，5G 的连接数密度达到 $10^6/km^2$，联网移动设备数量增加到现在的 100 倍，同时降低能耗，能量效率提升 10 倍。另外，5G 还具有 99.999% 的可靠性，绿色节能也是 5G 发展的一个重要指标，可实现无线通信的可持续发展。

总之，5G 具有超高的频谱利用率和能效，在传输速率和资源利用率等方面较 4G 提高一个量级或更高，其无线覆盖性能、传输时延、系统安全和用户体验也将得到显著的提高，对海量传感设备及机器与机器（Machine to Machine，M2M）通信的支撑能力将成为系统设计的重要指标之一。由此可见，5G将成为未来智能新媒体发展中的重要网络基础设施。5G、人工智能和云计算将在未来相互融合，共同促进智能新媒体的快速发展，将把人类带入瞬时的云传播时代。本书拟在第4章对比进行较为详细的论述。

3. 5G的关键技术

5G的关键技术主要来源于无线技术和网络技术领域。在无线技术领域主要包括大规模天线阵列（Large-Scale Antenna Arrays）、超密集网络（Ultra-Dense Networking）、全频谱接入（Full Spectrum Access）等。在网络技术领域，主要有新型网络架构（New Network Structures）技术等。

我国在经历了2G时代的一无所有、3G时代的跟跑、4G时代的并跑，而在"5G时代"我国成为名副其实的领跑者。在3G时代，美国的高通公司拥有CDMA的垄断性专利，占据了3G标准的主导权；在4G时代，我国和欧洲合作推动的LTE标准成为行业标准。根据专利分析厂商IPLytics统计，截至2019年3月，我国厂商已申请全球主要5G专利的34%，韩国占25%、美国和芬兰各占14%、瑞典占近8%、日本占5%，而加拿大、英国和意大利虽排名前十位，但占比均低于1%。华为公司拥有最多的5G标准关键专利（Standard Essential Patents，SEP），其拥有1554个5G标准关键专利，远远超过排名第二的诺基亚公司。2019年6月13日，在伦敦举行的5G全球峰会上，华为5G智简核心网解决方案荣获"最佳5G核心网技术（Best 5G Core Network Technology）"奖。2019年3月20日—22日，第三代合作伙伴计划（3GPP）组织在我国深圳召开了第83次全体会议，华为公司的候选人迈耶（Georg Mayer）当选3GPP SA全会主席。

在大规模天线技术领域，世界范围内比较好的基站天线厂商十有七八在我国；在编码技术领域，华为公司主推的Polar码成为5GeMBB场景信令信道编码方案；在网络技术领域，我国新岸线公司的超高速无线通信技术（EUHT），则在超高可靠、超低时延通信（Ultra Reliable and Low Latency Communications，URLLC）的场景下独树一帜，实现了毫秒级的端到端时延和接近100%的可靠性指标。

4. 5G的典型应用

从移动互联网和物联网的主要应用场景、业务需求及挑战出发，5G解决方案主要面临连续广域覆盖、热点高容量、低功耗大连接和低时延高可靠等难题。5G的典型应用主要包括大规模物联网（Massive Internet of Things）应用、移动宽带增强（Enhanced Mobile Broadband，eMBB）应用和高可靠、低时延通信应用。

其中，大规模物联网应用主要包括资产跟踪、智能农业、智能城市、能源监测、智能家居和远程监控等。

移动宽带增强应用主要包括增强型室内和室外宽带应用、企业协作、增强和虚拟现实应用。

高可靠、低时延通信应用主要包括自动驾驶汽车、智能电网、远程病人监护、远程医疗和工业自动化等。

5G 将推动物联网技术的不断进步，能为大数据传播和使用提供所需要的基础设施，从而实现更智能、更连通的世界。

2017 年上半年华为公司发布的面向 5G 承载的微波解决方案能实现 20Gbit/s 的高速带宽和 100μs 的超低时延，同时将业务接入向云端化方向发展，能全方位满足 5G 业务的需求，其性能能为大规模物联网、移动宽带增强以及超高可靠、超低时延通信等 5G 应用提供坚实的技术支撑。

【课后习题】

1. 简述智能新媒体的新内涵和新特征。
2. 结合具体的实例简要分析 5G 对智能新媒体发展的影响。
3. 简述云计算对智能新媒体发展的基础性作用。

第2章 智能新媒体应用的产品形态和应用模式

学习要点

- 什么是原生应用、页面应用和混合应用
- 什么智能机器人和云服务
- 应用形态的演化与发展
- 什么是应用模式
- 原子理论
- 原子应用模式的基本构成

关键术语

- 原生应用
- 页面应用
- 混合应用
- 智能机器人
- 云服务
- Web 3.0
- HTML5
- 应用模式

　　智能新媒体应用是运行在网络上的，通过智能终端可以访问的具体应用，是新型媒介体系的有机组成部分。但智能新媒体应用的产品形态有哪些，是科学认识智能新媒体的基本问题。同时，现实中的智能新媒体应用丰富多彩，一般都具有复杂性和综合性。如何认清这些应用的本质？如何描述一种应用的基本原理？如何创造一种全新的应用呢？这就需要掌握智能新媒体的应用模式理论。产品形态和应用模式是完全不同的两个概念：产品形态讲的是应用的存在形式和外在表现；应用模式描述的是应用的内在逻辑和本质。

2.1 产品形态类型

智能新媒体应用的产品形态主要有原生应用（Native App）、页面应用（Web App）、软硬一体机（Hardware and Software Integration Machine）、智能机器人和云服务。同时，介于原生应用和页面应用之间的混合应用（Hybrid App）也正在悄然发展。

2.1.1 原生应用

原生应用也称为"原生态应用"，主要采用"客户端/服务器（Client/Server）"的软件架构模式。其中客户端/服务器软件架构模式的基本原理是：从应用层的应用程序工作模型的角度来看，应用程序分为客户端程序与服务器程序；客户端和服务器都是指通信中所涉及的两个应用进程；客户端/服务器软件架构模式所描述的是进程之间服务和被服务的关系；客户端是服务的请求方，服务器是服务的提供方；服务器的服务进程一直保持运行状态，等待来自客户端的服务请求，当接收到客户端服务请求时返回相应的数据资源。原生应用的突出特征是具有操作系统依赖性。

对开发者来说，他们需要针对不同的操作系统（如 iOS、Android）开发多个不同的应用版本，需要付出较高的开发和维护成本。即使针对同一操作系统开发的应用版本，如何较好地适配各种型号的智能手机，也是让开发者极其头痛的事情。

对用户来说，他们只需从应用商店中下载应用并安装到本地终端，既可重复使用应用，也能体验到诸多高级、复杂的应用操作，但也面临着诸多不便。一是一些高端、优质的应用一般需要付费；二是在海量般的应用中如何找到自己真正需要的、满意的应用也是一件让用户头痛的事情；三是部分应用本身携带病毒，或者一些主流应用的山寨版也常常会嵌入病毒，将对用户的隐私安全造成严重威胁。

目前，"云原生"成为原生应用发展的新形态。应用开发者借助云原生应用平台（Cloud-Native Application Platform，CNAP）可快速开发和推出自己的原生应用。应用开发者接入微信小程序、百度智能小程序、字节跳动小程序、钉钉小程序等云原生开发平台，可快速构建云原生应用，无须管理基础架构，云原生应用就能直接在计算机端、移动客户端等多终端运行。据即速应用发布的《小程序 2019 年行业年中增长研究报告》，截至 2019 年 8 月，微信小程序总数量达 236 万个，微信小程序累积用户量已达 8.4 亿，月活用户量突破 6.8 亿。

总之，原生应用的主要优点包括能提供良好的用户体验、优质的用户界面、华丽的交互，能针对不同平台提供不同用户体验，可节省带宽成本，可访问本地资源；其主要缺点包括移植到不同平台上比较麻烦、维持多个版本的成本比较高、盈利需要与第三方分成等。

2.1.2　页面应用

页面应用基于浏览器，采用"浏览器/服务器（Browser/Server）"的软件架构模式。页面应用的突出特征就是平台无关性，其计算过程和存储过程都是在云端完成的。其中，所谓浏览器/服务器的软件架构模式是指，应用的业务逻辑完全在应用服务器实现，用户表现完全在 Web 服务器实现，客户端只需要浏览器即可进行业务处理，是一种全新的软件系统构造技术。这种架构模式成为当今应用的首选架构模式。

对开发者来说，无须针对不同的操作系统环境或智能手机型号研发多个版本，只需在云端部署一套系统，就能实现实时更新和维护。多数应用的开发中需要成立两个团队：一个团队专门面向 iOS 开发；另一个团队专门面向 Android 开发。原生应用的客户端软件向苹果应用商店提交的过程都比较烦琐，特别是苹果应用商店运营团队审核的周期一般较长，开发团队要经历漫长的等待时间；另外，客户端软件的新版本也同样要通过应用商店的严格审核，才能最终让用户下载更新版本。但对页面应用来说，新功能的开发和新版本的上线发布都完全由开发商自己掌控，具有很强的自主性。

对用户来说，无须下载和安装客户端软件，只需在浏览器中输入网址就可以使用客户端软件的功能，获取所有服务。页面应用对终端性能的要求相对较低，用户借助浏览器就可以尽情地享用丰富多彩的云服务。如用户只需在浏览器的地址栏输入相关地址，就可以直接使用微信的页面应用。

总之，页面应用的优点主要包括开发成本低、跨平台和终端、迭代更新容易、无需安装成本等；页面应用的缺点主要包括消息推送不够及时、调用本地文件系统的能力弱等。

2.1.3　混合应用

如上所述，页面应用虽然更能代表未来，但原生应用也具有一定的优势，短期内难以被完全替代。因此，多数服务提供商或开发者都会在页面应用和原生应用的战略选择中犹豫不决。于是，介于两者之间的一种混合应用就应运而生。混合应用以本地应用的形态出现（用户仍然需要安装应用），但混合应用内部的大量逻辑却使用万维网技术实现。同时，万维网技术难以实现的功能可通过调用本地应用程序接口实现。混合应用也称为套壳应用（Shell App），具有一定程度的跨平台特性，可利用原生应用的发布渠道和盈利模式。总之，混合应用同时具备原生应用和页面应用这两种产品形态的技术优势，将会成为服务提供商或开发者的战略选择之一。

2.1.4 软硬一体机

1. 概念

一般的智能新媒体应用安装在智能手机、智能穿戴设备等通用的智能终端即可使用。但部分智能新媒体应用必须借助特殊的智能终端，最终只能以软硬一体机的产品形态向用户提供服务。所谓软硬一体机就是特定软件系统和硬件系统一体化的一种应用产品。如百度智能云与浪潮集团联合研发的 ABC（A 是 AI，B 是 Big Data；C 是 Cloud Computing）一体机，能以软硬一体机的形式，将百度智能云的服务能力固化，能实现端到端的一站式服务，部署简单、开箱即用、支持平滑扩容、快速扩展。

2. 实例

如"搜狗旅行翻译宝"就有典型的软硬一体化的产品形态。为满足用户在旅行中跨语言交流的需求，解决用户在境外交流时网络不畅、识别不清、翻译不好的问题，搜狗旅行翻译宝应需而生。搜狗旅行翻译宝采用神经网络压缩技术，将云端翻译模型无损压缩至原来的1/35，放入翻译宝，离线翻译准确率媲美在线翻译；双麦克风阵列可降低环境噪声，提高收音识别率，语音识别准确率超过 97%，有效提升翻译准确率；具有实景翻译功能，用户只需拍摄要翻译的内容，如路牌、菜单、文物介绍等，翻译宝就能直接将图片内的外语翻译为中文。

"易启智能自助政务系统"以整合"政务信息"为基础，以人脸识别技术为特色，通过自助一体机终端，能为办事群众提供身份认证（身份证信息与实时采集人脸图像信息对比，确保办事人/代办人身份信息的准确）、资料采集（扫描纸质资料，上传云服务器）、打印回执、自助取件等服务。自助一体机终端可根据不同的政府部门，设置不同的业务功能。

2.1.5 智能机器人

1. 概念

机器人是由仿生元件组成并具备运动特性的机电设备，它具有操作物体以及感知周围环境的能力。智能机器人区别于一般机器人，是指具有强智能、类人类的机器人。它可以理解人类语言，能和人类对话，能意识到外界环境，能分析出现的情况，能调整自己的动作以达到操作者所提出的全部要求，能在信息不充分的情况下和环境迅速变化的条件下完成动作。智能机器人的"大脑"一般借助云端的智慧平台实现。如"娇娃"是小 i 机器人打造的首款银行实体智能机器人。它的身体来自韩国的"FutureRobot"，大脑则由小 i 机器人提供，借助小 i 机器人的云平台和引擎能力，该机器人具有了较强的智能人机交互能力。

2. 主要类型

智能机器人主要包括工业机器人、服务机器人以及特种机器人。其中工业机器人主要包括搬运机器人、焊接机器人和切割机器人等；特种机器人主要包括空间机器人、海洋机器人和极地机器人。智能机器人中与媒体和传播密切相关的是服务机器人。服务机器人是指在非结构化环境中为人类提供必要服务的由多种高技术集成的智能化设备，主要包括专业服务机器人（农用、医用）和个人/家用服务机器人。从信息传播的视角来看，服务机器人可看作一种以人工智能决定其行动、具有拟人的沟通交流能力的机器人。

随着人工智能的广泛使用，越来越多智能机器人"飞入寻常百姓家"，智能机器人逐步成为重要的智能新媒体产品形态之一，在人类信息传播系统中成为重要的信息传播者和接收者。如陪护机器人应用于养老院或社区服务站等环境，具有生理信号检测、语音交互、远程医疗、智能聊天、自主避障漫游等功能。陪护机器人在养老院环境实现自主导航避障功能，能够通过语音和触屏进行交互；配合相关检测设备，陪护机器人具有血压、心跳、血氧等生理信号检测与监控功能，可无线连接社区网络并传输相关信息到社区医疗中心，紧急情况下可及时报警或通知亲人；陪护机器人具有智能聊天功能，可以辅助老人康复心理。陪护机器人为人口老龄化带来的重大社会问题提供了解决方案。

3. 实例

最有名的智能机器人要数 AlphaGo，它是第一个击败人类职业围棋选手、第一个战胜围棋世界冠军的人工智能机器人。2017 年 10 月 18 日，最强版 AlphaGo（代号 AlphaGo Zero）问世。AlphaGo 通过两个不同"神经网络大脑"合作来改进下棋：第一大脑是落子选择器（Move Picker），第二大脑是棋局评估器（Position Evaluator）。AlphaGo 的第一个神经网络大脑是"监督学习的策略网络（Policy Network）"，它通过观察棋盘布局，企图找到最佳的下一步。

AlphaGo 事实上有两个额外的落子选择器大脑：一个是强化学习的策略网络，它通过百万级额外的模拟局来实现更强的落子选择器；另一个是"滚动网络"，它不会看整个 19×19 的棋盘，但会在对手之前落的和新落的棋子中考虑、观察一个更小的窗口，能实现更快版本的落子选择器。AlphaGo 的第二大脑棋局评估器，借助"价值网络（Value Network）"，通过整体局面判断来辅助落子选择器，在给定棋子位置的情况下，能预测每一个棋手赢棋的可能。

2.1.6 云服务

1. 概念

智能新媒体还有一种重要的产品形态，那就是云服务。云服务可以是一个基于页面的软件程序，使用消息协议就可以调用其技术接口；或者是管理工具；或者是更大的环境和其他信息技术资源的远程接入点。

云服务的交付模式主要包括"软件即服务""平台即服务"和"基础设施即服务"三种。还有一些由不同信息技术资源组合而成的交付模式变种，如人工智能即服务（AI-as-a-Service）、网络即服务、存储即服务、数据即服务（Data-as-a-Service）、安全即服务等。简而言之，云服务就是基于云计算提供的各类在线服务。此处仅简要介绍软件即服务、平台即服务、基础设施即服务和人工智能即服务。其中，软件即服务是直接面向终端用户（包括个人、企业、政府和媒体）的；平台即服务和基础设施即服务主要是面向第三方开发者的（企业、政府和媒体等），能为其开发和部署智能新媒体应用提供基础性的支持平台。软件即服务、平台即服务和基础设施即服务是基本的云服务单元，人工智能即服务可能是软件即服务、平台即服务或基础设施即服务中的一种，也可能是其中两种服务或三种服务的组合。

2. 软件即服务

（1）概念

软件即服务能将一个独立的应用软件通过供应商的服务器让成千上万的使用者在线使用。按照服务对象，软件即服务的类型主要包括个人软件即服务、家庭软件即服务、社区软件即服务、媒体软件即服务、企业（电子商务）软件即服务、政府（电子政务）软件即服务。按照服务范围，有的云服务提供商致力于提供通用软件即服务，有的云服务提供商致力于提供某行业领域的专业软件即服务。

（2）实例

据华为云官网介绍，华为云提供了通用软件即服务产品"云桌面（Workspace）"和即时通信云即服务。云桌面是一种虚拟Windows桌面与应用的服务，用户可随时随地接入云桌面办公，其具有高清制图桌面（提供高性能的图形处理能力及良好的桌面接入体验）、移动办公接入（支持智能手机、平板电脑、台式电脑等各种终端接入云桌面，并享受一致的桌面体验）等服务功能。借助此平台，媒介组织、企业组织和政府组织的分支机构员工，以及经常出差或流动办公的人员，可通过便携设备随时随地接入云桌面办公。另外华为云还提供即时通信云服务，能无缝衔接从桌面到移动、从内部到外部、从办公到生产的所有应用场景，支持音视频、消息、会议、邮件等多种沟通手段，具有统一通讯录（云端存储、实时更新）、消息协同（跨终端消息漫游、群组协同）、音视频呼叫（员工之间点击呼叫）、多媒体会议（各终端自由入会）等功能。

3. 平台即服务

（1）概念

平台即服务能将整个开发环境作为一种服务向用户提供，开发者可利用其中的"结构单元"创建自己的应用程序。也即，平台即服务能提供用于软件设计、开发和测试的中间系统。平台即服务也可称为"云计算操作系统"，它能向终端用户提供基于互联网的应用开发环境。平台即服务是开发和搭建软件服务的支撑系统，主要包括应用程序接口和运行平台，可细分为"开发组件即服务"和"软件平台即服务"。

（2）实例

据浪潮集团官网介绍，"云海 IOP（InCloud Open Platform）"是一个开放的云平台产品，它可以快速交付多种高弹性、高可靠的分布式云中间件服务，通过为用户提供企业级分布式云应用的开发与运行环境，提升用户业务的敏捷性和创新能力，缩短云应用的上线周期。云海 IOP 能实现资源的标准化交付和统一管理，能提供 5 大类近 20 种云服务，其中包括基础资源服务（如弹性主机服务、对象存储服务、负载均衡服务）、大数据服务（如大数据 Hadoop 服务、流式计算服务、数据总线服务）、关系数据库服务（如 NoSQL 数据库服务、内存数据库服务）、应用中间件服务（如应用引擎服务、消息队列服务、搜索引擎服务）等。

4. 基础设施即服务

（1）概念

基础设施即服务是将基础设施作为虚拟化的资源池向用户提供的服务。基础设施即服务具体是指以服务的形式向用户提供可高度扩展和按需变化的服务器等硬件资源。云服务提供商通过基础设施服务能向用户提供同颗粒度的、可度量的计算、存储、网络和单机操作系统等基础资源。用户无须了解底层的云基础设施，可自由地部署和运行软件，但需要管理操作系统、存储与部署的应用。各类云服务提供商提供的基础设施服务不仅包括计算服务、存储服务、网络服务和安全服务，还包括容灾备份、负载均衡等服务。

（2）实例

华为云提供的计算服务包括弹性云服务器、"FPGA"加速云服务器、"GPU"加速云服务器、云服务器备份、云容器引擎、裸金属服务器、弹性伸缩服务、镜像服务和专属云（Delicated Cloud）服务；存储服务包括云硬盘、云硬盘备份、对象存储服务、弹性文件服务、数据快递服务；网络服务包括虚拟专有云、弹性负载均衡、云专线、虚拟专用网络、云解析服务；安全服务包括"Anti-DDoS"流量清洗、DDoS 高防 IP、数据库安全服务、密钥管理服务、证书管理服务、安全指数服务、安全态势感知服务和程序运行认证服务等。其中华为专属云服务是在华为云上隔离出来的专属虚拟化资源池。在专属云内，用户可申请独占物理设备，独享计算和网络资源，使用可靠的分布式存储。用户之间资源的物理隔离、网络隔离，能消除用户之间的资源相互影响和网络互访隐患。常见的开源基础设施服务系统有两种："HPE Helion Eucalyptus"是一个可扩展的基础设施服务框架，其使用"亚马逊 Web 服务

（Amazon Web Services，AWS）"的应用程序接口来实现互操作性和云服务系统构建，支持基于内核的虚拟机（Kernel-based Virtual Machine，KVM）建构；"OpenStack"能提供一种模块化架构，能提供基于组件的云服务系统建构。

5. 人工智能即服务

（1）概念

人工智能即服务是把基础性的人工智能作为虚拟化的资源向第三方开发者提供的服务。用户只需按其实际使用量付费。

（2）实例

"Amazon Comprehend"是一项自然语言处理服务，具有"从文本中获取更好的答案""按主题将文本分组""数据训练模型""通用和行业特定文本分析"等功能，能让用户通过机器学习发现文本中的见解和关系。其可以识别文本语言，提取关键短语、地点、人物、品牌或事件信息，理解文本语义的肯定或否定含义，使用分词断句和词性分析文本，还可以自动按照主题整理一组文本文件。Amazon Comprehend 是完全托管的，用户无须预配置服务器，也无须构建、培训或部署机器学习模型。借助 Amazon Comprehend，企业用户通过客户电子邮件、支持票证、产品评论、社交媒体甚至广告文案，就可以深入了解其产品客户的情感；医学研究者也可以从医生笔记、临床试验报告以及患者健康记录等多种来源识别医学状况、药物、剂量、使用强度和频率等医学信息。

2.2　页面应用形态演变

一种新型应用问世之后，做成什么样的产品形态，是一个重要的战略选择。随着 Web 3.0 和新一代超文本标记语言（HTML5）的日渐成熟和广泛应用，产品形态将会产生哪些影响？在未来，应用提供商推出哪种形态的产品会更符合发展趋势？本节将重点探讨这些问题。

2.2.1　Web 3.0 与智能新媒体产品形态的发展

从万维网诞生至今，主要经历了 Web 1.0 和 Web 2.0 时代，正在向 Web 3.0 时代发展。

1. Web 1.0

Web 1.0 是一种广播模式：网站生产和发布内容，用户用浏览器阅读新闻、查阅资料。这个阶段的万维网用户以浏览器为窗口，能享受网站提供的各项应用服务。Web 1.0 典型的产品形态包括门户网站和搜索引擎，其主要缺点为：以网站为中心，用户被动地接收信息。门户网站以新浪、搜狐等站点为代表，利用网络的海量存储、超链接、多媒体表达等技术，能为用户提供丰富的内容，但是在内容的原创方面严重依赖传统媒体，海量内容的获得是建立在吃传统媒体"免费午餐"的基础之上的。搜索引擎以百度公司和谷歌公司为代表，利用网络的智能化的搜索技术，能使内容呈现进一步摆脱传统媒体式的"把关"机制，能实现智能化基础上的内容生产的"自动化"，也能成功地摆脱对传统媒体内容利用的侵权问题。Web 1.0 的本质特征用两个字可以较好地总结，那就是"只读"，也即其以网站为中心，用户被动地接收内容。

2. Web 2.0

Web 2.0 是一种"用户参与创造内容，大家共享"的应用模式，具有个性化、自组织、互动交流、充分共享等特点。其典型的应用有博客、播客、微博、信息聚合（Real Simple Syndication，RSS）、维客、分类信息标签、社交网络（Social Networking，SN）、社会性书签等。Web 2.0 充分利用普通网民的智力和内容原创能力，能实现全民出版、全民传播的机制，是一种全新的内容生产与消费的生产理念与消费模式。Web 2.0 的本质特征用四个字可以较好地总结，那就是"可读可写"。

3. Web 3.0

（1）概念

在 Web 3.0 时代，人们更多地使用可视化的手段对数字信息进行归类、展示，使得交流、分析、感知、搜索更加丰富多彩。其驱动力是新的分类概念，即经过编码的、标准化的、自我控制的语义学分类方法。各种信息不是依靠超链接联系在一起，而是依靠高度标准化的、可描述的元数据联系在一起。进入 Web 3.0 时代，互联网将实现更加广阔、复杂的虚拟世界，在那里人们用社会交往来促进商务运作。

（2）技术基础

Web 3.0 的技术基础是语义网（Semantic Web）。在 20 世纪 90 年代，蒂姆·伯纳斯·李（Tim Berners Lee）创造了语义网这个术语，用来代表一个数据相互连接并能反复重用的网络。

所谓"语义"就是文本的含义。语义需要理解文本的意思和结构，而与显示方式无关。语义网的本质就是能够根据语义进行判断的万维网。换言之，语义网是一种能理解人类语言的智能万维网，它不但能够理解人类语言，还可以使人与电脑之间的交流变得像人与人之间的交流一样轻松。

语义网就好比一个巨型的大脑，它由数据库智能化程度极高、协调能力非常强大的各个部分组成，可以解决各种难题。在语义网上连接的每一部电脑，都能分享人类历史上所有科学、商业和艺术等知识。它不但能够理解词语和概念，还能够理解它们之间的逻辑关系。在语义网中，网络不仅能够连接各个文件，还能够识别文件里所传递的信息。也就是说，它是一种"聪明"的网络，可以承担以前只有人才能从事的工作。

语义网实际上是在普通的网络基础上逐渐发展起来的。在语义网上，网络内容不仅用自然的语言表述出来，还可以用一种新的形式来表述，那就是利用计算机软件代理来理解、解读、使用网络内容，使得人们能够更加方便地寻找、分享、整合这些网络内容。语义网出自万维网联盟（World Wide Web Consortium，W3C）创始人蒂姆·伯纳斯·李的一种设想，他认为互联网应该是数据、信息、知识交换的全能手段。从核心层面观察，语义网应该包含一种理念、一整套设计原则、一个协同工作的团队以及一整套完善的技术。

（3）应用场景模拟

以音乐为例，Web 3.0 的应用场景是这样的：在一家虚拟音乐工厂里，用户可以自如地收听音乐、采购音乐、聆听客服的介绍、与其他的购物者交谈、把购得的音乐集放到云端；用户不再需要到多个音乐网站进行搜索，寻找新录制的古典音乐、流行音乐、爵士乐等，而只需在 Web 3.0 的浏览器里输入稍微有一点复杂的句子，或是直接与计算机对话，就能得到非常个性化的、高度相关的、完美的音乐集；浏览器随之会自动地提醒用户，到哪个网络音乐商店去下载这些音乐，如何在复制后放到自己的云端里，这样日后用户想听的时候，随时随地都可以用移动设备或是其他设备收听这些音乐；由于 Web 3.0 的浏览器能够记忆用户的偏好，因此它会成为用户信得过的助手、向导、良师益友，而不仅是一个搜索引擎。

由此可见，Web 3.0 是智能新媒体发展的重要技术基础，它能让人们访问的一个个页面都变得智能化。

2.2.2　HTML5 与智能新媒体产品形态的发展

在终端计算和互联网时代，就产品形态来说，经历了由原生应用向页面应用逐步转变的过程。不仅网络游戏等应用逐步在线化，网页游戏越来越流行，一些电子政务、电子商务等办公软件系统也逐步变成页面应用产品形态。

1. 原生应用和页面应用的发展

原生应用和页面应用两个产品形态各有各的战略优势，即使在传统互联网的应用领域，针对用户台式机的桌面占领运动也一直在火热进行中。如腾讯公司的即时消息软件（QQ）、酷我音乐软件、各类安全防护软件、各类输入法软件、各类词典软件，甚至包括视频网站都纷纷以客户端的形式抢占用户的桌面，试图让用户一开机就有意无意地、习惯性地使用它们的软件产品。

移动互联网上的原生应用非常火热。页面应用多数是基于"HTML4"的，其用户体验也较难与原生应用媲美。正如欧朋浏览器宋麟所言，"Web App 的性能还没有完全满足用户的使用习惯。很多人使用 Native App，在本地使用感觉很平滑，这是因为动画效果做得好。Native App 可以做到每秒二三十帧，甚至三四十帧，但是浏览器做不到，浏览器现在就是动画效果不行。"

2. HTML5 对页面应用发展的影响

随着 HTML5 的日渐成熟，一些开源移动操作系统（如 Firefox OS）上搭载的应用全部是基于 HTML5 的页面应用，甚至打电话、发短信、振动这些手机的基本应用，也都是使用页面应用来实现的，页面应用将有机会打破目前原生应用一统天下的局面。我们相信未来是页面应用的天下。HTML5 所提供的强大的多媒体呈现能力、交互能力、云端服务集成能力与本地处理能力，以及快速部署和简单升级的特性，使其成为一个被寄予厚望的概念。

3. 基于 HTML5 的页面应用的特征分析

在未来，应用提供商推出哪种形态的产品会更符合发展趋势呢？基于上述分析，可以初步预测基于 HTML5 的页面应用将成为未来应用服务发展的主流。基于 HTML5 的页面应用与原生应用相比，具有四项显著特征。

第一，跨平台性。目前的原生应用主要运行在本地终端及操作系统之上，针对不同的操作系统版本、不同的硬件平台需要开发不同的应用版本，应用对终端及操作系统的依赖性非常强，从而造成目前终端平台及应用割裂的情况。但基于 HTML5 的页面应用的大部分代码运行在云端服务器侧，终端侧只是进行简单的轻量级交互，因而页面应用对终端及操作系统的依赖性大大弱化。用户在不同的操作系统上可享受到统一的交互体验，开发者也可将更多精力专注于创意和应用本身，而不是重复开发多个版本。

第二，更强的交互性。HTML5 增加了拖曳、撤销历史操作、文本选择等交互动作接口，能增强页面应用的用户交互能力，能适配移动用户的操作习惯。因此，基于 HTML5 的页面应用具有更强的交互性，能为用户提供更好的交互体验。

第三，位置性。地理位置的可定位性是移动互联网区别于固定互联网的本质属性之一。HTML5 能通过提供"Geolocation API"，在用户允许的情况下获取当前的地理位置信息。 HTML5 能让更多的页面应用轻松地绑定地理位置，这使页面应用能更好地为用户提供与地理位置相关的服务。

第四，离线性。目前，我国有部分地方还没有被网络信号所覆盖，因此页面应用无法使用。HTML5 的离线存储使这个问题迎刃而解：HTML5 的"Web StorageAPI"采用离线存储，生成一个清单文件（Manifest File），其实质就是一系列的网页地址列表文件。这些网页地址分别指向页面当中的各项内容，当使用离线应用时，离线应用会引入清单文件，浏览器会读取、下载相应的清单文件，并将其缓存到本地。这使得这些页面应用能够脱离网络使用，而用户在离线时的更改也同样会映射到清单文件中，并在重新连线之后将更改返回页面应用。这种离线应用模式能让页面应用具备原生应用的一些优点。

当然，从网络应用发展历程来看，页面应用与原生应用一直是两种并行不悖的互联网服务提供方式：页面应用侧重提供基本的信息服务，原生应用侧重提供复杂的功能应用。无论是网页应用还是原生应用，都是应用服务前端构建方式的一种，并非完全对立的关系，两者适用不同的应用场景，满足不同的用户需求。例如，原生应用就不适合大量的信息传播，它在分享、传播以及搜索信息上都存在短板，如现在的大多数媒体类原生应用客户端仅仅是简单的阅读工具，而要分享和评论就需要调用浏览器来实现。同时，原生应用具有执行效率高、用户体验好等特征，适合实现有复杂功能和酷炫效果的重量级应用。因此，在短期内原生应用仍然会发挥重要的作用。但从长远来看，页面应用顺应云计算发展的潮流，适合长尾化的轻量级服务，是未来应用服务发展的主流趋势。

2.3　应用模式理论

一种智能新媒体应用一般都是基于一种或若干种应用模式建构而成。应用模式理论是描述一种应用内在逻辑的基本理论；识别和建构应用模式是认识一种已有应用基本原理的基本方法；应用模式相同或类似的应用可被看作同类应用，其本质是相同的；应用模式创新设计是新型应用开发的逻辑起点、关键环节和重要步骤。本节将建构智能新媒体应用模式的理论体系。

2.3.1　应用模式的概念

应用模式是指单一的某一种智能新媒体应用为用户提供什么服务、如何提供和如何盈利的概念模型。应用模式的概念可从两个方面进行把握。

一是概念中的应用是一种具有某种特定目标和功能框架的服务。或者说，这种应用能向用户提供某种完整意义上的服务，具有明确的功能定位，具有清晰的功能边界，具有闭合的、完整的业务流程。现实中常见的应用一般都是一种复杂的、综合的应用，其可划分为若干功能范围更小的小应用，也即概念中所讲的应用具有可再分性和层次性。

二是概念中的模式是指服务提供的方式以及实现这种方式的方案。此处的应用模式仅仅是一个概念模型，是一种构想和蓝图，还不是真正意义上的产品设计方案，只是网络产品生命周期中的初始形态。一个网络产品的推出，一般要经历用户需求和行为研究、应用模式创新设计、整体战略制定、应用系统分析与设计、应用系统开发与实施等基本环节。其中应用模式创新设计是最具战略性的关键环节，是对某种用户需求的抽象描述，其能直接决定一个 Web 站点的发展潜力和发展前景。能够构建独具特色的原创应用模式是一家互联网企业创新能力和发展潜力的集中体现，也是决定其生死存亡的核心竞争能力之一。

2.3.2　应用模式的原子理论

如何才能设计出一种独一无二的应用模式呢？或者说智能新媒体应用模式的创新设计的理论依据是什么呢？目前，原子理论是智能新媒体应用模式创新设计的重要理论之一，其中原子借用化学中的"原子"概念。原始的原子理论认为，电子商务模式通过描述企业与其客户、供应商、合作伙伴之间的产品流、信息流、资金流以及各自的利益，来阐述它们之间的关系和作用。原子理论在最初主要是用来分析电子商务中的原子应用模式（简称为"原子模式"），其具体内容已不适合直接运用，特别是其对电子商务原子应用模式的划分也与智能新媒体应用发展的实际现状不相符合。但其基本观点对我们分析智能新媒体应用模式的体系具有重要的启发，其基本观点为：每一种复杂的应用都可被看作由若干个原子应用模式集成；原子应用模式可以独立存在，参与市场竞争。

原子应用模式是指具有完整意义的最小服务单元。现实中存在的各类智能新媒体应用都是由一个或若干个原子应用模式集成的。所谓具有完整意义是指该应用模式的独立性和不可再分性。也即，从系统论的角度来看，原子应用系统的各个组成部分都是不可或缺的，若缺少任何一个部分，整体就不复存在。如"心脏"等人体的每个子系统都是不可或缺的，则人体可看作一个"原子"。显然，智能新媒体应用的原子性特征，或者说原子应用模式只是一个相对的概念。在实践中，可将能否为用户提供完整的服务作为原子应用的判断标准，也可将一个应用的各个子系统之间的耦合度作为判断标准。通常来说，一个应用的各个子系统之间的耦合度较高，就可将其视为原子应用。

原子应用模式类似于三原色原理，三原色为红、绿、蓝三色，是不能通过其他颜色的混合调配而得出的"基本色"。以不同比例将三原色混合，可以产生其他的新颜色。人类肉眼所见的色彩空间通常可以由三种基本色所表达。原子应用模式与三原色类似，具有独立存在、不可再分、相对性、可组合性等特点。独立存在是指原子应用可以不依赖其他应用直接向用户提供某种完整意义上的服务，即其应用本身具有完整性和系统性。它是一个闭合的业务流，具有单一性。不可再分是指就目前的认知阶段而言，原子应用是最基础的应用，不可再分割为其他多种子应用。相对性则是针对原子应用的不可再分而言的，指的是原子应用的不可再分是相对的，以前被人们所认定的原子应用可能随着人类认识的不断深化和智能新媒体应用的不断发展，被分解为其他子应用，此时，被分解之后的子应用就可被视为不可再分的原子应用。可组合性指的是若干个原子应用可以组合叠加形成新的应用模式。

2.3.3　原子应用模式的基本构成

一个原子应用模式是由哪些要素构成的呢？或者说，如何科学地定义和区分各种不同的原子应用模式呢？一个原子应用模式由战略定位、服务模式、盈利模式和用户管理模式四个要素构成。或者说，我们要准确全面地描述一个原子应用模式可从这四个要素入手。假设，应用 A 和应用 B 是一种单一的应用，或者说是基于某种原子应用模式开发的产品。理论上来讲，若应用 A 和应用 B 的四个要素中有一个要素不同，则说明二者基于两种不同的原子应用模式。反过来，在应用模式创新设计中，只要对上述四个要素中的某一个要素进行突破和革新，就可能探索出一种全新的应用模式。但在实践中，主要还是看其服务模式是否相同或类似。因此，本书拟重点介绍服务模式，省略或简要介绍盈利模式和用户管理模式。也即，若两种应用的服务模式相同或类似，即使他们的战略定位、盈利模式和用户管理模式都不相同，也可将两个应用看作基于同一种原子应用模式。当然，对于某种复杂的、综合的具体应用而言，也可以从这四个要素入手进行描述。下面将依次说明这四个要素。

1. 战略定位

一般而言，战略定位是通过创造一个独特的、有价值的、涉及不同价值活动的定位，进而选择与竞争对手不同的价值活动或以不同的方式完成类似的价值活动等。战略定位的内涵包括战略主题、战略目标和价值活动三个层面。应用的战略定位就是对该应用的总体定位、用户定位和服务定位的总体描述。换句话说，应用的战略定位就是厘清其发展的基本问题：面向谁提供什么样的服务，要达到什么样的目标。战略定位的作用就是弄清楚一种应用在互联网的应用体系中处于怎样的相对位置，该应用与别的应用有什么不同，有什么特色。

2. 服务模式

服务模式主要是指一种应用具体提供了什么样的服务，是其服务功能和服务流程的统称。服务模式是战略定位的具体化，是战略定位实现的方案。服务模式是一个智能新媒体应用能否赢得用户喜欢的关键，是其盈利模式和用户管理模式设计的基础。服务功能是服务内容的具体描述，一般的描述方法有功能清单和功能模型。功能清单就是用文字把一个个子功能罗列出来；功能模型主要运用面向对象分析与设计的统一建模语言（Unified Modeling Language，UML）中的用例图进行描述。服务流程是应用为实现某一功能（或任务）而进行的一系列与逻辑相关的活动的集合。

3. 盈利模式

盈利模式一般是指一种应用从其所提供的服务中获取收益的方式。盈利模式主要包括计费方式和支付方式两种。计费方式主要用来描述针对哪种服务收费，以及如何计算费用额度。常见的计费方式是按照一定的时间周期进行收费（如年服务费、月服务费）和按照使用量进行收费。

"免费是硬道理"曾经是互联网行业的信条。当然服务"免费"并不意味着不赚钱。一般的思路是：用免费的优质服务吸引用户、聚集人气；通过浏览量打造关注度较高的媒介；通过吸引广告商将点击率转化成现金。但这种"免费+广告"的盈利模式有着自身不可逾越的缺陷：网络广告和用户体验在一定程度上是一对不可调和的矛盾；网络广告投放和植入越多，用户体验必然更差；用户体验欠佳必然会导致用户流失和流量下降，广告商也会自然减少，最终难免会陷入恶性循环。因此，随着智能新媒体应用的发展，这种"免费+广告"的单一盈利模式必会逐步被打破。时至今日，能否建立持续可靠的盈利模式已成为投资者考量一个新型应用的重要方面，创业者也就自然会越来越注重盈利模式的建构和创新。当然，盈利模式不能简单照搬，如何紧密结合应用本身的服务模式设计独一无二的、难以复制和模仿的盈利模式才是可持续发展之道。

就目前而言，已经出现的盈利模式主要有销售获利、收取交易费、收取月租费、收取会员费、收取许可费等。

（1）销售获利：直接向用户提供购物服务平台，通过销售商品直接获得收益。计费方式：销售价格和进货价格的差价就是最终的收益，其本质是：服务提供的过程就是获得收益的过程，也即服务本身就能赚钱。具体例子有当当网、亚马逊。

（2）收取交易费用：向用户提供交易服务，按照交易量的大小收取费用。具体的计费方式有两种：按照交易额提取一定比例的费用；按照交易次数计费，每次交易收取固定的费用。

（3）收取月租费：用户订购应用所提供的服务，按月或按年缴纳固定的费用。如 VIP 邮箱服务、服务器托管服务和个人云存储服务等。

（4）收取会员费：用户注册为服务平台的会员，享受通用或定制的服务，并缴纳固定的费用。如阿里巴巴的"诚信通"会员服务。

（5）收取许可费：在线软件的使用许可费，可以按使用周期或使用次数收取移动额度的费用。特别是云计算时代，软件服务将主要采取这种盈利模式。

（6）收取虚拟物品费：向用户销售某种特殊的虚拟物品，以此获得直接收益。如个人空间的虚拟物品和游戏中的道具，都需要用户支付一定的费用购买后才能使用。

（7）收取内容阅读费：向阅读某篇文章的用户收取费用，可按包月（或年）或者按照阅读量进行计费。如《纽约时报》网站的"付费墙"。

这些盈利模式只是一些常见的盈利模式，对于具体的应用来说，需要根据服务本身和用户的使用特性精心设计有效的盈利模式。

支付方式则基本分为三种：支付网关模式、第三方担保模式和多元网络模式。支付网关模式是早期的网络支付方式：网络支付企业是各商家和多家商业银行之间的纽带，向各应用服务提供商和个人同时提供多家商业银行的支付服务。第三方担保模式：交易双方所涉及的交易款项，在交易双方所接受的、相对较短的时间周期内由第三方保管，如支付宝。多元网络模式：用

户可以使用支付账户或电子钱包作为有效且常用的支付工具，满足各种网络
终端的支付需求。

4. 用户管理模式

用户是应用模式中最重要的资源，不能很好地吸引用户的应用模式就是无
效的应用模式。智能新媒体应用不仅要能为用户提供优质的功能服务，还要为
用户提供优质的自我管理服务。

从用户视角来看，用户管理模式主要包括用户的注册认证模式、分类管
理模式、激励管理模式。注册认证模式主要是为了便于用户用便捷的方式完
成注册和认证，要确保通过认证检验用户的真实性和可靠性，尽量杜绝虚假
注册，防止其他真实用户的权益受到侵害。分类管理模式主要是为用户赋予
特定的网络空间"虚拟身份"，类似于现实社会的真实身份，在此基础上实
现对用户的科学分类；同时为不同类别或级别的用户匹配相应的特色服务，
以免用户失去继续使用应用的兴趣和动力。激励管理模式主要是为了有效激
励用户经常使用某种应用。用户使用得越频繁，其享受的服务级别就越高。
如 Digg 网站中的顶级用户，在挖掘新闻时就更具有影响力。游戏化是用户
管理模式创新的一个重要方向，也即多数应用的用户管理模式设计中会引入
网络游戏中的等级、得分和特权等用户成长激励体系。这能有效提高智能新
媒体应用的趣味性和用户黏性。以网易云阅读为例，它聚合了大量自媒体和
原创作者，为激励作者不断创造优秀的内容，同时充分调动用户的积极性，
推出"打赏""捧场""月票榜"等功能，积累"粉丝值""经验值"等，发
展出了一套完备的"粉丝体系"。

从应用提供商视角来看，用户管理模式是对具有某种使用价值的用户资源
进行系统管理的一种方式。用户管理的具体内容包括用户信息管理、用户服务
活动管理、用户后期支持管理。用户信息管理的主要任务是系统地收集、组织
和存储用户的相关信息，通过对用户信息的统计和分析，明确用户的需求，划
分用户群；用户服务活动管理则负责对用户在智能新媒体应用内的信息行为进
行管理，针对用户的个性化需求，指定出智能新媒体应用的资源建设和服务策
略，实现用户服务活动的相关信息集成；用户后期支持管理指对用户接收服务
后的情况进行跟踪了解和分析，发现问题，提出不断修改和提高的方案。

2.3.4 应用模式的体系结构

在浩瀚的智能新媒体应用海洋中，到底有哪些原子应用模式呢？我们又如
何识别每一种复杂的综合应用中所包含的原子应用模式呢？如上文所述，应用
模式具有层次性和相对性，一个智能新媒体应用一般包含若干个原子应用模
式。因此，对原子应用模式的识别过程也就是对应用模式的细分过程，直至将
其细分到最后一级全是原子应用模式时为止。当最终细分出所有的原子应用模

式后，就能建立起完整的应用模式的体系结构：最后一级为各个原子应用模式，其他各级可以看作对原子应用模式的分类。由此可见，应用模式体系结构的本质也就是原子应用模式的分类体系。下面主要从用户需求出发，自顶向下，由粗到细地逐步识别出一个个原子应用模式，最终将建立应用模式的体系结构。

1. 用户的应用需求层次体系结构

用户的应用需求可大体上划分为信息需求、交流需求、生活和娱乐需求及交易需求。

（1）信息需求

人们每天都要做出各种各样的决策，而掌握和了解决策所需要的各种信息就自然成为人们最基本的需求之一。信息需求主要体现为在获取知识、获取信息、信息搜索、追求个人成长等方面的需要。

（2）交流需求

每个人都生活在一定的社会关系中，维系特定的社会关系是个人生存的基本方式，也是个人谋生的基本手段。人的交流需求主要体现在联系老朋友、结识新朋友，与他们分享自己的点点滴滴和所思所想。但在网络诞生之前，人们之间的交流总是受到时空的限制。互联网的诞生已打破这种时空的限制，能让人们更即时、更便捷地相互联系和交流。随着智能手机的迅猛发展和普及，通过移动互联网进行社交越来越受到追捧。人们可以通过手机的位置服务寻找周边的朋友，可以通过移动互联网与家人分享景点、照片，可以通过移动互联网寻找知己、结识志趣相投的朋友等。与 PC 相比，手机具备"即时信息交互"的优势，移动互联网能更好地拉近人与人之间的距离。

另外，工作是人们自我实现的基本方式，工作中的实时交流需求更为普遍。如何运用网络提高工作交流和办公效率，如何实现智能协同办公也就自然成为人工智能时代的人们工作交流的强劲需求。在这种背景下，云会议和智能办公应用开始兴起。

（3）生活和娱乐需求

生活和娱乐需求是最高层次的需求，它是指人们利用闲暇时间、碎片化时间，通过网络满足人们为追求享受、达到调节身心、恢复体力和振作精神的目的活动的总和需求。互联网能为人们提供丰富多彩的娱乐方式，智能手机的诞生能让人们随时随地地玩游戏、看视频，能最大限度地满足人们娱乐身心的需求。

（4）交易需求

交易需求来源于人们生产和生活的资源需求，人们所需的各种资源只有通过交易才能获得。随着电子商务的迅猛发展、移动支付技术的成熟、移动支付标准的确定和网络安全的进一步加强，移动电子商务成为移动互联网发展热点，交易需求不断增长。

2. 应用模式的分类体系结构

根据上文关于用户的应用需求层次体系结构分析，在一级层次，智能新媒体的应用模式可划分为人工智能+信息获取应用模式、人工智能+交流互动应用模式、人工智能+电子商务应用模式、人工智能+生活娱乐应用模式。应用模式的分类体系结构如表 2-3-1 所示。

表 2-3-1　应用模式的分类体系结构

一级应用模式	二级应用模式
（信息需求） 人工智能+信息获取应用模式	智能新闻模式
	智能学习模式
	搜索引擎模式
	信息聚合模式
	群体智能模式
（交流需求） 人工智能+交流互动应用模式	智能交互模式
	即时通信模式
	个人空间模式
	社交网络模式
（生活娱乐需求） 人工智能+生活娱乐应用模式	智能生活模式
	游戏模式
	视频模式
（交易需求） 人工智能+电子商务应用模式	智能电子商务模式
	B2B 电子商务模式
	B2C 电子商务模式
	C2C 电子商务模式
	O2O 电子商务模式

2.4　应用模式创新设计实例

本节拟以学生习作《基于智能手环的个人习惯打卡应用》为例，介绍应用模式创新设计的具体内容和方法。

针对大学生身体素质不过硬、个人习惯有待改进等问题，为改善大学生行为习惯、提高大学生生活满意度，本应用采用基于智能手环的习惯打卡模式提供新型的习惯养成方法，在人体数据实时监控的情况下对用户的个人行为习惯进行规划管理，利用智能手环数据的强力监督模式使用户习惯养成成为可能。限于篇幅，本节省去需求分析部分的内容。

2.4.1　应用的战略定位

有别于其他健康类应用面向社会大众的定位，本应用将目标用户定位到大学生，致力于成为大学生习惯养成的必备应用。本应用结合大学生活特色对用户习惯进行分类并结合硬件进行检测，提供各种数据报表以及个性化定制服务，使大学生通过打卡模式养成良好习惯。

2.4.2　服务模式

本应用旨在通过智能手环数据结合健康习惯培养大学生的健康习惯养成意识，帮助大学生提高身体素质和生活满意度。下面拟分别用功能列表和用例图展示应用模式的设计结果。在实际应用中，这两种方法一般同时使用。

1. 功能列表

本应用的服务功能主要包括习惯设置功能、打卡功能、自定义习惯功能、数据报告功能、个性化习惯推荐功能、轻社交功能。下面以习惯设置功能为例，具体描述如下。

习惯设置功能是本应用的基础功能，也是核心功能。习惯设置功能需要设置习惯标签、习惯时间、持续的日期、每周重复的次数、监督方式、打卡提醒。具体功能如下。

（1）设置系统习惯

用户可以从系统设置的习惯列表中选择自己需要养成的习惯。本应用将习惯分为日常生活类、学习类、运动类和情绪类四类。本应用给出了四类习惯中系统已给定的习惯，每一个习惯都有不同的设置和监督方式。

日常生活类习惯如下。

系统设置的日常生活类习惯有五个：早睡早起、吃早饭、吃水果、喝水、睡午觉。具体的系统设置如下。

早睡早起：习惯时间为当天晚上 11 点到次日 7 点、监督方式为睡眠状态监测+手机状态控制，打卡提醒设置为开，其余习惯设置用户可自行设置。

吃早饭/吃水果/喝水：监督方式为饮食状态监测，其余习惯设置用户可自行设置。

睡午觉：监督方式为睡眠状态监测+手机状态控制，打卡提醒设置为开，其余习惯设置用户可自行设置。

学习类习惯如下。

系统设置的学习类习惯有五个：自习、背单词、看书、写作业、练字。这些习惯系统设置都相同，监督方式为久坐状态监测+手机状态控制，打卡提醒设置为关，其余习惯设置用户可自行设置。

运动类习惯如下。

系统设置的运动类习惯有五个：跑步、步行、仰卧起坐、健身、球类运动。这些习惯系统设置都相同，监督方式为久坐状态监测＋手机状态控制，其余习惯设置用户可自行设置。

情绪类习惯如下。

系统设置的情绪类习惯有四个：自拍、打电话、发动态、唱歌。

（2）设置自定义习惯

除了系统已经设置的习惯外，用户还可以自行添加习惯。用户在添加习惯时需要设置习惯名、习惯标签、习惯时间、持续的日期、每周重复的次数、监督方式、打卡提醒。其中习惯标签可以选择不设置，监督方式可以从上文提到的监督方式中选择 1～2 种作为自定义习惯的监督方式，也可以选择监督方式为无。用户可以通过自定义习惯和系统习惯相结合的方式来规划自己的行为方式。

2．用例图

用例图可以从用户的角度来描述系统功能，描述一个系统的相关用户、用户需要系统提供的服务等内容。基于智能手环的个人习惯打卡应用的用例图如图 2-4-1 所示。

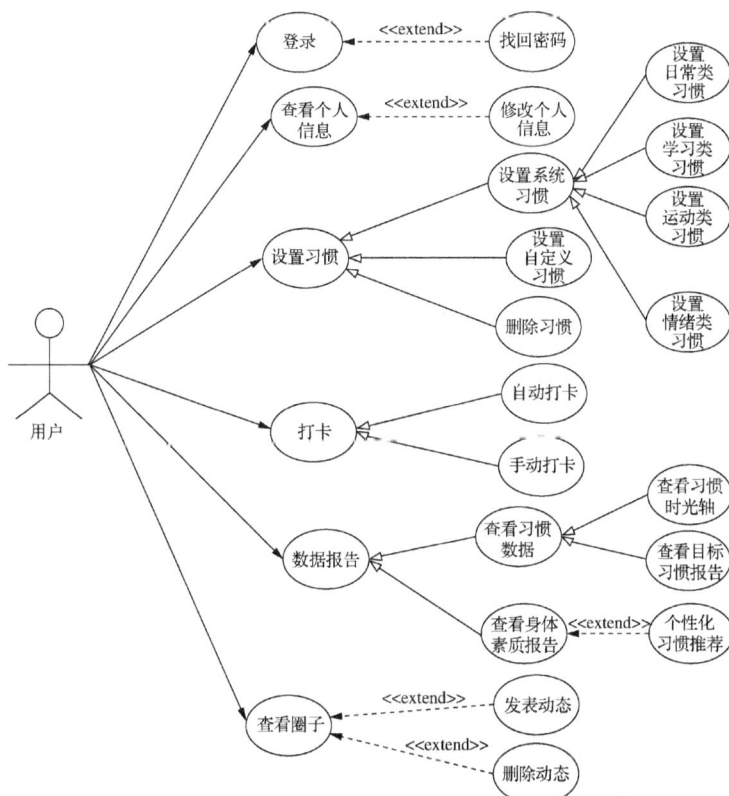

图 2-4-1　基于智能手环的个人习惯打卡应用的用例图

　　用例图是对用户功能的具体描述，能更清晰地勾勒用户功能之间的关系。本应用的用户用例主要包括登录、查看个人信息、设置习惯、打卡、数据报告、查看圈子六大用例，每一类用例又扩展出具体用例或由具体用例泛化形成。登录用例扩展出找回密码用例；查看个人信息用例扩展出修改个人信息用例；设置习惯用例由设置系统习惯用例、设置自定义习惯用例、删除习惯用例泛化形成，设置系统习惯用例又由设置日常类习惯用例、设置学习类习惯用例、设置运动类习惯用例、设置情绪类习惯用例泛化形成；打卡用例由自动打卡用例和手动打卡用例泛化形成；数据报告用例由查看习惯数据用例和查看身体素质报告用例泛化形成，查看习惯数据用例又由查看习惯时光轴用例和查看目标习惯报告用例泛化形成，查看身体素质报告用例扩展出个性化习惯推荐用例；查看圈子用例扩展出发表动态用例和删除动态用例。

　　进行用例分析时需要给出每个用例的用例规约，用例规约是对用例的详细描述与说明。由于用例数量较多，因此在此仅给出设置习惯用例的用例规约，如表 2-4-1 所示。

表 2-4-1　设置习惯用例的用例规约

用例基本信息	
用例名称	设置习惯
目的	系统添加习惯
参与者	用户
特殊需求	无
前置条件	系统正常运行，用户已登录
后置条件	如果用例执行成功，则用户设置习惯成功，习惯列表更新；如果用例执行失败，则不发生变化
相关用例	设置系统习惯、设置自定义习惯、删除习惯、设置日常类习惯、设置学习类习惯、设置运动类习惯、设置情绪类习惯

应用场景		
步骤	事件流	备注
1	用户点击添加习惯	无
2	用户选择添加系统习惯或者自定义习惯	无
3	如果用户选择添加系统习惯，则从日常类习惯、学习类习惯、运动类习惯、情绪类习惯中选择一个习惯，并且设置该习惯，完成后习惯列表更新	无
4	如果用户选择自定义习惯，则用户自行设置该习惯的具体内容，完成后习惯列表更新	设置新习惯的具体内容由"习惯实体类"定义
5	用户查看习惯列表	无
6	用户删除习惯列表中的某个习惯	无
7	本用例结束	无

2.4.3 盈利模式

大多数类似应用的盈利模式都是广告+流量模式，然而广告的增加必然导致用户体验变差，用户体验变差又会导致流量的减小从而不得不加大广告量，形成恶性循环，这是这种轻量级应用的大忌。本次设计的应用是一款免费应用，界面设计应尽量简单、没有任何广告投入，以避免用户在养成习惯时因为应用过于复杂或者花哨而放弃使用。本应用盈利主要在硬件方面，与应用配套的智能手环可以适当提高价格，将部分收入用于应用的维护。而应用+智能手环模式收集的数据可以用于进一步的研究，从健康研究等领域盈利。

本次设计的是第一代应用，没有做金钱奖惩制度的相关调查，在应用的迭代中可以增加习惯比赛、金钱奖惩等相关的趣味活动，在增加用户乐趣、提高用户黏性的同时创造更高的利润。

2.4.4 用户管理模式

使用本应用的用户必须要使用智能手环，并使用智能手环的编号和手机号码进行注册，通过手机短信进行认证。同时该应用需要用户同意在"手机状态控制"下应用能行使其权限。每个智能手环编号仅能注册一次，未购买智能手环的用户不能进入本应用的交互界面。

【课后习题】

1. 请举例说明原生应用、页面应用和混合应用的差异。
2. 请简述你使用的云服务的主要服务功能和特色。
3. 简述 HTML5 对智能新媒体产品形态发展的影响。
4. 简要说明应用模式创新设计的具体内容。

第3章　智能新媒体的产品搭建方法

- 如何搭建平台型智能新媒体产品
- 如何搭建应用型智能新媒体产品
- 如何搭建终端型智能新媒体产品

关键术语

- 人工智能服务
- 智能分发系统
- 智能交互系统
- 智能机器人系统

　　了解了智能新媒体的产品形态和应用模式，接下来我们应该了解怎样才能做出一款全新的智能新媒体产品。按传统的产品思维方式一般认为这是技术人员的研发事宜。

　　但现在已经进入云计算时代，智能新媒体服务提供商必须拥有云端化思维方式，善于运用云服务搭建自己的智能新媒体产品。只有借助人工智能云服务，才能拥抱人工智能技术，才有可能提供一流的智能新媒体产品。具体而言，在云计算环境下，媒介组织只要充分利用云端的各类信息技术资源，就可快速搭建属于自己的智能新媒体产品，就能在最短的时间内将智能新媒体产品提供给用户。

【拓展案例】网易的"智能会议"

　　在人工智能时代，智能新媒体产品的迭代周期在不断缩短，新型产品层出不穷，任何一家智能新媒体服务提供商只有不断地更新升级自己的产品，不断革命，才能在激烈的市场竞争中立于不败之地。谁善于运用云服务，谁就能更好地使用云服务；或者谁能提供更好的云服务，谁就是传播生态系统中的强者。

　　智能新媒体是一个具有层次性的媒介体系。作为智能新媒体服务提供商，

首先要思考的是自己将要提供哪个层次的智能新媒体产品。我们需要一批人工智能企业开展核心技术攻关，解决"卡脖子"的关键问题，为在其他行业的企业提供人工智能基础服务和技术支持；也需要一大批企业在应用层和终端层潜心经营，为最终用户提供一流的人工智能服务。从智能新媒体产品所处的层次来看，智能新媒体产品可划分为平台型智能新媒体产品、应用型智能新媒体产品和终端型智能新媒体产品。本章将详细介绍平台型智能新媒体产品、应用型智能新媒体产品和终端型智能新媒体产品的搭建方法。

3.1 平台型智能新媒体产品搭建

智能新媒体的平台型产品主要包括传输型智能新媒体平台和人工智能服务基础平台。本节拟分别介绍传输型智能新媒体平台和人工智能服务基础平台的搭建方法。

3.1.1 如何搭建平台型智能新媒体产品的传输媒介

云计算环境下，智能新媒体运营商要搭建其平台型智能新媒体产品的传输媒介，基本的路径是接入基础设施服务，主要包括接入计算资源服务和接入物联网服务。

1. 接入计算资源服务

计算资源是智能新媒体的必备资源之一，计算平台是智能新媒体的支撑平台。智能新媒体接入第三方的基础设施服务，就可获得弹性的计算资源。当然，当媒介组织直接使用软件服务和平台服务时，其本身已包含底层基础设施服务，则在此意义上，软件服务和平台服务既可看作制作媒介，也可看作传输媒介。基础设施服务由以基础设施为中心的信息技术资源组成，如硬件、网络和操作系统等基础的、原始的信息技术资源，云用户可以通过云服务的接口和工具访问和管理这些资源。在基础设施服务模式中，涉及管理和维护物理数据中心和物理基础设施的许多工作，都被抽象成一系列可用服务，可通过基于代码或网页的管理控制台进行访问和自动化部署；用户可以根据需要访问虚拟的基础设施，快速完成资源的部署和运行；这些虚拟的基础设施是一种可计量的服务，只有在开启和使用时才会计费，关闭后不再累计成本。

例如，某云服务提供商能提供全套的计算和网络云服务。其云服务器能提供高性能、高可靠、安全稳定的弹性计算服务；其专属服务器能为媒介组织提供性能可控、资源独享、物理资源隔离的专属云计算服务；其负载均衡云服务能均衡产品流量、消除故障节点、提高业务可用性；其专线云服务能为用户提供高性能、安全性好的网络传输服务。这样任何一家媒介组织就可利用上述全套的计算和网络云服务建立自己的计算和网络基础设施，轻松搭建传输媒介。

一般而言，智能新媒体产品流量激增时，用户请求量、下行流量带宽也增加；服务器压力大，响应慢。某云服务提供商的内容分发网络云服务，能将源站内容分发至最接近用户的节点，使用户可就近获取所需内容，提高用户访问的响应速度和成功率，能解决因分布、带宽、服务器性能带来的访问延迟问题，适用于站点加速、点播、直播等场景。对于某媒介产品而言，其只要接入了该分发网络云服务，就可以享用高性能灵活缓存服务、多重防盗链功能、性能优化服务功能和统计分析服务功能，无须自身来开发和部署。其中，性能优化服务功能可以实现页面优化、智能压缩功能，可为媒介产品减少传输内容、节约开销。

2. 接入物联网服务

智能新媒体常常基于地域广泛分布的大量设备，其本质是大规模物联网的应用。也就是说，在未来，物联网平台将逐步成为智能新媒体的重要传输媒介。但对试图提供平台服务的智能新媒体运营商而言，建立独立的物联网平台在一定程度上是不现实的。在这样的情况下，借助现有的物联网基础设施云服务搭建自己的平台服务是可行的解决方案之一。

如华为云提供的物联网服务（IoT Hub），就是一种针对海量设备进行连接、数据采集/转发、远程控制的云服务：它可实现海量设备与云端之间的双向通信连接、设备数据采集上云，支持上层应用通过调用应用程序接口远程控制设备；能提供与华为公司其他云服务无缝对接的规则引擎。该物联网服务可应用于各种物联网场景，可提供设备接入、设备管理、规则引擎和数据保护服务。

一是设备接入服务，这一服务能实现设备快速接入物联网，具体功能包括四个方面：（1）能提供不同网络、不同协议的设备接入方案，如 2G、3G、4G 等网络，能满足企业设备多样化接入的诉求；（2）支持多场景多语言"软件开发工具包"（Software Development Kit，SDK），能提供支持 C、Java 等语言的系列化智能体，能满足不同计算能力设备的接入；（3）支持多种接入方式，支持设备直接接入平台或者设备通过网关接入平台这两种方式，能提高设备接入灵活性，能降低设备接入难度；（4）提供设备通信功能，能建立设备与云端之间数据上传和命令下发的通信通道，支持多种省电的命令下发模式，解决低功耗和数据下发中不同时延要求的问题。

二是设备管理服务，其能提供基础的设备生命周期管理和设备影子服务。在设备生命周期管理方面，能提供设备实时状态监控、数据采集、远程配置、远程控制、远程诊断等管理能力；在设备影子服务方面，能提供设备数据读写缓存机制，能将设备与上层应用解耦，解决网络不稳定、设备异常、设备离线等情况下无法读写设备和设备因频繁通信导致的资源拥塞的问题。

三是规则引擎服务，这一服务能让第三方基于设备数据路由转发，与华为云服务无缝对接，通过设备数据路由，实现设备数据的存储、分析、处理。

四是数据保护服务，这一服务能提供设备与云端之间全方位的信息安全并满足欧盟《通用数据保护条例》（General Data Protection Regulation，GDPR）要求的数据隐私保护，主要包括数据的授权机制、设备安全、安全传输和数据保护。授权机制能对关键接口实现"证书+密码"或"短信+密码"的验证机制，确保接入可信；设备安全能实现"一机一密"的设备认证机制；安全传输能实现基于传输层安全（Transport Layer Security，TLS）、数据包传输层安全（Datagram Transport Layer Security，DTLS）的加密协议，提供安全的传输通道；数据保护能满足欧盟《通用数据保护条例》的数据隐私保护要求。

智能新媒体产品接入该物联网服务，可有效管理其涉及的大规模设备。如在生活中随处可见的无人售货机场景中，无人售货机分布广又依赖人工巡查，经常出现货架缺货、设备故障无法及时发现等问题，导致货物流通慢、运营成本高。无人售货机运营商若接入该物联网服务，可实现三大智能服务：货架实时上报货物状态，缺货预警，提高畅销货物流通速度；货架故障实时上报告警，后台及时发现设备故障，缩短故障恢复时间；货架销售数据及时上报，平台用大数据分析指导销售策略制订。

3.1.2 如何搭建人工智能服务的基础平台

算法和自然语言处理是智能新媒体提供智能服务的基础，但复杂的算法设计和自然语言处理系统开发对一般的智能新媒体服务提供商来说有较高的门槛。特别是一些通用的算法程序更没必要重新开发。也即，智能新媒体只需接入第三方的算法程序开放接口，即可实现其智能服务。

1. 接入算法服务平台

深度学习、机器学习算法的研发技术难度大、耗时长且成本高。智能新媒体产品能借助第三方的人工智能云服务，就可快速部署其深度学习和机器学习服务。

如华为云服务平台的深度学习服务（Deep Learning Service，DLS）是一种一站式深度学习算法服务平台，内置大量优化的网络模型算法，以丰富、便捷、高效的品质帮助用户轻松使用深度学习技术，通过灵活调度、按需服务方式提供模型训练与评估。该平台能提供图像分类、物体检测等几十种神经网络算法模型；能提供大量基于开源数据集训练好的模型，方便用户加快模型训练速度；能通过混合并行、梯度压缩、卷积加速、EASGD 等技术加快模型训练速度。

再如，华为云服务平台的机器学习服务能帮助用户通过机器学习技术快速发现数据规律和构建预测模型，并将其部署为预测分析解决方案。该平台能通过可视化的拖曳式工作流，实现数据建模、分析、预测、可视化；该平台支持多种开源建模语言（如 Python 等），能预置丰富的机器学习算法，满足从数据导入和处理，到模型训练和评估、导出，覆盖预测分析端到端业务的需求。第三方开发者借助该平台就能建立特征工程、机器学习算法、建模、预测、模型全生命周期管理的一站式应用。

2. 接入自然语言处理云服务

自然语言处理能力是智能新媒体建设的基础。一般的智能新媒体产品较难从底层研发独立的自然语言处理系统。智能新媒体产品只需接入自然语言处理云服务，就能拥有较强的自然语言处理能力。

如百度公司的"理解与交互技术"（Understanding and Interaction Technology，UNIT）云服务是百度公司的自然语言理解与交互技术的对外开放平台，能实现可定制的对话系统开发。第三方开发者通过 UNIT，可以快速、灵活地按自身业务需求定制对话系统，满足智能助手、智能家居、智能汽车、智能客服、机器人等各类产品和场景的需求。第三方开发者借助 UNIT 能开展面向任务的理解与交互能力开发。一项任务可以是解答用户的某个问题（如"今天天气怎么样""我的快递到哪儿了"）、执行用户指令（如"去给我把咖啡端过来"），甚至通过一系列交互引导用户达成某项需求（如通过注册—选座—下单完成订票）。在实际的应用场景中，对话系统需要完成的任务可能是上述任务的组合。例如，在购物场景下，对话系统主要的任务是解答用户的问题（如"我的快递到哪儿了"），但也会存在一些辅助任务，如执行指令类任务（如"帮我下个单吧"）或对话引导类任务（如引导用户通过一系列操作去完成退货的操作）。开发者可尽情发挥想象力，让用户享受到更丰富的业务帮助和互动体验。

3.2　应用型智能新媒体产品搭建

在云计算环境下，软件服务和平台服务两类云服务是应用型智能新媒体产品的搭建媒介。媒介组织无须自己开发应用型智能新媒体产品，只须接入云服务即可。软件服务是一种以服务形式供用户使用的完整应用；用户可通过浏览器等客户端界面，在各种终端设备上访问这些应用。软件服务通常把软件程序定义成通用的工具提供给用户。平台服务是这样一种云服务交付模式：一种预先定义好的"就绪可用"（Ready-to-Use）的环境，一般由已经部署好的和配置好的信息技术资源组成。平台服务能向开发者提供一套工具来加快开发速度；用户能够使用服务提供商所支持的编程语言、库、服务和工具，将自己创建或获取的应用部署到云基础设施上；用户无须对底层云基础设施进行管理或控制，但可控制所部署的应用。软件服务既可单独部署，也可基于平台服务进行部署，也即云用户可以借助平台服务部署自己的软件服务，供其他的云用户使用。运用软件服务和平台服务搭建应用型智能新媒体产品的思路和方法如下。

3.2.1 如何运用平台服务快速搭建应用型智能新媒体产品

在云计算环境下，专业化媒介组织无须构建自己的硬件基础设施和云平台，只需运用平台服务的接口，就可快速创建和部署多个信息服务平台。这种应用型智能新媒体产品的搭建方式，能有效地降低智能新媒体产品搭建的技术门槛，各类媒介组织只需专注于内容创造、应用模式创新设计和信息传播，将激发媒介组织的创新潜能，各类新型大众传播媒介将不断涌现。

如媒介组织使用"AWS Media Services"就可快速轻松地部署视频媒体系统，实现"一站式"的传输、制作、处理和分发功能；媒介组织只需按实际使用量付费，就能在多种屏幕上为其受众提供良好的观看体验。其"AWS Elemental MediaConnect"功能组件能实现可靠、安全和灵活的实时视频传输；"AWS Elemental MediaConvert"功能组件能实现制作基于文件的视频内容，进行点播、广播和多屏幕视频分发；"AWS Elemental MediaLive"功能组件能将输入转换为实时输出，进行广播和多屏幕视频分发；"AWS Elemental MediaPackage"功能组件能创作并打包直播和点播视频内容；"AWS Elemental MediaStore"功能组件能直播或点播媒体工作流程创作和存储视频内容；"AWS Elemental MediaTailor"功能组件能使用服务器广告插入，轻松对多屏幕视频内容进行个性化处理并从中获利；"Amazon Kinesis Video Streams"功能组件能制作基于文件的视频内容，进行点播、广播和多屏幕视频分发。

再如，百度应用引擎（Baidu App Engine，BAE）能为媒介组织提供弹性、分布式的应用托管服务，能帮助开发者一站式轻松开发并部署应用（Web应用及移动应用）。其能采用轻量虚拟机技术进行资源隔离，在运行环境和编程语言层面不做任何限制；应用在云端的运行环境与开发者本地的开发环境保持一致，从而使得学习成本、开发和迁移成本降到最低，开发者的生产力得到最大限度的解放。与百度应用引擎类似的平台服务还有新浪应用引擎（Sina App Engine）、谷歌应用引擎（Google App Engine）、雅虎应用程序平台（Yahoo App Platform）和亚马逊平台服务（Amazon Web Services）等。

在现实中已经有很多媒介组织运用第三方云服务平台搭建了先进的系统。例如，中央电视台的中央厨房内容生产系统就是在阿里云提供的新闻和节目制作云服务基础上搭建而成的。《悠梦 2：光之国的爱丽丝》的开发者网易盘古游戏工作室借助网易洞见的增强现实开发引擎，在前作《悠梦》的基础上，加入全新的魔法技能系统与互动方式，增强现实深度赋能手游，让玩家在闯关过程中的体验乐趣升级。

另外，平台服务提供的大数据分析服务，能让媒介组织较为全面准确地了解用户的兴趣和需求，可帮助媒介组织建立全新的媒介内容采编和个性化推荐模式。媒介组织可通过对云端个人行为轨迹大数据的挖掘和分析发现每个人的兴趣，为每个人推荐不同的信息内容，逐步建立"精细化"的个性化服务模式。如媒介组织可使用大数据处理套件（Big Data Suite）快速部署自己的大数据应用，大数据处理套件能满足媒介组织按需部署大数据处理服务以实现数据处理的需求，如报表展示、数据提取、数据分析、客户画像等大数据处理服务。

3.2.2　如何运用平台服务搭建虚拟现实和增强现实产品

5G 能为虚拟现实、增强现实产品提供高速的网络支撑，虚拟现实、增强现实产品将迎来春天。但虚拟现实、增强现实产品对主机和终端硬件的性能要求非常高，用户若利用本地主机进行渲染工作，则需要付出高昂的费用来购买主机。但如何才能快速搭建自己的虚拟现实和增强现实产品呢？借助第三方的平台服务是搭建虚拟现实和增强现实产品的重要方法。

1. 搭建虚拟现实产品

据华为云官方网站介绍，华为"云 VR"将云计算、云渲染的理念及技术引入虚拟现实产品中，借助华为云高速稳定的网络，能将云端的显示输出和声音输出等经过编码压缩后传输到用户的终端设备，实现虚拟现实业务内容上云、渲染上云，能让用户快速开发虚拟现实产品。若用户经营一家虚拟现实体验馆，则借助华为"云 VR"能将本地主机设备云端化，在云端进行维护和升级，解除各复杂设备运维的后顾之忧；云端弹性的计算能力和存储空间允许用户按需购买、灵活升级，能极大降低体验馆的初期建设成本。

另外，华为云的"VR 视频解决方案"能为用户提供巨幕影院、360 全景视频、8K 现场直播等一站式虚拟现实视频解决方案，为用户带来身临其境的全方位沉浸式的视频体验。如"梦境 VR"是一家云端虚拟现实内容分发平台，借助华为云的"VR 视频解决方案"，该平台实现了基于 5G 的轻度本地渲染+重度云端渲染模式，其制作的虚拟现实作品的画质远远优于虚拟现实一体机。"酷景云"使用华为云的虚拟现实服务平台，先后承担了新华社"VR 大阅兵"、中央电视台"VR 央视春晚"、故宫博物院"VR 数字故宫"等多个大型项目。

2. 搭建增强现实产品

"网易洞见"是网易增强现实团队自主研发的基于移动设备的增强现实平

台，包括"客户端""互联网应用引擎""增强现实游戏引擎"三大组件：客户端是一款增强现实内容浏览器，用户无须另行开发应用，依托网易洞见，即可实现增强现实的多种功能；互联网应用引擎是基于国际领先的计算机视觉三维图像技术的增强现实技术开发组件，能为智能新媒体产品提供简单易用、稳定低耗的增强现实服务；增强现实游戏引擎结合网易公司的游戏生态优势，能让游戏开发者与顶级游戏工作室联合开发。

借助网易洞见能有效连接优质增强现实的内容开发者和使用场景，能为用户带来高质量的增强现实体验。

如家电品牌戴森基于网易洞见客户端，推出了一组与众不同的产品广告：在"什么值得买"和"爱范儿"两个应用中，点击戴森的广告，可在任意现实场景下生成戴森无叶风扇，能演示戴森无叶风扇强劲凉风吹出的工作原理。

大众点评搭载网易洞见客户端，将经典亲子动画《大头儿子和小头爸爸》与流行的增强现实玩法进行了有趣的结合：通过大众点评应用，用户能够观看到大头儿子和小头爸爸一起吹泡泡的增强现实动画；"戳破"不同的泡泡，会出现相应的亲子活动和商家信息，并有机会拿到优惠券和奖品。

《异形：契约》电影发行商与网易洞见客户端开展营销合作，利用增强现实技术"召唤异形"，并举办了"异起尬舞"大赛：影迷们可使用网易洞见召唤增强现实"异形"，随时随地感受与"异形"零距离接触的乐趣。

方太智能升降油烟机搭载网易洞见客户端来为消费者演示其产品功能：用户通过网易洞见客户端扫描，便出现演示工作流程的增强现实动画；点击画面上的按钮光点，可看到不同的功能参数。

摩拜单车搭载网易洞见客户端，利用增强现实技术提供一种可以"随行"的云养猫体验：将虚拟"萌猫"放置在摩拜单车车筐里，用户只需使用网易洞见客户端扫描指定识别物，即可与增强现实"萌猫"互动。

3.2.3 如何运用软件服务建立智能新媒体内容生产平台

在云计算和人工智能环境下，各类媒介内容生产系统能以软件服务的形式在线使用，无须媒介组织购买安装。这样，媒介组织利用云中的媒介内容生产系统，能实现随时随地直播报道，能提高媒介组织新闻内容生产的效率。如报社可在线使用云中的编排系统，出版社可在线使用云中的数字出版系统，网络电视台可在线使用云中的视听节目剪辑制作平台。这样媒体从业人员可随时随地登录云中的各类媒介内容生产系统，实时发布新闻报道或进行现场直播报道。如微信小程序就是一种不需要下载安装即可使用的应用，能实现应用"触手可及"，用户扫一扫即可打开应用。另如某云供应商能为媒体提供新闻和节目制作云服务，其基于媒体混合云资源平台，采用模块式云服务架构，业务模块按需组合，能为媒体提供新闻制作及一般性节目制作的业务架构。其具体的制作服务功能包括两个方面：一是全渠道的内容汇聚，支持云线索、智能收录、手机直播，能提供融合媒体内容库；二是全云端核心业务生产，支持非线性内容等精细化节目编辑，支持 HTML5、图文、音视频等轻量化节目编辑。再如谷歌公司的软件服务平台 Google Apps 能让任何媒介组织只需申请一个独立网址，就可以将该软件服务平台上提供的电子邮件、办公软件、群组讨论、网站架设、实时通信和视频播放等服务组件一次性部署在自己的网站上。再如，"Salesforce"软件服务能为各类组织提供在线的客户关系、伙伴关系和人力资源等软件服务。其"申请账户"式的应用软件搭建模式，比单独开发应用软件的投入要少很多，也无须专业的技术人才，就能有效降低新媒体的运营成本，能为媒介组织的盈利打下坚实基础。具体而言，可供选择的公众账户平台主要有微信公众号、头条号、大鱼号、搜狐号、百家号等。具体内容详见微课堂。

3.3 终端型智能新媒体产品搭建

传统模式下，媒介内容的发布和收受受到诸多限制，同一媒体只能面向同一媒介终端发布内容。如电视台面向电视终端发布内容，用户通过电视终端收受内容；报社通过报纸终端发布内容，读者通过报纸终端收受内容；新闻站点通过门户网站或客户端软件发布内容，用户通过浏览器或客户端软件收受内容。而在云计算环境下，受众能借助云终端随时随地接受多媒体新闻信息，能实现个性化收受。借助人工智能云服务，智能新媒体运营商可快速搭建智能分发系统、智能交互系统和智能机器人系统这三类终端型智能新媒体产品。

3.3.1 智能分发系统的搭建

让媒介内容有效地到达媒介终端，是收受媒介的重要功能。但传统的收受媒介的媒介内容较难实时有效到达媒介终端。如报纸是一种重要的传统收受媒介，具有发行渠道单一、内容发布滞后等显著缺点。在云计算和人工智能环境下，媒介内容的发布将进入"云发布"模式。所谓"云发布"就是借助云服务的多渠道、多终端发布模式。如某"发布运营"云服务能实现全球分发、多屏互动，能改变传统媒体发布渠道和运营模式单一的现状，能助力传统媒体向互联网转型。具体而言，传统媒体借助该云发布模式，能实现媒介内容的全球多渠道传播，能建立全球分发网络，能实现同时面向有线电视领域和互联网领域（两微一端、网络电视台）开展视频直播、点播服务。

3.3.2　智能交互系统的搭建

具有较强的交互性能，智能终端设备才能受用户欢迎。其中，智能化交互能力是关键。智能终端设备可搭载第三方人工智能平台，借助云端应用程序接口实现一站式快速接入"智能交互系统"。如腾讯智能硬件云服务平台集语音唤醒、语音识别、语音合成、自然语言处理、图像识别和情感检测等人工智能于一体，能在通用技能和自定义定制基础上，将技能应用扩展到微信公众号和小程序生态中的服务。任何一种硬件产品借助该平台就可实现智能化功能。目前，该智能硬件云服务平台已应用于欧普照明产品、广汽传祺的汽车产品、TCL 的家电产品和创维的家电产品等。

3.3.3　智能机器人系统的搭建

1. 什么是智能机器人

智能机器人是可感知、计算和采取行动的机器：机器人需要指令来完成任务，这些指令以应用程序的形式出现，开发人员为其编写代码来确定机器人的行为方式；接收和处理传感器数据、控制可移动的传动装置以及执行特定任务。这些通常都是由智能机器人应用程序自动执行的功能。

在未来，智能机器人将逐步成为智能新媒体的重要产品形态，越来越多的智能新媒体终端产品将以智能机器人的形态出现。如商场、宾馆的迎宾机器人，银行的服务机器人，写字楼的前台机器人，以及企业的客户机器人等。

2. 搭建智能机器人系统的两种途径

开发、测试和部署智能机器人系统既困难又耗时，具体表现如下：（1）使用机器学习构建智能机器人的功能非常复杂，需要专业技能；（2）每个开发人员需要花费大量时间设置开发环境和模拟测试系统。在实际应用中，终端型智能新媒体产品研发者无须从零开始来开发机器人应用程序，可借助第三方平台搭建属于自己的机器人系统，常见的途径主要有两种。

一是借助第三方的机器人开发平台开发自己的应用程序。如"AWS RoboMaker"预先集成了流行的 AWS 分析、机器学习和监控服务，能让用户在自己的机器人应用程序中轻松添加视频流、面部和对象识别、语音命令和响应、指标和日志收集等功能。AWS RoboMaker 还能为正在使用机器人操作系统（Robot Operating System，ROS）的开发人员提供视频流（Amazon Kinesis）、图像和视频分析（Amazon Rekognition）、语音识别（Amazon Lex）、语音生成（Amazon Polly）和日志记录和监控（Amazon CloudWatch）等云服务的扩展。这样用户就可以轻松地使用它们在机器人应用程序中构建智能功能，而无须学习新的框架或编程语言。

二是预装或接入第三方的机器人"大脑"系统。在现实生活中，我们看到的只是智能机器人的"外壳"，而其具有智能性的关键在于它的"大脑"。机器人的"大脑"就好比计算机的处理器。终端型智能新媒体产品研发者较难自己独立开发智能机器人的"大脑"系统。因此，预装或接入第三方的机器人"大脑"系统是搭建智能机器人系统的基本途径之一。

3. 智能机器人系统的实例——京东蜂巢机器人

京东蜂巢机器人是集视觉交互、智能语音、自然对话于一体的沉浸式、多模态空间交互机器人，其系统架构如图3-3-1所示。

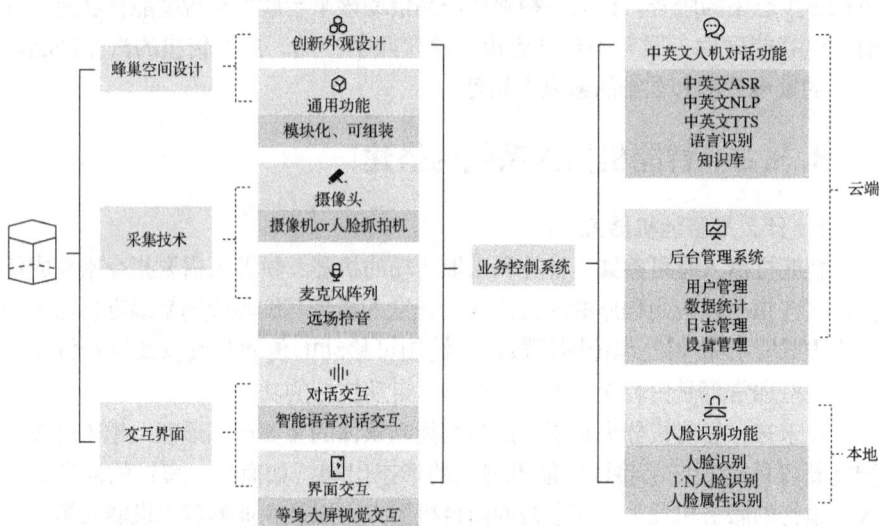

图3-3-1 蜂巢机器人系统架构

该智能机器人系统的服务功能主要包括三个方面。（1）创新蜂巢空间设计：基于蜂巢空间最大化和任何一面可拼接的原理打造创新的人机交互空间。（2）多模态沉浸式空间交互体验：以人工智能支撑的视觉、听觉、对话、触觉多模态沉浸式交互体验。（3）中英双语、连续智能语音对话服务：智能语音对话支持中、英文两种语言，麦克风阵列持续拾音，对话过程无须通过唤醒词来语音唤醒，支持随意打断。

在综合城市服务场景中，蜂巢机器人通过以人为中心的沉浸式交互空间，可链接到城市服务的各种场景，如政务服务、教育、法律宣传、社保养老、金融等；可以突破室内场景限制，向城市服务的广场、公园、社区、景区等场景延伸。

在城市展馆与会务场景中，蜂巢机器人可针对城市展馆、会务场景提供城市介绍、会议和展览咨询等人机对话和互动服务。

在教育场景中，蜂巢机器人可实现视觉、对话、触觉多模态空间交互的教学呈现。

在德清县举办的联合国地理信息大会上，京东蜂巢机器人得到了实际运用：针对该大会的应用场景，搭建外部四面悬浮大屏，大屏集成人脸多维度属性互动、集视觉互动和信息发布于一体；搭建内部多模态交互空间，180°等身人机交互大屏丰富视觉画面，可进行连续、可打断智能语音对话，围绕德清县介绍、地信会议、展览咨询服务、天气、笑话等主题展开中英双语沉浸式体验。

【课后习题】

1．构想一个平台型智能新媒体产品，请撰写一份平台型智能新媒体产品的搭建方案。

2．构想一个应用型智能新媒体产品，请撰写一份应用型智能新媒体产品的搭建方案。

3．构想一个终端型智能新媒体产品，请撰写一份终端型智能新媒体产品的搭建方案。

第4章 智能新媒体的传播模式：云传播

学习要点

- 什么是云传播
- 云传播的系统模型
- 云传播的革命性特征

关键术语

- 云传播
- 云计算
- 云端化
- 平台化
- 智慧化

人类社会大体上经历了农业社会、工业社会和信息社会等阶段，每个阶段的人类信息传播领域都要经历一场变革。其基本的变革机制是：一种新型的信息传播技术会逐步形成一种新型的信息传播模式。

云计算作为一种新型的计算模式，是信息技术发展历程中具有革命性的重大进展，它将给我们身边的一切带来革命性变化。

特别是云计算和人工智能的融合发展，能为用户的信息传播和管理活动提供先进的计算模式和基础架构，将对人类的信息传播行为产生革命性影响，能形成智能新媒体的新型信息传播模式——云传播。

4.1　云传播概述

本节将介绍云传播的理论知识，帮助读者认识和分析智能新媒体的传播特征和规律。具体内容主要包括云传播的定义和性质。

4.1.1 云传播的定义

云传播是云计算环境下人们传递和分享信息的一种模式。云计算是云传播实现的技术基础，云计算能推动互联网和移动互联网交织融合形成"互联云"，云传播是信息在互联云上流动过程的总体概括。换言之，云传播就是对人们通过互联云进行信息传播活动的社会总过程的总体描述。

"云"（Cloud）是云传播的技术生态环境。所谓云是指一个独特的信息技术环境，其设计目的是访问远程可扩展和可测量的信息技术资源。其中，信息技术资源是指与信息技术相关的物理的或虚拟的事物，它既可以是基于软件的，如虚拟服务器或定制软件程序；也可以是基于硬件的，如物理服务或网络设备。云的基本特征是共享基础设施、服务无处不在、可在线访问、按效用定价和按需提供资源。在此意义上，云传播的定义可从两个方面进行理解：一是云传播可定义为传收主体借助云，通过远程访问可扩展和可测量的信息技术资源完成其传播活动；二是云传播可定义为云本身作为传播内容和对象的一种传播现象，也即云传播是人们分享广义信息技术资源的一种传播活动，其传播内容的范围从原有的"数字内容资源"扩展为包括硬件基础设施、软件资源在内的各类信息技术资源。

从系统论的视角来看，上述两种关于云传播的定义是相通的，在本质上云传播都可看作一个基于云计算的社会信息系统，其所包含的系统要素主要有用户、云终端、云服务、云计算中心等。在云传播中，云终端是工具，云服务是媒介，云计算中心是基础平台。云计算中心一般由云传播平台、云传播资源和云传播基础设施等要素组成。

4.1.2 云传播的性质

在现实中，我们如何判断一种传播现象或传播行为是否属于云传播呢？这就需要了解云传播的基本性质。

1. 云传播的传播机制是"共享"和"开放"

人类的信息传播系统中存在两类"传播元"："传递"和"共享"。也即传递和共享是人类信息传播活动的基本机制，人类信息传播活动主要靠传递和共享两种基本机制来实现。然而随着社会信息化的飞速发展，人类社会逐渐衍生出"开放"这一新的传播机制。

据《新华字典》释义，共享的含义是指"共同分享"，与英文中的"Sharing"相对应。信息共享是指对"同一载体"上信息的"重复使用"。在信息共享机制中，"事物运动的状态及其状态的变化方式"并没有脱离原依附事物而附着于另一事物，信息的物理存储载体也没有增加和改变，只是依附在同一载体上的信息被不同的使用者使用。在云传播模式中，传播内容存储在云端，传播网络中的各个节点只需访问存储在云端的"同一份"信息，就可以完成信息在各个节点间的传播过程，其本质是一种基于共享机制的传播模式，能有效提高信息传播的效率。云传播无须借助复制、粘贴、下载等传递机制就可以完成，传播过程中的信息量不会增加，信息存储所占用的空间也不会随着遍历节点的增加而增加，能有效节约传播成本。

开放机制是在共享机制的基础上形成的更高级的传播机制，它强调对同一载体上原始数据的差异化使用。共享机制中，公众可以浏览、下载信息，但无法获取信息背后的原始数据，也无法基于自身需求对原始数据进行二次开发和重复使用，这时信息仅仅是信息，难以挖掘其背后的价值。例如，公众能够从政府信息公开网站下载数据报告，但无法获取原始数据。而在开放机制中，公众能够获取统一标准、统一结构、可被机器读取的原始数据，从而可以对这些原始数据进行个性化的分析和利用。

开放机制具有三个基本特征。

第一，公众能够获得第一手的、未经分析和处理的原始数据。

第二，这些原始数据具有标准的格式和统一的结构，机器能够自动识别和处理。

第三，针对同一份原始数据，不同主体可以基于自身需求进行重复使用，通过数据处理生成不同的数据报告，进而满足不同主体的各类需求。

2. 云传播的媒介是云服务

在以终端计算为主的网络传播模式下，大部分网络应用都是安装在用户端或者局端数据库上运行的，用户主要通过终端所提供的诸多功能来实际体验互联网所提供的业务。云传播活动的完成所依赖的媒介到底是什么呢？云计算背后的推动力是以服务的形式提供信息技术资源，云传播所依赖的媒介正是以服务的形式访问和获取信息技术资源。

云传播模式下，传播节点获取信息服务的模式将由"终端系统"模式转换成"云服务"模式：用户只需根据自身的需求获取云服务，而无须关心该云服务是由谁提供；当使用完云服务之后就可以释放所有资源。

不过，并非所有的云中信息技术资源都是可以远程访问或者被传播的。这些可以通过云进行远程访问的信息技术资源被称为云服务。云服务正是云传播的基础性媒介。换言之，云传播的基础性媒介是在云端可被远程访问的信息技术资源。

3. 云传播的传播过程主要在云端完成

在网络传播模式下，节点的大部分计算数据都存储在本地计算机。用户的本地硬盘或机器一旦损坏，可能会导致重要数据的丢失；用户一旦离开本机，则不方便访问、获取和维护其中的数据。

而在以云计算为主的云传播模式下，云计算将颠覆原有互联网的服务模式，终端的若干功能都将被转移到网络上，终端仅仅完成一个简单的输入和输出操作，用户所需要的业务则全部由终端后面的网络来完成和提供。在云传播模式下，用户可把全部或部分私人信息存放在"云端"，借助任何可上网的"移动终端"就能随时随地开展信息传播活动，这样就能打破用户对特定终端的依赖：用户可用不同终端维护同一份数据，确保用户数据的"同步"，避免多终端多版本带来的"数据冲突"和"数据不一致"。例如，人们使用小米公司提供的"云相册"服务，就可以轻松地将照片分享给父母，父母在自己手机上能随时看到最近的照片；朋友们一起创建一个云相册，每个人都可以把自己的照片放到云相册中，交换美景和聚会照片就变得很简单。如理想状态下，云传播中的某结点可以根据自身的信息需求，跟任何一个结点建立直接连接或间接连接。这种信息传播关系是一种灵活的、动态的关系，具有较高的对称性、持续性和稳定性。因此，在云传播模式下，人们之间的交互将越来越密切，创建一个全球对话和多层面的协作已经完全成为可能，并将成为一种趋势。

云计算能推动互联网和移动互联网交织融合形成互联云，云传播本质是信息在互联云上的流动过程。在云传播模式下，人们之间传递和共享的内容范围从原有的"信息资源内容"扩展为包括硬件基础设施、软件资源在内的广义信息资源。云计算的基本原理可概括为互联网上某些节点的强大的信息资源，以服务的方式，变为动态的、可伸缩的虚拟资源，为广大用户共享和使用。其本质是利用互联网上的计算机和服务器形成一种超强的计算能力，为全球各地的个人和组织服务。这样，在云传播模式下，每个人都可拥有一台由计算机网络级联而成的"无边无际的计算机"。

综上所述，云传播是一种全新的信息传播机制，它将创造新型人类信息传播模式。云传播在计算模式、操作系统、传播渠道、信息存储模式、软件使用模式、数据同步性、空间属性、时间属性和位置相关性方面，都与传统的网络传播有显著的不同之处，网络传播与云传播的对比分析如表 4-1-1 所示。

表 4-1-1　网络传播与云传播的对比分析

	网络传播	云传播
计算模式	终端计算	云计算
操作系统	桌面操作系统	页面操作系统（Web OS）
传播渠道	互联网	"全连通"的互联云
信息存储模式	本地存储	云存储
软件使用模式	本地安装	在线服务
数据同步性	数据难以同步	数据可同步
空间属性	依赖固定终端，不便移动	移动终端，可移动
时间属性	及时，不连续的实时性	随时，持续不间断的实时性
位置相关性	内容数据与位置无关	内容数据与位置相关

4.2　云传播的革命性特征

云传播作为一种新型的人类信息传播模式，拥有网络传播的基本特征，其基本内涵和主要特征也在不断丰富和演化之中。就目前来看，云传播时代已经显著地呈现出云端化、智慧化和平台化等革命性特征。其中，云端化能揭示云计算环境下人类社会在传播技术和应用层面的革命性特征，智慧化能彰显人工智能时代人类社会治理层面的革命性特征，平台化能体现云计算和人工智能环境下人类社会结构和形态层面的革命性特征。云端化能为智慧化做好充分的准备，平台化是云端化的必然结果。当然，云传播还显现出泛化和社交化等社会行为层面的重要特征，限于篇幅此处不再介绍。

4.2.1　云端化

在云传播模式下，人类共享和管理的信息资源将逐步集成到云计算数据中心，承载于"云"之上。我们把这种向云端迁移的传播现象定义为云端化。

云端化是云传播不同于其他传播行为和传播现象的重要区别。所谓云端化是指传播活动不断向云端转移的发展过程和发展趋势。云端化能有效促进人类信息传播的效率，能整体提高社会信息资源的管理水平。根据玛丽·米克（Mary Meeker）《2017年互联网趋势报告》所述：采用云将会达到新高度和创造新机遇；企业使用云端应用的创建成本更低，应用更容易被采用。云端化的具体内涵包括三个层面。

1. 传播数据的云端存储

云端化的一个显著表现就是传播数据的云端存储。云端存储主要有两种形式。

一是各类应用软件所产生数据的云端化。在云传播模式下，人们可以借助多种云终端生产和传播大量信息，人们的思想观点、日常消费、社会交往、心理情绪甚至恋爱情感等各种社会行为和心理活动都将实现在云端的数字化记录和存储；社会生态系统、市场生态系统、政府生态系统和自然生态系统的运行状态及其变化方式也在云端被数字化记录和存储。整个社会信息资源的积累已经实现了从量变到质变的过程，人类已经从小数据时代进入大数据时代。在此意义上，有云端才有大数据，或者说大数据是云传播的内容革命。

二是用户原有本地数据的云端化备份。这样能确保即使原始数据遭遇严重损害（如龙卷风、飓风、洪水等损坏设施）而导致损坏，仍然有一个或多个备份数据存在。云中的数据可以复制到多个位置，以确保云本身得到妥善备份。如某云计算服务平台提供的手机数据备份系统，可让用户自动上传手机拍摄的照片，也可用手机访问在电脑上存储的文件内容。另如，小米云服务为用户提供"全面的个人数据云存储"：为用户同步备份联系人、通话记录、短信、便签、照片、应用等各种数据，用户再也不用担心数据丢失；手机数据迁移变得前所未有的简单，用户只需登录自己的账户，短信、联系人、通话记录、便签等个人数据即会自动出现在新手机上；在任何电脑上登录小米云服务，用户都可以随时管理自己的个人数据，只要数据有一个地方被修改，所有设备将自动同步。目前，华为、联想和小米等智能手机制造商纷纷推出云存储服务，百度、网易等互联网公司推出"云盘"或"网盘"服务：能让用户在云端备份手机通讯录、短消息记录、通话记录、照片等个人数据。

2. 传播过程的云端协作

在云传播模式下，处于不同地理空间的同一组织人员，借助在线办公软件，在云端可以完成实时协同，互相实时查看工作进度，实时共享设计说明书、程序代码等工作文档，在线深度互动交流。如"钉钉"能为企业组织的云端协作提供支撑平台。其"沟通"功能组件支持商务沟通，可实现业务往来的集成展示；支持同事间沟通，能集成展示待办工作事项。其"考勤"功能组件能让管理者随时随地了解团队状态，人员出勤状况一目了然，能实现多地点、跨区域、内勤外勤统一管理，随时了解外勤人员分布，可以随时查看外勤人员的签到记录时间和位置，查看签到足迹，查看团队签到地图。其"钉盘"功能组件能实现高效、便捷的文件协同，支持同事间分享文件和跨企业文件共享；其"智能报表"能让管理者随时随地掌握企业人财物事。目前已有超过300万家企业正在使用"钉钉"。

3. 传播媒介的云端"接入"

在云传播模式下，传播行为所需的传播媒介只需云端"接入"、无须线下"拥有"。在传统媒介环境下，所谓媒体就是那些拥有和运营每种媒介的专业机构。在传统计算环境下，只有专业的信息技术企业才可能拥有强大的计算能力。在云传播模式下，传统专业机构无须自行创造一种媒介，只需接入云端的各类云服务就可建设自己的制作媒介和传输媒介；政府组织、企业组织、社会组织以及个人都可以通过云端接入云服务，以建设自己的媒介。理论上来讲，在云传播模式下，任何组织、任何人都可拥有一个"信息工厂"。

4.2.2 智慧化

信息传播的终极目标不是获取大量的信息，而是从海量原始信息中再生出有价值的策略信息，为人类自己的行为提供决策依据。也即，与其说人们需要信息，还不如说人们需要智慧。但人们自身的对信息的感知能力、获取能力、处理能力和再生能力是有限的。因此，在云传播模式下，人工智能与云计算融合发展后，智慧挖掘成为可能，也逐步成为媒介组织内容生产的核心。我们把这种以智慧的挖掘和分享为主线的人类信息传播活动发展趋向统称为智慧化。

根据《现代汉语大词典》的解释，"智慧"一词指的是聪明才智。具体而言，智慧是指人对事物的正确判断的能力，其标志是在选择手段和目标的过程中其判断力的圆满性，以及其在实践事务方面的圆满感。判断力是通过选择和抉择的形式将其价值观付诸在客体上的能力。康德在《判断力批判》中认为，判断力是沟通感性世界和理性世界的桥梁，是调和内省的观念世界与客体的自然界的能力。故而智慧是判断力的体现，是主体洞察世界的能力。其本质是人类把握自身和世界的能力，即判断力和洞察力。《大学》有云：知止而后有定，定而后能静，静而后能安，安而后能虑，虑而后能得。以上告诉我们，智慧可以通过关照、修炼、体悟等方式获得。但是在现实世界中，由于主观上个人知识的局限、洞察力的有限、思维方式的束缚等问题，客观上外在环境的限制、信息的缺失等问题，人们难以获取全部信息，也就不可能做出完美的判断和抉择，误判往往存在。故而智慧是稀缺的，于是就产生了智慧稀缺与需求的矛盾。

智能新媒体应用就是为了解决该矛盾而产生的，它能降低智慧产生的门槛，减小智慧产生的负担，为所有人提供智慧，帮助人们解决各类问题。在此意义上，云传播的智慧化就是借助大数据分析，弥补人脑某些能力的有限性，帮助提高人的判断力、决策力。云传播的智慧化具体体现为一系列具有价值定位和智慧导向的传播系统。如智慧交通系统导航服务，通过弥补前方未知道路信息的缺失，从而提高人的判断力，帮助人做出正确的道路选择；智慧政务系统能汇总分析各类政务信息，能有效提高公共决策的科学性。智慧化的具体表现主要有以下几点。

1. 传播社会环境的智慧化

如前所述，智能终端是智能新媒体的重要组成部分。当前，新一代智能手机、可穿戴智能设备仍然流行，智能物联网快速发展，感知设备遍布现实空间的各个角落，人类正在迎来智慧社会时代。所谓智慧社会就是人们在无处不在的智能应用平台中开展社会实践活动的一种新型社会结构形态。智慧社会是感知设备连接物理世界空间和人类精神世界的产物。智慧社会是机器、人、网络和物结合而成的复杂的智能系统。在智慧社会中，智能新媒体成为人们获取信息的主要渠道，也是人们进行社会交往、社会交易、生活娱乐和工作学习等社会活动的主要平台。在智慧社会中，智慧城市将成为承载社会运行的基础设施，智能经济将成为推动经济社会发展的新引擎，智能工业、智能教育、智能医疗、智能农业、智能军事等将蓬勃发展。

2. 传播内容自身的智慧化

信息的形式主要有经验、知识、策略、智能和智慧。在传统大众传播时代和网络传播时代，媒介组织生产的内容以事实（新闻）、经验、知识和策略为主。其中，经验是人们在解决实际问题的过程中形成的成功操作程序；知识表述的是事物运动状态和状态变化的规律，是信息加工的规律性产物；策略是关于如何解决问题的策划与方略。在云传播时代，智慧逐步成为重要的传播内容之一。对人们来说，智慧更多地体现为一种对未来发展趋势作出判断的预测性信息。人们的决策一般都是面向未来的决策，过去或当前的信息只能作为参考，人们的决策更需要的是未来的信息。这种未来的信息可能是未来几秒钟、几个小时、几天、几个月，甚至是几年或几十年。人们在面临不同的问题时所需要的预测性信息时限各不相同。无论如何，人们通常更需要知道的是即将发生或可能发生的事情，而不是已经发生或正在发生的事情。可以说，人们对未来预测性信息的需求量是非常大的，远远超过其对过去或当前信息的需求。这是一个"富矿"，智能新媒体应用服务提供商若能深入分析用户的核心需求，若能开发为用户提供各类预测性信息的新媒体应用模式，必将大有作为。

3. 传播内容生产的智慧化

智慧化传播既和"智"相关，也和"慧"相关。"智"讲的是技术和方法的问题，主要体现为传播过程的智能状态；"慧"讲的是以人为本以及人与自然的问题，聚焦于实现社会的和谐与可持续发展，讲的是传播的内容、目标和意义。所谓智慧化就是人们运用人工智能，深入分析收集到的数据，以获取更加新颖、系统和全面的洞察力来解决问题的一种过程。人工智能是实现智慧化的重要支撑技术。云传播过程的智慧化主要借助数据挖掘、语义搜索、智能控制、机器学习、自然语言处理、机器感知、语音识别和情感计算等人工智能与应用，通过复杂的数据计算，能智能感知用户需求，能为用户提供按需服务和个性化服务。在未来，基于人工智能的新型媒介将不断涌现，将实现"服务自主发现，资源动态绑定"的智慧化传播。如智慧健康管理系统能实时监测用户身体状态，能自动识别用户健康状态，能提供健康服务报告，如果发现异常状态，即可自动提供健康计划等智慧服务。

4. 传播内容管理的智慧化

传播内容管理的智慧化主要体现在两个方面。

一方面是在云传播和人工智能时代，智能新媒体的内容管理机制正由传统的人工把关向机器审核转变。在大数据环境下，传统的人工把关机制难以应对智能新媒体应用中的海量信息，借助人工智能的机器审核将成为基本发展趋势。

另一方面是在云传播和人工智能时代，用户参与创造内容是智能新媒体应用的重要特征之一。用户既是内容的生产者，也是传播者。但用户在创造大量优质内容的同时，也会产生大量垃圾内容。如何过滤不良信息和有害内容是智能新媒体运营面临的重要难题之一，研发和部署过滤垃圾内容的平台具有相当高的技术门槛和相当大的开发难度。但在云传播和人工智能时代，这一切变得简单多了。智能新媒体应用一般搭载第三方的智能审核云服务，这样就可实现机器审核功能。

4.2.3 平台化

平台是人们彼此连接和获取信息的工具，是充满能量和价值的生态系统。平台也可被看作一种应用模式，其能连接两个（或更多的）特定群体，能为他们提供互动机制。所谓平台化就是信息技术资源服务提供商建立和完善平台生态圈的发展过程，也是用户不断参与和使用平台的一种趋势。平台最重要的价值是人气。只要有人气，云传播系统中的各类要素，如云服务、云终端等都可成为平台。因此，平台化的本质是信息技术资源服务平台不断聚集用户和保持人气的过程。对信息技术资源服务提供商来说，拥有了人气就等于打造了一个平台。但能否打造出一个平台，不仅取决于用户的规模，更重要的是用户的黏性和忠诚度，用户并非"多多益善"。因此，聚集用户和保持人气的关键是建立有效的用户筛选机制和激励机制。平台化的具体表现有以下三个方面。

1. 打造开放平台逐步成为信息技术资源服务提供商的共同战略选择

平台是一种生态系统。这种生态系统只有是开放的，才能具有持续的生命力：每时每刻都有事物离开平台，又有新的事物进入平台。对信息技术资源服务提供商来说，开放平台的本质有三点：（1）聚焦合作伙伴，打造产业生态系统，提高平台竞争力；（2）平台开放不仅要让合作伙伴赚到钱，而且要让平台企业要赚更多的钱，让合作伙伴提供应用促进平台成长；（3）平台开放应用程序接口的确对开发者有用，而且调用方便，节省成本。

平台经营好了，企业就能掌控互联网"游戏规则"，就能在产业链中拥有话语权，也就拥有了竞争的法宝。目前，华为、苹果、百度、谷歌、阿里巴巴、亚马逊、腾讯、字节跳动、脸书等全球领先的企业，都将打造开放平台作为平台化的实施战略。开放平台正成为互联网发展的必然法则。

平台化的结果就是人类社会的数字化信息技术资源集中于若干超级平台。如华为移动服务（HMS）云平台和谷歌移动服务（GMS）云平台能聚集海量移动应用和智能终端用户；脸书、微信、抖音等社交网络平台能聚集用户、关系和内容；谷歌和百度等搜索引擎平台能连接广告商、企业和用户；阿里云、亚马逊云能搭建支撑当代经济的基础设施。

但它们开放的程度各不相同。如在智能手机操作系统平台领域，华为鸿蒙系统、谷歌安卓系统和苹果 iOS 系统就采取了不同的开放策略。华为鸿蒙系统是全新的基于微内核的面向全场景的分布式操作系统，一开始便采取了完全开放的战略，能为开发者提供可以实现"一次开发、多端部署"的高效开发工具，可部署在智能手表、智慧屏、车载设备、智能音箱和智能手机等各类智能终端上，能形成一个跨终端的融合共享生态：其采用"分布式 OS 架构"和"分布式软总线技术"，具有公共通信平台、分布式数据管理、分布式能力调度和虚拟外设四大能力。谷歌安卓系统面向终端制造商、软件开发商、手机用户和广告商开放，但苹果 iOS 系统并未向终端制造商开放；谷歌安卓系统采取高度开放策略，为应用开发者开放源代码，苹果 iOS 系统对提交的软件进行严格的审核。

2. 平台化开发逐步成为媒介组织、政府组织和企业组织部署信息系统、实现云传播的重要方式

平台化开发是各类组织借助第三方平台服务，共享第三方信息技术资源的一种新型信息系统建设模式。平台服务能屏蔽底层的硬件基础架构，能为用户提供覆盖软件全生命周期中需求分析、设计、开发、测试、部署、运行及维护各阶段所需的工具，能降低用户进行应用程序开发的技术难度及开发成本。

例如，各类媒介组织、政府组织和企业组织通过入驻第三方提供的公众账户平台，搭建面向社会公众的服务平台和传播平台的方式，就是典型的平台化开发方式。在未来，组织内部信息系统的建设也将逐步朝着平台化开发的方向发展。对媒介组织而言，无须构建自己的信息基础设施，只需借助云服务平台，就可共享全球的信息技术资源，能快速开发其媒介产品。对企业组织而言，可运用第三方平台服务，在云端部署人力资源管理系统、客户关系管理系统、办公自动化系统和企业资源计划系统等企业管理信息系统，无须下载安装或独立开发建设。这种企业管理信息系统的建设模式具有成本低、灵活性高和可扩展性强等特点。对政府组织而言，可依托基础设施服务等第三方云服务平台或政府专有的"云计算中心"搭建云中的电子政务系统，无须每个政府职能部门都独立建设数据中心。

3. 平台社会逐步成为信息社会存在的新形态

所谓平台社会就是人们在互联网平台上开展社会实践活动、共享社会资源的一种新型社会形态。其中，各类互联网平台是平台社会的技术环境。平台社会的具体内涵包括 6 个方面：（1）人类的信息查询和获取行为主要借助于各类搜索引擎、信息分类和信息聚合服务平台；（2）人类的社会交往活动主要通过社交网络平台来实现；（3）人类的学习和生产实践越来越多地借助"慕课"等在线学习平台和"威客"等知识技能分享平台；（4）人类的交易行为活动主要通过购物平台和支付平台来完成；（5）人类的休闲娱乐场所变成在线的视频和游戏平台；（6）人类需要的部分物资只需通过在线共享平台按需付费即可使用，无须购买拥有。如阅后即焚社交网络平台"Snapchat"，图片社交网络平台"Instagram"和"Pinterest"成为全球的热门应用，虚拟现实游戏《第二人生》（Second Life）的全球流行和社交游戏《王者荣耀》的全国风靡，以及"无现金城市"的快速发展，"滴滴打车"和"共享单车"的全面普及都预示着平台社会的到来。网民在"WhatsApp"或"微信"上热聊，在"淘宝"上"秒杀"商品，在"今日头条"上刷新闻，在"豆瓣"热论最新电影，这些都充分说明平台化生活已经成为人们生活娱乐的新方式。

但平台化发展的结果可能会形成若干个超大的平台，这是否有利于媒介生态系统的健康发展还有待进一步观察。如根据玛丽·米克《2017 年互联网趋势报告》所述，腾讯、阿里巴巴、百度和今日头条占据了中国移动互联网77%的使用时长，电商、游戏单位时长变现效率最高；谷歌和脸书两家公司占据了美国市场85%的互联网广告增长份额。

【课后习题】

1. 2020 年，面对突如其来的新冠肺炎疫情，"云"成为"无接触经济""无接触物流""无接触政务"的数字基础设施，成为疫情中万事万物的"连接器"。各类云传播平台为人们提供了各式各样的在线服务，保障了疫情中全社会的非常态运行。请结合自己的实际经验，谈谈云传播对人类社会的革命性影响。

2. 当前，《人民日报》已推出"中央厨房"和"人民号"，新华社已推出"现场云"和"媒体大脑"，中央广播电视总台已推出"专有云平台"和"全国县级融媒体智慧平台"。另外，各省也已推出融媒体云服务平台，如 "芒果云""长江云""七彩云""津云"等。请以此为背景谈谈云传播时代传统媒体与云服务有哪些融合方式。

3. 过去人们只能通过去现场或实地，才能获取和享用公共服务资源、医疗资源、教育资源、制造资源和旅游资源等，但现在"云政务""云医院""云课堂""云制造""云旅游"等能让这些社会物质资源云端化，能让人们远程访问或获取这些资源。请结合具体的案例，谈谈云端化的内涵和重要意义。

4. 请简要分析云端化、平台化和智慧化之间的关系。

第5章 智能新媒体的内容生产：大数据可视化

学习要点

- 什么是大数据
- 大数据分析的关键技术
- 什么是大数据可视化
- 如何实现大数据可视化
- 如何建设大数据可视化平台

关键术语

- 大数据
- 大数据可视化
- 数据接入
- 数据映射
- 视图绘制
- 视图展示

信息技术的快速发展，引发了数据规模的爆炸式增长，大数据已经普遍存在。能源、制造、交通运输、服务、科教文化、医疗卫生等领域都积累了ＴＢ级、ＰＢ级乃至ＥＢ级的大数据。特别是，云传播和人工智能时代可以释放人类生产和传播数据的巨大潜能。一是在云传播模式下，任何人在任何地点、任何时间都可以生产和传播各类数据，数据生产和传播的空间属性和时间属性被极大地扩展；二是人们借助多种简易设备就可以生产和传播大量数据，数据生产和传播的工具属性被极大地扩展；三是人们的思想观点、日常消费、社会交往、心理情绪，甚至恋爱情感等各种社会行为和心理活动将能实现数字化记录和存储，数据生产和传播的深度被极大地扩展。

但海量数据的传播无疑会将人们带入数据的汪洋大海，使得人们不知所措，大数据远远超出人们传收数据和处理数据的能力范围。也即，大数据资源本身难以直接到达用户端，需将其转化为轻量、直观的内容，才能到达用户端。一方面，大数据是具有大规模、分布式、多样性和时效性的数据，这些特点决定了我们必须采用新的技术架构和分析方法才能有效地挖掘这些新资源的商业价值。另一方面，大数据资源一般都存储在云端，难以被用户直接地认知和解读，由此大数据资源及其价值难以传递。故而，大数据资源的传递需要以直观的媒介作为中介，在用户和大数据资源之间搭建一座桥梁，将大数据资源转化成可供用户直观认知的内容产品。

在这种情况下，智能新媒体的存在价值不再是为用户提供尽可能多的数据，而是运用可视化的方法为人类生产智慧。本章主要讲述大数据的基础知识，以及如何实现大数据可视化。

5.1 大数据概述

在云传播和人工智能时代，整个社会信息资源的积累已经实现从量变到质变的过程，人类已经从小数据时代进入大数据时代。大数据资源成为人类信息传播的基本内容。本节拟介绍大数据的基本概念、关键技术和主要挑战。

5.1.1 什么是大数据

1. 大数据的定义

所谓大数据是指那些大小已经超出传统意义上的尺度，已有的一般软件难以捕捉、存储、管理和分析的数据集合。具体多大的数据才能称为"大"，没有普遍使用的定义。一般认为，大数据的数量级应该是 TB 级。

一般意义上，大数据是指无法在一定时间内用传统 IT 技术和软硬件工具对其进行感知、获取、管理、处理和服务的数据集合。但不同的研究机构和学者对大数据的定义不尽相同。

大数据是指需要新处理模式才能具有更强的决策力、洞察力和流程优化能力的海量、高增长率和多样化的信息资产。麦肯锡认为大数据是指无法在一定时间内用传统数据库软件工具对其内容进行采集、存储、管理和分析的数据集合。另外一种观点认为，大数据是人们在大规模数据的基础上可以做到的事情，而这些事情在小规模数据的基础上无法完成。大数据是人们获得新的认知、创造新的价值的源泉；大数据还是改变市场、组织结构，以及政府与公民关系的方法。大数据的更多意义在于：人类可以使用的数据在大量增加，通过对这些数据的分析，人类可以发现新的知识，创造新的价值，带来"大知识""大科技""大发展"。也即，大数据的关键是如何发现其巨大的价值，大数据的核心是预测未来。

归纳起来，大数据的概念可以从广义和狭义两个方面进行诠释。广义的大数据概念，除大数据技术及其应用，还包括大数据工程和大数据科学。其中大数据工程是指大数据的规划、建设、运营、管理的系统工程，大数据科学主要关注大数据网络的发展和运营过程中发现和验证大数据的规律及其与自然和社会活动之间的关系。狭义的大数据概念，主要是指大数据技术及其应用，是指从各种各样类型的数据中，快速获得有价值信息的能力：一方面，强调从海量数据、多样数据里提取微价值，即具有价值特征；另一方面，强调数据获取、数据传递、数据处理、数据利用等层面的高速高效，即具有快速处理特征。

2. 大数据的来源

大数据的来源主要包括人、机和物。具体如下：人们在互联网中活动以及在使用移动互联网过程中所产生的各类数据，包括文字、图片、视频等数据；各类计算机信息系统产生的数据，以文件、数据库、多媒体等形式存在，也包括审计、日志等自动生成的数据；各类数字设备所采集的数据，如摄像头产生的数字信号、医疗物联网中产生的人的各项特征值、天文望远镜所产生的大量数据等。

3. 大数据的性质和特征

一个科学可靠的大数据集合至少应满足以下 5 个性质：（1）一致性，大数据集合中不包含语义错误或相互矛盾的数据；（2）精确性，大数据集合中每个数据都能准确表述现实世界中的实体；（3）完整性，大数据集合中包含足够的数据来回答各种查询和支持各种计算；（4）时效性，大数据集合中每个数据都与时俱进，不陈旧过时；（5）实体同一性，同一实体在各种数据源中的描述统一。

大数据的特点可以总结为 4 个 "V"。体量浩大（Volume）：数据集合的规模不断扩大。模态繁多（Variety）：数据类型繁多，包括结构化数据、半结构化数据和非结构化数据。生成快速（Velocity）：大数据往往以数据流的形式动态、快速地产生，具有很强的时效性。价值巨大但密度很低（Value）：虽然数据的价值巨大，但是受传统思维与技术的影响，人们在实际环境中往往面临信息泛滥却知识匮乏的窘态，大数据的价值利用密度低。

5.1.2 大数据分析的关键技术

大数据分析的关键技术主要包括两个方面：非关系数据管理技术和基于云计算的大数据处理技术。

1. 非关系数据管理技术

关系数据库管理技术（Relational Database Management System，RDBMS）经过将近 40 年的发展，已成为一门成熟的、同时仍在不断演进的主流数据管理和分析技术。但是，关系数据管理技术在大数据时代丧失了互联网搜索的机会，其主要原因是关系数据管理系统的扩展遇到了前所未有的障碍，不能胜任大数据分析的要求。在这种情况下，非关系数据管理技术应运而生，代表性的技术主要包括 "映射归约"（Map Reduce）技术、"海杜普"（Hadoop）技术、华为 "SmartVision" 技术和非关系数据库（NoSQL）技术。

（1）"映射归约"技术

"映射归约"的名称由映射（Map）和归约（Reduce）组合而来。映射归约技术是 2004 年谷歌公司提出的用来进行并行处理和生成大数据的模型，是一种线性的、可伸缩的编程模型，其可扩展性得益于各节点间的松耦合性和较强的软件级容错能力。映射归约被设计在处理时间内解释数据，所以对非结构化、半结构化的数据处理非常有效。针对映射归约并行编程模型的易用性，产生了多种大数据处理高级查询语言，如脸书的"Hive"、雅虎的"Pig"、谷歌的"Sawzall"等。

映射归约技术是一种简洁的并行计算模型，能极大地方便编程人员在不会分布式并行编程的情况下，将自己的程序运行在分布式系统上，是非关系数据管理和分析技术的典型代表。映射归约在系统层面能解决扩展性、容错性问题，通过接收用户编写的"Map"函数和"Reduce"函数，能自动地在可伸缩的大规模集群上并行执行，从而可以处理和分析大规模的数据。如在谷歌公司内部，通过大规模集群和映射归约软件，每天有超过 20PB 的数据得到处理，每个月处理的数据量超过 400PB。在数据分析的基础上，谷歌公司能提供围绕互联网搜索的一系列服务（包括地图服务、定向广告服务等）。

（2）海杜普技术

海杜普是一个由"Apache"基金会开发的分布式系统基础架构，能让用户在不了解分布式底层细节的情况下，开发分布式程序。具体来说，海杜普是开放源码并行运算编程工具，是映射归约技术的开源实现。凭借其开源和易用的特性，海杜普成为大数据处理应用程序的首选。海杜普也能实现一个高容错性、高吞吐量的分布式文件系统（Hadoop Distributed File System，HDFS）。

海杜普技术的核心功能是提供一个稳定的共享存储和分析系统：存储系统由分布式文件系统实现；分析系统由映射归约技术实现。海杜普架构支持在公有云端存储 EB 级数据的应用。许多互联网公司，包括脸书、谷歌、易贝和雅虎等，都已开发了基于海杜普的 EB 级超大规模数据的应用。

对比各种基于海杜普的大数据分析系统，虽然它们的功能和接口不尽相同，但是总体的架构模式是统一的，主要包括数据采集、分布式存储、并行计算框架、并行分析算法和分析结果展示。

① 数据采集负责将数据从业务系统采集到海杜普分析系统。数据采集本身并不包含在海杜普平台中，但是在整个分析系统中起着重要的作用，是业务系统和分析系统的桥梁，它使业务系统和分析系统实现了解耦。

② 分布式存储是大数据分析平台的存储支撑，基于海杜普平台的大数据分析系统基本采用分布式文件系统作为存储子系统，也可以采用其他的云存储系统。

③ 并行计算框架是大数据分析系统的核心功能，可以很大程度地提高分析效率，使用多台服务器同时进行数据分析。

④ 并行分析算法对传统的分析算法需要基于海杜普的并行计算框架实现并行化，才可以在海杜普分析系统中运行。

⑤ 分析结果展示主要是指分析结果提供给业务系统的表现形式，一般分为统计结果、数据分析结果两类。

（3）华为 SmartVision 技术

在国内，大数据技术的发展呈现良好势头。华为提供了基于 x86 服务器的 SmartVision 大数据处理解决方案，催生了数据基础架构的革新。SmartVision 引入了流处理机制，提供统一的存储处理平台，提供基于虚拟机的弹性服务方案，是一个系统性的工程，在存储、计算、网络等硬件方面拥有完整的、多层次的产品线。在"2012 华为云计算大会"上，华为推出了"OceanStor MVX"大数据存储解决方案，能实现存储、分析、备份多位一体，面向大数据存储的集群存储系统。

（4）非关系型数据库技术

非关系数据库技术是区别于传统关系数据库的数据库管理系统的统称。其实非关系数据库这个词最早于 1998 年出现，那时候并非现在的含义，它的发明人卡洛·斯特罗齐（Carlo Strozzi）当时开发了一个轻量级、开源且不提供 SQL 功能的关系数据库。但人们需要的并非是"No SQL"，而是"No Relational"，也就是非关系数据库。非关系数据库是对传统关系数据库的扩展，强调的是与"关系型"相对应的"非关系型"特性。非关系数据库通常是半结构化的数据库。目前数量众多的非关系数据库大致可分为 4 种类型：键值对存储数据库、基于列的数据库、文档库和图形数据库。这 4 类非关系数据库支持数据结构的复杂性依次增加，支持大数据的能力依次递减，但都能依靠最普通的市售服务器解决扩展性问题。

2. 基于云计算的大数据处理技术

据统计，云计算与大数据的深度融合位列 2013 年大数据发展趋势的第 3 名，大数据能为云计算大规模和分布式的计算能力提供广阔的应用空间，云计算正在进入以"智能分析即服务（Analysis as a Service，AaaS）"为主要标志的云计算 2.0 时代。采用大数据处理技术，生物制药、新材料研制生产的流程会发生革命性的变化，可以通过数据处理能力极高的计算机并行处理，同时进行大批量的仿真比较和筛选，大大提高科研和生产效率，甚至使整个行业迈入数字化与信息化的新阶段。数据已成为与矿物和化学元素一样的原始材料，未来可能形成数据服务、数据探矿、数据化学、数据材料、数据制药等一系列战略性的新兴产业。总之，在云端完成大数据的存储、处理和挖掘是最为可行的解决方案。

① 云计算基础设施可以作为有效平台来满足大数据分析应用的计算和数据存储需求。

大数据分析使用计算密集型的数据挖掘程序，这种程序要求有效的、高精确的数据处理机，以便产生的结果及时、有价值。从基于云的大数据的处理和获取价值而言，需要新的软件工具和创新的分析技术。

② 开发人员和研究人员可以采用软件服务、平台服务和基础设施服务的架构模型来实现在云中的大数据分析解决方案。

软件服务能为终端用户提供完整的大数据分析的应用模型；平台服务能提供数据分析的编程体系和应用环境；基础设施服务能提供一套虚拟化的软硬件资源来运行数据分析资源框架或应用程序。

除此之外，大数据分析处理中还有 5 个问题值得高度重视，这些问题也应该是未来大数据研究和技术研发的重点。

（1）大数据的去冗降噪技术

大数据的冗余通常来自两个方面：一方面，大数据的多源性导致了不同源头的数据中存在相同的数据，从而造成数据的绝对冗余；另一方面，就具体的应用需求而言，大数据可能会提供超量特别是超精度的数据，这又形成数据的相对冗余。因此，降低噪声、消除冗余是提高数据质量、降低数据存储成本的基础。

（2）大数据的新型表示方法

目前表示数据的方法，不一定能直观地展现出大数据本身的意义。要想有效利用数据并挖掘其中的信息或知识，必须找到最合适的数据表示方法。研究既有效又简易的数据表示方法是处理大数据必须解决的技术难题之一。

（3）高效率低成本的大数据存储

大数据的存储方式不仅影响其后的数据分析处理效率，也影响数据存储的成本。因此，需要研究高效率低成本的数据存储方式。

（4）大数据的有效融合

不整合数据就发挥不出大数据的大价值。大数据的泛滥与数据格式太多有关。大数据面临的一个重要问题是个人、企业和政府机构的各种数据和信息能否方便地融合。大数据已成为联系人类社会、物理世界和网络空间的纽带，需要通过统一的数据格式构建融合人、机、物三元世界的统一信息系统。

（5）适合不同行业的大数据挖掘分析工具和开发环境

当前跨领域跨行业的数据共享仍存在大量壁垒，海量数据的收集，特别是关联领域的同时收集还存在很大挑战。只有跨领域的数据分析才更有可能形成真正的知识和智能，产生更大的价值。对这些问题的解决都必须依赖于云计算技术。

5.1.3 大数据带来的主要挑战

大数据蕴含着巨大的价值，对社会、经济、科学研究等各个方面都具有重要的战略意义，能为人们更深入地感知、认识和控制物理世界提供前所未有的丰富信息。

数据密集型的决策正在被全世界越来越多的企业、政府和其他机构采纳。

大多数的组织遇到的是数量庞大并且种类繁多的数据，这个现象让它们考虑去准备迎接大数据。与此同时，这些组织设计不同的方法应对大数据带来的挑战，大数据对信息质量和治理方案的影响是不容低估的。目前，研究者和企业家们都遵循一个新兴的信念，那就是收集并挖掘大量的数据将会为洞察人类关系和决策的制订提供真实的陈述。但是，随着企业家们使用数据库和数据挖掘技术有目的地组织社交世界，大数据的分析结果是否中立、是否可靠就值得反思了。也即，大数据的本质是一种公共资源，大数据的治理需要解决好自然正义、分配正义、报应正义、程序公正和互动公平等问题。

总之，收集、保存、维护、管理、分析和共享正在呈指数级增长的数据是人类必须共同面临的挑战。具体来说，主要包括 3 个方面的挑战。

1. 大数据中劣质数据带来的挑战

随着数据的爆炸式增长，劣质数据也随之而来。劣质数据导致数据质量低劣，能极大地降低数据的可用性。然而，在大数据时代，企业要想保证大数据的高质量却并非易事，很小的、容易被忽视的数据质量问题在大数据环境下会被不断放大，甚至引发不可恢复的数据质量灾难。在数据获取阶段，如何保证数据定义的一致性、元数据定义的统一性是数据质量管理的挑战之一；在数据存储阶段，如何完整、有效地处理非结构化数据是数据质量管理的挑战之二。另外，大数据涉及的使用人员众多，很多时候他们是同步地、不断地对数据进行提取、分析、更新和使用。任何一个环节出现问题，可能将严重影响企业系统中的大数据质量，影响最终决策的准确性。

2. 大数据对信息安全的挑战

大数据对信息安全的挑战主要包括两个方面。（1）如何防止数据被窃取或篡改：大数据所包含的海量数据，通常采用云端存储，数据管理比较分散，对用户进行数据处理的场所无法控制，很难区分合法与非法用户，容易导致非法用户入侵，窃取或篡改重要数据信息；如何保证大数据的安全以及分析结果的可靠是信息安全领域需要解决的新课题。（2）如何防止个人信息泄露：大数据中包含了大量的个人隐私，以及各种行为的细节记录；如何做到既深入挖掘其中给人类带来利益的智慧部分，又充分保护个人隐私不被滥用，在大数据的利用中找到个人信息开放和保护之间的平衡点，是大数据提出的又一巨大挑战。

3. 大数据的复杂性、不确定性和涌现性所带来的挑战

（1）网络大数据的复杂性造成大数据存储、分析、挖掘等多个环节的困难。大数据的复杂性主要包括数据类型的复杂性、数据结构的复杂性和数据内在模式的复杂性。

（2）大数据的不确定性使得数据难以被建模和学习，从而难以有效利用其价值。大数据的不确定性包括原始数据本身的不确定性、模型的不确定性和学习的不确定性，其中原始数据本身的不确定性以及数据采集处理粒度、应用需求与数据集成和展示等因素使得数据在不同维度、不同尺度上都有不同程度的

不确定性。

（3）大数据的涌现性是大数据有别于其他数据的关键特性，涌现性在度量、研判与预测上的困难使得数据难以被驾驭。大数据的涌现性主要表现为模式的涌现性、行为的涌现性和智慧的涌现性。

4. 大数据的局限性

（1）大数据并不能够解决所有的问题，尤其是大数据用于用户分析的时候：大数据的基础是记录用户在线上的点击和操作。这些数据确实是在反映用户的操作和使用行为，但所思并不等于所想，用户的行为并不完全能够反映用户的意图；而当数据量足够大的时候，如果过分依赖数据的结果，或者把数据的结果理解成用户的"思想"，就很容易做出错误的判断，甚至曲解用户的意图。如苹果公司在发布新品之前做过一个测试，让大家给白色和黑色的手机投票，白色的票数高出黑色很多；然后苹果公司让这些人从这两种颜色的手机中，选择一种带走，却发现多数人选择了黑色。又如手机腾讯网每天的新闻排行中点击量最高的多数是明星八卦类的内容，但从用户调研问卷和访谈的结果中发现，明星八卦在用户需要和喜欢的内容中排名很靠下；但有的用户，在填写调研问卷时刚选择了"不喜欢看太八卦的内容"，几分钟之后就在测试页面上打开了"某某明星离婚纠纷"的文章。

（2）大数据并不能总是客观地反映问题：数据在采集、筛选、提取和分析的所有过程中，大多加入了人的主观意识，因此任何数据都不是完全客观的。

（3）大数据的另一个局限性在于它很难表现和描述用户的感情：大数据在处理人类情感、社会关系、前后关联等问题的时候，表现通常不尽如人意；大数据只能告诉我们用户正在做什么，而不能告诉我们他们在做什么的时候是怎么想的，背景是怎样的，或者有着什么样的情绪。

5. 如何防止陷入大数据分析的陷阱

（1）警惕数据的错误采集方式。采集数据是任何数据分析过程中的第一个环节，如果这个环节出了问题，那么后续的操作就没有可靠性了。如对 2013 年雅安地震的相关数据进行分析，可以发现那个时期里微博、微信、人人网等社交媒体的数据量激增。这些网站在短时间内积累了海量的数据，但这些数据很难反映全部的问题。雅安地震的数据大部分集中在成都等大型城市，而那些相对偏僻的地区能采集的数据较少。由于电力、通信系统瘫痪，因此真正受灾最严重的地区几乎采集不到相关的数据。

（2）注意大数据的冗余性和虚假性。据脸书 2019 年 5 月 23 日发布的《第三期半年度的社区准则执行报告》显示，2018 年 10 月到 2019 年 3 月期间脸书共对 33.9 亿个虚假账户采取行动，较 2018 年 4 月到 9 月期间的数据翻倍。其中，2019 年第一季度有 21.9 亿个虚假账户被移除，是 2018 年同期的 3 倍，也较去年第四季度的 12 亿翻倍，这一数字逼近其 23.8 亿的月活用户数量。由此可见，大数据中所包含冗余数据和虚假数据的规模大得惊人。

（3）注意大数据积累的延迟性和过程性。大数据需要一个成长的空间和时间，大数据只能反映已经发生过的操作行为，较难反映正在发生的事情。

（4）容易忽视联系和情感。大数据自身的特点决定了它善于表达事物变化的过程，却很难表达出这些过程背后的背景和意义，更难以描绘用户在这些过程中的情感和联系。

总之，为了有效应对大数据带来的挑战，大数据的挖掘与利用应当有法可依，既要鼓励面向群体、服务社会的数据挖掘，又要防止侵犯个体隐私；既要提倡数据共享，又要防止数据被滥用；需要界定数据挖掘、利用的权限和范围。大数据系统本身的安全性也是值得特别关注的，要注意技术安全性和管理制度安全性并重，防止数据被损坏、篡改、泄露或被窃，保护公民和国家的信息安全。

5.2　大数据可视化

目前，随着信息技术的发展，可视化技术已逐步被应用到社会生活等广泛领域中。可视化基于其视觉传递的优势，正逐步成为大数据资源呈现和传递的主要形式。可视化应用具有轻量直观的特点，能让用户迅速获取内容。同时，交互式的大数据可视化应用还能让用户从 PB 级的非结构化、半结构化的大数据中获得洞见，帮助用户探索、挖掘数据中的隐性价值。本节拟重点讲述大数据可视化的基本原理和实现方法。

5.2.1　什么是大数据可视化

大数据可视化是指借助信息技术等辅助工具，以交互视觉形式来呈现、表达和传递内容的发展趋势。这种趋势在认知和实践层面均有体现。

在认知层面上，大数据可视化主要指数据探索及发现有价值信息的手段。一般而言，人们较难确切知道自身真正要寻找什么，也很难从海量数据中直接发现什么。通过数据探索和可视化，人们更容易发现有意义的秘密或者启示，能为其制订更加满意的决策提供重要支撑。因此，大数据可视化在内容传达方面存在较大的优势。大数据可视化符合人的感知需求，是对人的感知能力局限的补偿，能准确、真实地传达数据及其意义。具体而言，大数据可视化在认知层面的价值主要有：使人们能够迅速对海量数据有初步了解；能够帮助人们对问题的本质获取更多知识和更深入的理解；能够帮助人们创建一个描述状况的共享视图，并对需要采取的决策方案达成共识。如脸书中的社交图谱（Social Graph）应用就能为用户提供可视化手段，让其可以清楚看到谁跟谁互相之间有关联。

在实践层面上，大数据可视化逐渐被广泛运用到各个领域，如新闻、医疗、商业、交通等，成为智能新媒体内容生产的关键。例如，央视《新闻联播》在 2014 年春节期间播出的《据说春运》，首次采用基于百度地图的大数据可视化工具，播报国内春节人口迁徙情况。深圳市公安局交通警察局与广东威创视讯科技股份有限公司于 2000 年建成了智能交通指挥中心，并于 2017 年进入了第 4 代建设期，其部署了超高分可视化指挥平台，形成了智能化、可视化的全市交通动态管理神经中枢。

大数据可视化对传播内容的表征系统、传播内容的呈现形式传播效果、传媒产品制作将产生革命性影响，主要体现在以下 3 大方面。

1. 大数据可视化将对传播内容的表征系统产生革命性影响

技术的进步使传播内容的表征形式更丰富，可视化应用能整合多重表征形式，使意义与表征形式进一步融合，使形式与内容趋于一体化。可视化应用是人类中枢神经的延伸，能调动全部感官能力，将彻底影响我们的感知能力和认知效果，其多重感官特征更有利于我们引发知觉能力、联想能力等各种能力的联动，帮助我们快速理解世界，甚至发现盲点。同时，可视化应用基于多媒体整合特征和强交互特征，能弥补人类感知能力的有限性，以及以前的印刷品、广播电视等媒介形态的单一性，是更人性化的媒介形态。可视化应用能提供更为优良的视图产品，优良的视图产品不仅能帮助人类快速理解其内容，还能呈现新发现新规律等新的价值，这是因为可视化应用能帮助人们从整体把握信息，通过不同视角呈现现实世界的混杂性。大数据可视化应用作为一种新的媒介呈现和数据表达方式，在发现离群值与盲点，展示趋势，建立模式等方面具有良好性能，更人性化、智能化，能够实现人与媒介全面的智慧互动。可视化应用能集成文字、图像、声音、动画等多重符号媒介，能提供全面的感知系统。大数据可视化正如人类神经中枢的延伸，能为读者带来视觉、听觉、触觉等多重感觉能力的复苏与合一。

基于传统媒介的定义，媒介"可以是任何一种用来传播人类意识的载体或一组安排有序的载体"。可视化应用作为一种媒介，只是用于传递信息、知识的载体或工具。但媒介对于人类感知与思维方式的影响也逐渐被认同。可视化应用不仅起到载体或工具的作用，更是信息、内容本身，可视化应用本身就是内容，也将提供新的尺度——可视化应用将重构我们的社会生活、社会结构、感知能力、思维方式。内容与形式二元分割是有局限的，可视化应用难以做出这种分割，我们需要从整体感知可视化应用，这是可视化应用价值实现的方式。内容与形式二者本身是不可分的，内容需要以一定形式来表达，而内容或意义来源于形式，即形式本身便构成内容或意义。这种关系在可视化应用中表现得非常密切，可视化应用设计要求内容与形式的完美结合，将可视化表征形式不断接近于意义，实现可视化应用的最终价值，即智慧传播。可视化应用表达形式的微小差别，将使可视化应用所要表达的内容大相径庭。故而，可视化应用是媒介形式与内容的一体化，是内容服务化、智慧可视化的结果。

可视化应用还能塑造新的"拟态环境"。拟态环境强调一种区别于客观世界和主观世界的、媒介所建造的环境，是人类感知客观世界的桥梁。可视化应用作为一套意义表征的媒介系统，能塑造新的拟态环境，即以视觉元素为主体的、仿真的环境。如空间数据可视化能提供具体的地图环境，仿真类可视化可提供模拟仿真、超真实的媒介环境，用户感知意义的环境多样丰富、真实可感。在新闻报道领域，仿真、超真实的沉浸式报道，可以让观众化身为新闻事件的"现场目击者"，而不仅仅是新闻事件的"观望者"，可加深观众的观看感受。这正是由于新型可视化媒介产品塑造的直观真实的拟态环境，其能基于感性诉求和恐惧诉求等用户心理，发挥该媒介手段的独特价值。这种新的媒介环境，能构成人们感知信息和世界的新元素，将拓展人们感知的方式以及感知的广度，加深感知的深度。

2. 大数据可视化将对传播内容的呈现形式和传播效果产生革命性影响

可视化应用主要采用以视觉语言为主体的表达方式，能优化传播效果。基于生物学和心理学的研究成果发现，人类从外界获得的信息约有 80%以上来自视觉系统，人类对视觉元素的感知更强烈，更有助于唤起记忆，实现启动效应，视图传播效果优于文字符号。冷媒介需要用户有更高的参与程度，如手稿、以文字为主的印刷品等，主要采用文字符号来表达内容，需要用户深度参与，并且用户容易受到外在噪声环境的干扰，减弱传播效果。因此，诉诸视觉形式，用色彩、面积等视觉元素，直观通俗，可突出核心内容，更有利于用户获取和把握信息。可视化应用是对视觉元素的有效组织的视觉媒介，能利用动态的线条、颜色的对比等视觉手段，提供灵活多样、生动活泼的视觉表达形式，能提高用户体验和加强传播效果。

可视化应用能直接体现内容的逻辑、结构、层次等基础内涵，能帮助用户建构完整、全面、有序的认知。人们通过对信息、客观世界建立秩序来把握客观事物的规律，当信息、知识等处在未加工的无序状态时，人们是难以把握和理解它们的。信息是事物运动状态及其变化的存在方式，信息表达可以描述万事万物的运行规律，即秩序。它能体现事物的规律性和稳定性，也是人们把握世界的必要前提。信息表达主要通过内容的逻辑、结构、层次等基础内涵来呈现事物规律和特征，即信息表达的逻辑、结构、层次是秩序的呈现方式。可视化应用要求把数据的逻辑、结构、层次等基本内涵作为大数据可视化应用的内容，在可视化应用设计中要呈现这些基本内涵，能降低信息、知识的混乱无序状态，故有视觉层次、逻辑的视图产品将更容易被读懂，能把用户引向关注焦点，呈现事物本质特征。如时间序列的视图能展现事物发展的线性规律，分层视图能展现上下层间逻辑关系，社会网络视图能展现关系结构与个体位置等。这些不同类型的可视化应用产品，正是基于其信息表达能直接体现所要表达内容的逻辑、结构、层次等基本内涵，故能有助于加强信息传播效果。

可视化应用还能提高媒介产品的交互性，从而加强传播效果。互动交流——无论是人与人的互动，还是人机互动，都将有助于加强传播效果。可视化应用的强交互机制，能为用户提供强交互功能，能实现良好的人机互动对话，使机器能感知用户的需求和操作，提供人性化的服务界面和内容。用户可完成修改意图、反馈信息、触控操作等多种交互行为，良好的交互机制可强化人对信息的感知。如 HTML5 页面所提供的触控交互功能，能让用户通过触摸、手势行为自由浏览信息；可视化应用支持的语义分析功能，能让可视化应用更有效地识别用户需求；可视化应用支持多屏互动功能，能让用户行为在多终端之间切换等。随着交互技术和终端的发展，可视化应用的交互性能正逐步加强，其传播效果也将逐渐加强。

3. 大数据可视化将对传媒产品制作产生革命性影响

大数据可视化除了有以上影响，对传媒产品制作将提出更高要求，要求其整合统计学、软件绘图、设计美学等相关知识，也要求加强不同行业之间的协作。在歌颂大数据可视化价值的同时，也需要注意部分误区。大数据可视化不代表去思考，也不代表放弃深度思考，可视化应用依然要求用户通过深入思考视图所呈现的信息，从而挖掘盲点、规律和价值。因此，大数据可视化设计与可视化应用价值息息相关。大数据可视化设计是否合理，是否采用了合适的视图设计（包括可视化类型、颜色、标尺、坐标系等组件是否合理应用），对数据解读、内容表达有重要影响。错误的可视化应用也将导致错误的理解和决策。另外，一定要结合背景信息去思考统计数据，背景信息是否完备也是可视化应用要注意的问题。当然，由于在传播过程中，存在选择性注意、选择性理解、选择性记忆等问题，因此依然会导致理解偏差。这需要在获取和利用可视化应用的过程中，保持审视和思考。

5.2.2　如何实现大数据可视化

如何实现大数据可视化，是智能新媒体内容制作和输出的关键环节之一。具体来讲，大数据可视化的实现过程主要包括数据接入、数据映射、视图绘制、视图产品设计等环节。目前，众多的可视化工具为大数据可视化提供工具支持，能降低可视化制作负担，解决可视化应用的生产技术问题，如"Tableau""Gephi""ECharts"等。但是，可视化工具及可视化类型多样，可视化实现过程需要依据数据特征和可视化目标，帮助用户选择合适的可视化形式和可视化工具，从而实现可视化应用的合理呈现。大数据可视化实现过程如图 5-2-1 所示，主要包括数据接入、数据映射、视图绘制、视图产品设计 4 个环节。

1. 数据接入环节

该环节借助业务模块接口，在海量、清晰的数据中集中抽取所需的数据集，将大数据分析结果过滤、整合，形成大数据可视化备用的大数据成果，为数据映射做大数据储备。在数据接入环节，一方面可以由用户通过用户界面将大数据导入可视化系统，另一方面可以由云传播系统自动过滤、自动接入可视化系统。前者是以用户界面为人机交互接口，后者则是大数据挖掘系统与可视化系统之间的关联与耦合。大数据可视化过程在数据接入环节需要尽量降低用户门槛，提供简捷方便的入口和多样性的服务，减少用户的操作。例如，腾讯云旗下的大数据实时可视化交互系统"RayData"提供端到端的产品解决方案，用户只需提供数据源，RayData 即可提供从软件到大屏，以及包括后端渲染服务器在内的端到端产品方案，无须进行其他二次开发。其采用灵活开放的程序架构，允许对整体数据呈现进行拆分，能实现单项业务独立管理。阿里云"DataV"数据可视化系统支持多种数据源，如阿里云分析型数据库、关系数据库等，支持动态请求。

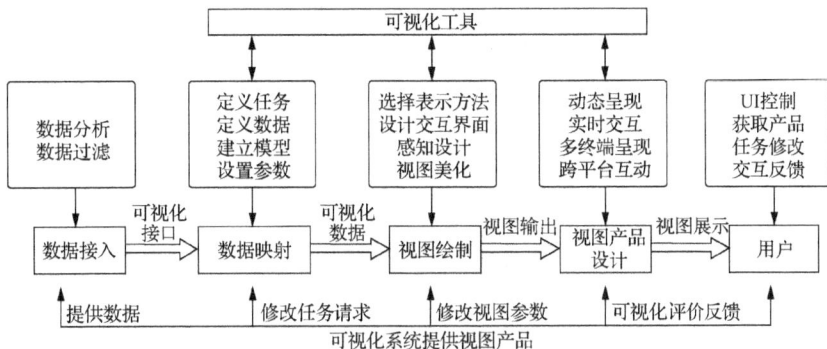

图 5-2-1　大数据可视化实现过程

2. 数据映射环节

数据映射（Data Mapping）是指给定两个数据模型，在模型之间建立起数据的对应关系的过程。数据映射通过定义数据、定义任务、建立模型、设置参数，为视图绘图做准备。在大数据可视化过程中，数据映射指将数据值、数据结构等数据属性，转变为相应的视觉形式符号，并使数据值等属性与视图符号形成一一对应的关系，从而建立可视化的表征形式来表达数据本身及含义。大数据可视化要体现数据空间特征。当有多个数据和多维属性时，就形成了由 n 维属性和 m 个数据组成的数据集所构成的多维信息空间，即数据空间。该过程涉及数据抽取和转换等问题，如何抽取、如何转换等问题都需要有一个明确的规则指导，这就需要数据映射来定义这些规则。大数据可视化过程中的关键技术是可视化映射，从基于数学关系的数据表映射为能够被人类视觉感知的图形属性结构。可视化映射是在数据模型与视图模型之间建立映射关系，是数据编码和解码的过程。可视化映射要表现真实准确的信息，避免受众解码的偏差。为此，将数据映射成视图产品，要保证数据及意义准确性。可视化映射需要符合客观特征和主体的认知规律，要加强人机交互反馈性能。

例如，《纽约时报》在 2012 年奥运会期间推出了一组非常出色的动画：《与历史赛跑》（*Racing Against History*），如图 5-2-2 所示。动画采集了从第一届现代奥运会到 2012 年奥运会的选手们的成绩，运动项目包括百米赛跑、百米自由泳和跳远。动画把这百多年来的选手们的成绩放在同一个虚拟赛场上呈现。通过动画可以发现，人类已经一次次地刷新了纪录。从 1896 年到 2012 年，在百米赛跑项目中，选手实现了 3s 的领先；在跳远项目中，选手前进了 3.05m；在百米自由泳项目中，选手速度加快了 35s。该可视化动画将运动项目数据映射为散点图式的位置信息，借助位置信息可以快捷清晰地表达数据的差异和变化。

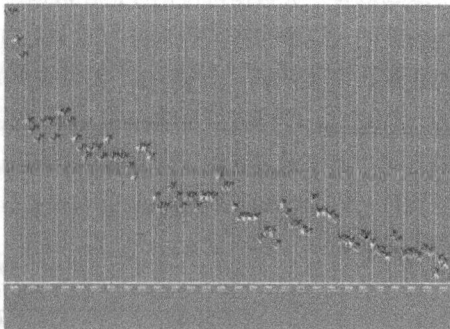

图 5-2-2 《与历史赛跑》

3. 视图绘制环节

该环节是结合数据统计分析特征和交互需求，合理地表现数据特征的视图设计和交互设计的过程。视图设计要求处理好视图组件和视图数据类型与数据统计分析特征的关系。视图组件主要包括视觉暗示、坐标系、标尺、背景信息等元素；常见视图数据类型包括离散型、持续型、范围型；常见数据统计分析特征包括最大值、最小值、平均数、中位数、标准差、离群值、集群、相关性、差异性、分布、多变量关系、空间结构、可能性趋势等。视图设计要考虑统计特征和设计美学，清晰准确地表达视图含义。如商业报告静态图表的视图设计中，要充分考虑图表数值的特征，异常、离散等数值特征采用高亮的橙、红等颜色。在交互设计上，要满足用户通过界面控制需求，可灵活变更可视化产品展示形态。可视化产品基于语义分析、图像分析、人工智能等技术，能实现强人机交互功能，可以理解用户的语言、感知用户的操作，如感知用户手势、触控、持有设备的方向等，从而变更可视化产品显示的比例、角度等。如广泛应用的响应式网站，可智能地根据用户行为以及使用的设备环境进行相对应的布局，基于多终端技术还可实现不同终端、屏幕之间的互动。

视图绘制环节需要合理考量数据类型和数据特征，以及要表达的意义和用户需求，以此开展视图设计和交互设计，提供具有良好视图和交互效果、满足用户准确理解数据和意义需求的表达方式。例如，央视《新闻联播》在 2014 年春节期间播出的《据说春运》，采用百度地图的数据新闻产品形式，是大数据首次以观众能看懂的方式，可视化地展现在电视屏幕上，其直观的视觉感受和实时更新的动态获得观众的一致好评。该可视化产品的绘制基于电子地图，以线的颜色、粗细、明暗及动画表现春节人口出行数据，能够快速简洁地呈现春节期间人口迁徙的状况，也能提高讲述春运故事的表现力和感染力。

4. 视图产品设计环节

视图产品设计环节基于可视化呈现接口，为用户提供良好的可视化产品服务，包括视图呈现、用户端界面控制、交互反馈、任务修改等操作。由于可视化媒介形态多样，因此要求可视化呈现接口具有强大的显示功能，支持强交互功能，以最终实现良好可视化服务及反馈。可视化呈现接口包括终端接口和应用接口：终端接口提供设备支持，应用接口提供平台支持。目前，终端接口呈现跨屏跨终端的趋势。应用接口通常以应用程序等为主要形式，其基本功能是实现数据交换、支持输入输出、能感知多点触控、手势识别、语音识别、图像识别和语义分析等，使用户能够简单有效地控制视图产品。

新华社题为《音曲繁美——1890—2010，世界流行音乐回响》的数据新闻追溯至流行音乐形成伊始，梳理并分析了120年间流行音乐的演进路径和关键节点，并辅以视听素材，以期引领广大听众寻找多彩旋律背后之启迪，如图5-2-3所示。

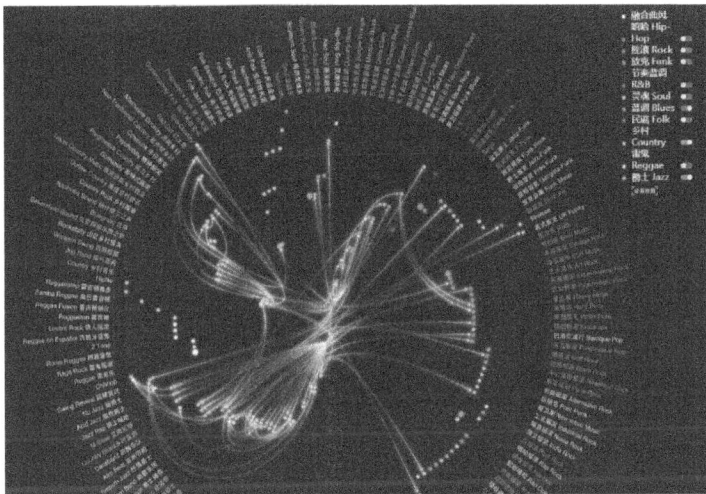

图 5-2-3　新华社《音曲繁美——1890—2010，世界流行音乐回响》

5.2.3　如何建设大数据可视化平台

智能新媒体应用实现大数据可视化的路径有两条：一是独立开发部署大数据可视化平台；二是借助第三方大数据可视化云服务建设大数据可视化平台。数据即服务（Data-as-a-Service）是实现大数据可视化传播的工具，也是大数据可视化云服务的一种交付模式，各云服务提供商也纷纷推出大数据管理和可视化的解决方案。

【拓展案例】《雪崩》（*Snow Fall*）

前一条路径有一定的难度和技术门槛，过程较为复杂，已经超出了本书的范围。此处拟以华为云大数据可视化（Data Lake Visualization，DLV）云服务平台为例，简要介绍第二条路径。

【拓展案例】网易有数

1. 平台简介

华为云大数据可视化云服务平台是一站式数据可视化

开发平台，适配云上云下多种数据源，能提供丰富多样的二维、三维可视化组件，采用拖曳式自由布局，能帮助用户快速定制和应用属于自己的数据大屏。该平台能提供丰富多样的可视化组件，包括常用的数据图表、图形、控件等；支持绘制地理轨迹、地理飞线、热力分布、地域区块、3D 地球等，支持地理数据多层叠加。其能提供图形化编辑界面：拖曳即可完成组件自由配置与布局，所见即所得，无须编程就能轻松搭建可视化大屏，并且依据投放设备分辨率，可自由定制大屏尺寸。其支持多种数据源：无缝集成数据仓库服务、数据湖探索、关系数据库、对象存储服务等，支持本地数据及企业内部专有云数据。

2. 平台功能

以华为云大数据可视化云服务平台为例，此类平台的功能一般包括数据模块创建功能、数据大屏功能、场景模板功能、效果预览功能和数据发布功能。

（1）数据模块创建功能

数据模块创建功能可让用户开展其数据源的连接配置，支持对象存储服务（Object Storage Service，OSS）、数据仓库服务（Data Warehouse Service，DWS）、数据湖探索（Data Lake Exploration，DLE）、映射归约服务（Map Reduce Service，MRS）等。

（2）数据大屏功能

数据大屏功能可让用户通过场景模板来创建数据大屏，同时对已有数据大屏实现编辑、复制、删除、预览、发布等应用操作。

（3）场景模板功能

场景模板功能可立足于不同行业的应用场景，构建具有场景特征的数据大屏作为示例，帮助用户快速设计和配置数据大屏。目前提供的场景模板包括空白模板、安全态势感知模板、企业运营模板、工业互联网设备实时监控模板等。

（4）效果预览功能

效果预览功能可让用户预览数据大屏的即时数据，及时了解数据大屏的呈现效果。

（5）数据发布功能

数据发布功能可让用户在开发完一个数据大屏后，通过发布功能向其他用户分享即时的或历史版本的数据大屏。

【课后习题】

1. 简要论述大数据将对智能新媒体的内容生产带来哪些深刻影响。
2. 举例说明大数据可视化新闻作品的特征。
3. 结合具体的大数据可视化工具，谈谈大数据可视化的方法和过程。

第 6 章 人工智能+信息获取应用模式

☑ 学习要点

- 智能新闻模式的基本原理
- 智能学习模式的基本原理
- 搜索引擎模式的基本原理

☑ 关键术语

- 区块链新闻、虚拟现实新闻、兴趣新闻、数据新闻、位置新闻
- 智慧课堂、慕课、专家系统、机器翻译
- 智能搜索引擎、虚拟现实搜索引擎
- 增强现实搜索引擎

　　获取信息是人们使用网络或新媒体的主要动机之一。随着人工智能的普及，人工智能将极大地改变人们获取信息的内容和方式。在内容上，人们将获取更加具有智慧的内容，正如第 5 章所述。另外，在信息获取的方式上，人工智能将提供更加智能的信息获取应用。因此，智能新媒体应用提供商能否为用户提供速度最快、价值最大的信息服务，一直是智能新媒体应用提供商竞争的焦点。

　　但不管是哪种形式的信息获取应用，其基本目标都是分析出大数据中的有价值信息，向人们提供智慧而不仅仅是信息。在目前已有的信息获取应用中，到底有哪些应用模式呢？归纳起来主要有智能新闻、智能学习、搜索引擎、信息聚合、知识分享和信息分类 6 种应用模式。本章拟重点介绍智能新闻、智能学习和搜索引擎这 3 种应用模式的基本原理。知识分享、信息聚合和信息分类这 3 种应用模式产生和发展的历史较长，多数读者较为熟知，本书不再专门介绍，仅在此对其进行简要介绍。

　　知识分享（Knowledge Shared）指知识从知识拥有者到知识接受者的跨时空扩散的过程。这里，知识是指经过人的思维整理过的信息、数据、形象、意象、价值标准以及社会其他符号化产物。知识分享是人工智能与信息传播相结

合的重要形式之一，是典型的群体智能现象。群体智能是对钱学森院士"综合集成研讨厅体系"的拓展和深化，其内涵是指互联网组织结构和大数据驱动的人工智能系统，通过吸收、汇集和管理大规模参与者，以竞争和合作等多种自主协同方式来共同应对挑战性任务的智能形态。群体智能应用产品的开发设计就是要激发网络空间的用户群体涌现出像鱼群、鸟群、蜂群和其他物种群体所表现出的群体智能。群体智能的涌现不会自然发生，需要合理有效的激励机制，以便促进参与者之间的合作，减少个体间的冲突与对抗，这样才能促使群体智能可预知、平稳和持续涌现。常见的基于激励机制的群体智能涌现模式主要包括链接驱动的群体智能涌现、交互驱动的群体智能涌现、人机融合的群体智能涌现、信誉激励的群体智能涌现和物质激励的群体智能涌现。这些群体智能涌现的自身规律是此类智能新媒体应用规划设计的逻辑起点和理论基础。目前采用知识分享应用模式包括的原子应用模式的平台主要有思客、威客、维客和问答等。

信息聚合是一种从海量信息中萃取有价值信息的应用模式。"聚合"借用了有机化学的概念，意指通过人工智能等技术实现知识元的融聚并产生新的知识元。混合聚合技术和自适应网页技术是信息聚合应用模式的两个重要支撑技术。信息聚合应用模式包括的原子应用模式主要有 RSS 模式、个性化首页模式和社会化订阅模式。另外，信息分类应用模式主要为用户提供发布和查找各类广告信息的服务，采用这一模式的平台有百姓网、58 同城等。

6.1 智能新闻应用模式

当前，人工智能、大数据技术、区块链技术和虚拟现实技术在新闻内容生产和分发领域的应用越来越广泛。智能新闻应用模式也正在不断发展完善中，已经出现的原子应用模式包括区块链新闻、虚拟现实新闻、数据新闻、位置新闻和兴趣新闻。其中区块链新闻、虚拟现实新闻、数据新闻和位置新闻是新闻内容形态变革的新发展，兴趣新闻是新闻分发模式创新的新发展。常见的智能新闻应用一般为若干种原子应用模式的融合。下面将逐一介绍各种原子应用模式的基本原理。

6.1.1 智能新闻概述

智能新闻的智能性主要体现在内容本身的智慧性、内容生产的智能性、内容传播的智能性和产品运营的智能性。

1. 内容本身的智慧性方面

智能新闻应用向用户提供的内容从"事实性的新闻"向"预测性的智慧"转变，智慧挖掘是其内容生产的核心。一种媒介若仅仅告诉人们过去或正在发生的事情，是远远不够的。智能新闻应用致力于告诉人们未来将要发生什么事情。例如，智慧交通系统只有提前预告在未来数个小时内各个路段的流量情况及拥堵情况，或者告知未来数个小时内相对合适的行车方案，才能对人们选择适当的行车路线真正有帮助。但目前的数字交通一般都只能实时通报当前的交通状况。而智能新闻应用主要关注未来会出现什么问题，未来会发生什么。

2. 内容生产的智能性方面

智能新闻应用模式需要建立完善的问题的发现和识别机制，主要借助对云端大数据的分析，研判事物的演化趋势，自动生成新闻内容。智能新闻的生产过程本质上也就是数据分析的过程，其核心在于寻找各变量之间的关联，发现新的关系和规律，为解释现象和解决问题提供新的价值，包括聚类分析、回归分析、关联规则分析、偏差分析和孤立点分析等。

目前，机器人在内容生产中的应用越来越普遍，主要有新闻写作机器人和新闻主播机器人这两类。

（1）新闻写作机器人

新闻写作机器人是指能自动获取数据、分析数据，能根据算法自动生成新闻稿件的机器人。例如，腾讯"Dreamwriter"新闻写作机器人是由腾讯财经研发的自动化新闻写作机器人，其能够根据算法在第一时间自动生成稿件，瞬时输出分析和研判，一分钟即可将重要资讯和解读送达用户。Dreamwriter 于 2015年启用，是国内推出的第一款新闻写作机器人。Dreamwriter 采用模板式的机器人写稿方法，主要通过利用优化算法，智能选择不同的模板生成新闻。具体的实现过程包括：基于输入的知识点与模板库进行候选模板检索；利用优化算法进行智能模板筛选，确定最终真正使用的模板；基于筛选得到的模板进行新闻文本生成。除了腾讯的 Dreamwriter，国内的写作机器人如今日头条的"Xiaomingbot"、第一财经的"DT 稿王"、百度的"Writing-bots"也正在流行。

新闻写作机器人在撰写长篇深度报道方面还较难发挥作用，但在撰写短消息方面具有明显优势。以 DT 稿王为例，其具有"多、快、好"这 3 项特性：在"多"方面，DT 稿王能实现海量抓取、海量分析，主要针对上市公司公告、财务报表、官方发布、社交平台、证券行情等信息源，日阅读量达 3000万字；在"快"方面，"DT 稿王"可即时对各大上市公司的公告进行分类，筛选出待写新闻稿的公告，通过后台的信息提取算法提取出该公告的重要信息，然后按新闻稿成稿格式重新组织输出，机器写稿速度为 28 字/秒 = 1680字/分钟，大约是普通人写稿速度的 35 倍；在"好"方面，机器生成的稿件语句流利通顺，符合人类自然语言的语法。另外，新闻写作机器人在报道突发新闻方面具有更大的优势。如 2014 年 3 月 17 日，洛杉矶发生 4.4 级地震，《洛杉矶时报》的写稿机器人从撰写到发布稿件仅用 3 分钟，使得《洛杉矶时报》成为最快报道这一突发事件的媒体。

新闻写作机器人在新闻传播业界被广泛采用：《洛杉矶时报》自 2014 年就

开始发布根据官方数据生成的地震预警消息；《华盛顿邮报》2017 年宣布将派机器人报道美国高中生足球赛；美联社基于自动写作平台"Wordsmith"，每季度撰写数千篇稿件。2015 年 11 月 7 日，新华社正式推出新闻写作机器人"快笔小新"，其可以撰写体育赛事中英文稿件和财经信息类稿件。

（2）新闻主播机器人

新闻主播机器人是一种模仿人类播报新闻的机器人。如人工智能合成主播采用了"搜狗分身"的"WaveRNN"波形建模技术，可以实现更逼真的语音合成效果，让机器人的声音更具有表现力；在图像生成方面，人工智能合成主播实现了生成更加逼真的表情、自然的肢体动作以及预测嘴唇动作等能力，能实现站立并可以做出肢体动作，能进一步提升人工智能合成主播的表现力。2019 年 2 月，搜狗与新华社新媒体中心联合发布了站立式人工智能合成主播。该人工智能合成主播从过去的"坐着播新闻"升级成结合肢体动作的"站立式播报"。截至 2019 年 2 月 19 日，首批入职新华社的一中一英两位人工智能合成主播，已生产 3400 余条新闻报道，累计报道时长达 10000 多分钟，参与了对包括第五届世界互联网大会、首届进博会、2019 年春运、春节等事件的若干报道任务。

3. **内容传播的智能性方面**

智能新闻应用模式需要建立面向用户的智能推荐机制。信息如何及时到达真正需要的用户，是新闻媒介必须有效解决的重要问题。在传统媒介环境下，媒体推送给用户的内容几乎是千篇一律的，较难实现个性化。智能新闻应用可借助智能推荐云服务，将新闻媒介提供的内容推荐给真正喜欢和需要的用户。如某智能推荐系统基于用户信息、媒体资料数据以及用户对媒体资料的各种行为操作，推荐用户感兴趣的内容版面和媒体资料。媒体只要在自己的媒介产品和收受媒介终端之间部署该系统，就能使媒介内容在各终端实现千人千面，能有效提升用户体验，也能实现精准营销和个性化广告投放。

4. **产品运营的智能性方面**

智能新闻应用模式需要建立面向媒体融合的用户画像、互动服务管理和智能营销推广服务。用户画像功能需要建立用户的导入、分析、激活、留存和转化通道，通过海量数据分析比对，帮助媒体找回核心用户，了解用户偏好及内容传播深度，从而培养忠实"粉丝"，聚拢人气；互动服务管理功能为智能新闻应用提供互动服务，如评论、点赞、送花、顶踩、投票等各种基本互动功能以及活动、爆料等参与形式；智能营销推广服务功能利用大数据全域智能导流，定向对指定区域内人群、标签人群准确投放推送信息。

6.1.2　区块链新闻

1. 简介

区块链技术是人类信用进化史上继血亲信用、贵金属信用、央行纸币信用之后的第 4 个里程碑。但就目前看来，区块链技术本身仍在不断发展和演化中，尚未形成公认的区块链定义。一般来讲，区块链就是基于区块链技术形成的公共数据库，是一种按照时间顺序将数据区块，以链条的方式组合成特定数据结构，并以密码学方式保证不可篡改和不可伪造的去中心化共享总账（Decentralized Shared Ledger）。区块链能够安全存储简单的、有先后关系的、能在系统内验证的数据。区块链具有去中心化、有时序数据、集体维护、可编程、安全可信、不可篡改、透明性等特点。广义上的区块链技术则是利用加密链式区块结构来验证与存储数据、利用分布式节点共识算法来生成和更新数据、利用自动化脚本代码（智能合约）来编程和操作数据的一种全新的去中心化基础架构与分布式计算范式。

区块链技术与媒体的结合催生了区块链新闻。区块链新闻是指基于区块链技术呈现的更为客观的、透明的、不可篡改的数字化新闻。区块链新闻应用模式是以区块链技术为基础，新闻的生产、制作与传播全部在区块链这一公共数据库中完成的应用模式。

由于区块链技术具有和以往互联网技术及其产品显著不同的特点，因此基于区块链技术而生成的区块链新闻也显示出独特的属性，主要表现在两个方面。

（1）新闻生产内容可溯源，不可篡改。区块链具有时序数据的特征，通过时间戳保证每个区块依次按顺序相连。区块链新闻平台上的每一笔数据一旦生产，都具有唯一的时间标识且可验证。要想更改数据，理论上需要同时更改51%的节点，而分布式账本结构使其难以实现，这使得新闻的篡改几乎不可能实现，新闻更加可靠。

（2）新闻的透明性有效提升，更加客观。区块链的分布式数据结构和共识机制使得区块链新闻平台具有去中心化、开放性和自治性的特征：所有人均可以参与新闻生产制作，且网络上的任何节点都可以查看整个账本，使得新闻生产及呈现更加客观透明。

2. 服务模式

区块链新闻的服务模式主要有 5 种类型。

（1）众筹生产服务。区块链新闻平台发行自己网站的代币（一种经过加密的虚拟货币，由一个符号构成），以代币激励新闻创作和公众参与。如基于以太坊区块链技术形成的内容管理和发布平台 "Civil"，其由撰写新闻的人、阅读新闻的人和对新闻内容进行投票的人组成，对内容进行投票的人是代币 "CVL"（用于表征虚拟货币的符号）持有者，Civil 平台则依托代币 CVL 为报道募集资金，促使记者根据自身意愿和公众需求生产新闻，形成一个众筹生产的新闻采集、加工和传播的新协作模式。此外，Civil 平台设立了独立的新闻顾问委员会，以保证平台上的新闻媒体坚守公正、客观和专业准则。

（2）事实核查服务。区块链新闻平台以发行代币等方式激励公众加入事实核查的行列，搭建事实核查市场。如 "Augur" 平台发行自己的代币 "REP"。

代币的数量将作为记者和新闻机构的信用凭证，报道可信度越高的记者和新闻机构将拥有越多的代币；反之，拥有越多代币的记者和新闻机构的报道可信度越高。此外，Augur 平台也会向普通读者支付 REP 代币用来进行事实核查。代币在最终可以以分红的形式转化为相应的现金，参与事实核查的读者和报道可信度高的记者或新闻机构都将得到相应的奖励。

（3）版权保护服务。区块链新闻平台利用区块链技术对各类拥有知识产权的作品提供版权认定、保护和维权服务。如"媒体链"（Mediachain）平台致力于对数字图片的版权保护，它集成了区块链技术并自主研发出一套协作性联合媒体元数据协议，能够对新作品进行版权认定，并为创作者提供加密签名等服务，其客户涵盖纽约现代艺术博物馆以及欧美大型数字图书馆等。国内的原创版权服务平台"版权家"也利用区块链技术提供版权存证、版权交易、版权监测和版权维权等方面的服务，能够让海量作品实时存证、确权，并得到司法鉴定中心的保护和认可，使得传统的线下登记耗时长、举证难、维权难的状况得以改变。

（4）社交新闻服务。区块链新闻平台为用户提供基于社交网络的新闻服务，典型代表如我国的"ONO"、美国的"Steemit"和以色列的"Synereo"。如 Steemit 提供一种"发帖赚钱"的社交新闻服务，其内容覆盖生活、艺术、旅行、新闻等各方面。用户可以在此平台上发帖，且帖子会根据点赞量排序，平台会给提供优质内容的用户发放加密货币"Steem"，以此刺激用户生产和努力追寻更具真实性的信息。ONO 和 Synereo 也有自己的代币和数字钱包。相较以往的社交媒体平台而言，区块链媒体平台能够提供零隐私入侵，能更有效保护用户隐私。

（5）视听新闻服务。区块链新闻平台提供实时内容分享的视听新闻服务。如电竞公司 SLIVER.tv 的子公司"Theta Labs"运用区块链技术来提升用户体验，为流媒体视频行业提供了全新的解决方案。"Theta"区块链鼓励用户贡献自己的闲余带宽，使网络上每一个终端设备都成为缓存节点。接收视频流的用户只要附近有这些缓存节点，就不需要从内容分发网络（Content Delivery Network，CDN）服务器基站获取高清的视频内容。每一个终端设备在共享自己的带宽和资源的同时，会得到一定"Theta"代币作为奖励。这样"Theta"创造的流媒体网络不但能够减少视频卡顿，提高用户体验，还能有效为视频平台减少内容分发网络带宽开支。"Theta"代币亦可用来打赏主播或购买虚拟商品。

区块链新闻是媒体与技术的结合，其发展必然受到技术的制约。如区块链新闻的不可篡改使得虚假内容不会在公共数据库中消失，也使得监管部门对有害内容的控制难以实现；现有新闻媒体在区块链新闻生产中也是以参与者的身份出现和存在，其对区块链新闻传播渠道的控制能力被大大削弱；区块链也如现有技术一样存在操控新闻业的可能性（如算法对新闻业的操控等）……这些都是区块链新闻发展必然面对的问题和质疑，区块链技术的运用和区块链新闻的未来发展要考虑人类自身的能力，避免技术滥用给人类自身带来伤害。

6.1.3 虚拟现实新闻

1. 简介

虚拟现实新闻又叫沉浸式新闻（Immersive Journalism），是一种能够让新闻接收者以第一人称"经历"新闻现场的应用模式。它具有沉浸式、参与性和构想性等特点，能超越平面新闻等传统新闻的表达效果。例如 2017 年，"环球编辑网络"（Global Editors Network）评选的"数据新闻奖"作品之一《2016·洪水暴至》（*After the Flood:Never Let Bygones be Bygones*）（财新传媒）聚焦了历年来国内洪水灾情。作品使用虚拟现实、解释性交互图表等可视化手段，加上摄影图集、深度报道等传统新闻形式，增强了读者的代入感。作品通过现场图片和视频，向读者讲述了受灾地所承受的一切。

虚拟现实新闻作为一种新的新闻叙事模式，目标在于向读者本真地再现和传播新闻事件，最大程度缩小读者与新闻之间的距离，能实现沉浸式的、立体的、全方位的丰富体验。虚拟现实新闻应用致力于为用户提供虚拟现实新闻作品的阅读服务。例如，《纽约时报》虚拟现实新闻应用将自己的服务定位为"每天都把全球正在发生的热点事件带到读者眼前，将读者带到热点新闻事件的现场"。

2. 服务模式

虚拟现实新闻应用能为用户提供虚拟现实内容的新闻服务：用户通过虚拟现实"头显"即可"走进"新闻场景，体验新闻事件。虚拟现实新闻带给人们丰富体验的背后是数倍于普通新闻的成本：拍摄周期长、制作成本高、用户需要相应的设备配套才能体验等成为虚拟现实新闻发展的限制性因素。

如"汇通财经 VR"能为读者提供全球资讯 7×24 滚动直播如 360° 全景财经视频，其支持市面上仟意虚拟现实眼镜，能让读者拥有逼真体验。其电脑版效果如图 6-1-1 所示。

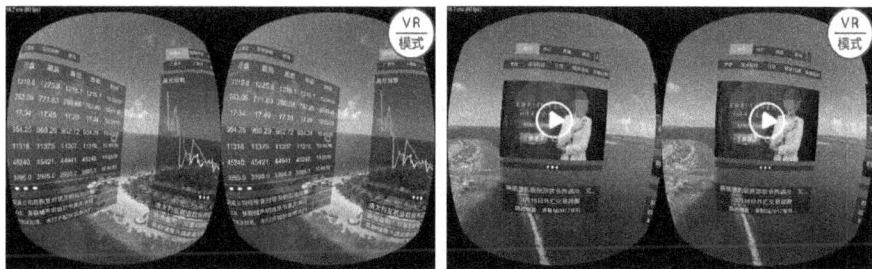

图 6-1-1 "汇通财经 VR"电脑版效果

6.1.4　数据新闻

1. 简介

大数据技术正在对今天的新闻业形成冲击，它在一定程度上将对现有的新闻生产的模式与机制产生影响：大数据技术将渗透到新闻生产的核心环节，大数据技术将重树新闻质量标杆，大数据技术将进一步提升用户反馈的价值，大数据技术将拓展和加深用户分析的广度与深度。在大数据技术等因素的推动下，新闻业务将实现一些方向性调整，如趋势预测性新闻和数据驱动型深度报道分量的增加，数据呈现、分析与解读能力的提高，新闻生产中跨界合作的增强等。大数据技术将催生一种新型的信息获取应用模式——数据新闻。

数据新闻是一种运用大数据挖掘和分析技术所发现的隐性信息，向人们揭示数据背后的事实和规律的应用模式。

数据新闻也被称为"开放新闻"。所谓开放新闻的定义是：它是一种完全织入世界上现存的信息网的新闻。它和这个网络相连，从网络中筛选和过滤，与网络紧密合作，利用普通人发表和分享材料的能力更好地讲述世界。在实践中，我们还可以这样理解开放新闻：旅游版在寻找对柏林了如指掌的一千人；环境团队试图扩大环境报道的范围、提高权威性和加深深度；体育编辑在想怎样才能更好地报道竞逐世界杯的 32 个国家球队；评论编辑希望拓宽辩论的范围，从政治思想家到科学家到神学家到律师，这家报纸正在超越一家报纸的界限；记者发现自己能够呈现更完整的画面。新闻应该来源于大众，也应该属于大众。

如 2017 年获得环球编辑网络评选的"数据新闻奖"之数据调查新闻作品《无据可依》（来自《环球邮报》），通过对海量的案件材料进行大数据分析，结合加拿大 873 家警察机构的采访数据，揭示了加拿大公众普遍关注的社会治安问题，最终发现：在加拿大有五分之一的性侵犯案件会被警方视为"无据可依"而被驳回，而这个数字与官方统计数据相距甚远。其的可视化效果如图6-1-2 和图 6-1-3 所示。

2. 服务模式

数据新闻应用的服务模式：基于大数据分析，运用可视化的叙事方式呈现新闻内容，为用户提供可信度和趣味性兼备的新闻信息服务。如获得 2017 年环球编辑网络评选的"数据新闻奖"的年度数据可视化新闻作品《〈汉密尔顿〉背后的韵律》（ *The Rhymes Behind Hamilton* ）（《华尔街日报》）以大数据方式分析流行的百老汇音乐剧《汉密尔顿》（ *Hamilton* ）中复杂的韵律结构，并对其进行可视化处理，从视、听两个层面展现作品细节所蕴含的智慧，帮助读者了解为何《汉密尔顿》的歌词如此深刻和令人难忘。

数据新闻的发展在一定程度上会逐步推进新闻生产的自动化和智能化。如美国的"Narrative Science"是一家专门训练计算机编写新闻报道的公司，该公司每隔30s左右就能提供一则新闻报道。英国《卫报》在2009年根据英国下院公布的5500个文档挖掘出英国议员开销的数据，并在2010年利用维基解密数据和谷歌地图软件，制作出数据新闻《伊拉克战争日志》。其将每一名阵亡士兵作为一个红点标注在地图上的对应阵亡地点，触目惊心的红点地图所揭示的新闻事实引起英国社会震动，并在很大程度上推动了英国做出撤军伊拉克的决定。

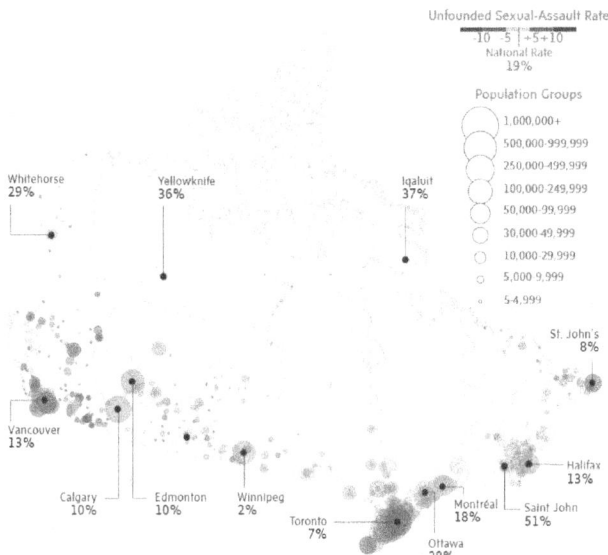

图6-1-2 《无据可依》的可视化效果一

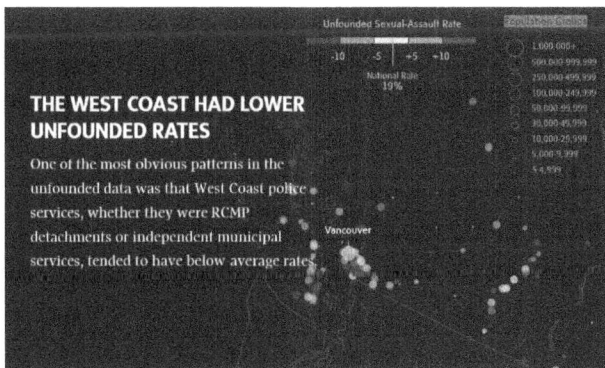

图6-1-3 《无据可依》的可视化效果二

在国内，财新网是利用媒体和政府公开的数据进行数据新闻报道的领衔者，其数据新闻栏目《数字说》（Data News）主要通过对这些公开的数据进行挖掘、剖析和重整，完成深度报道。

但机器生产的数据新闻也具有明显的不足，新闻报道离不开人的思考和思辨，其难以取代传统的人工报道方式，难以全面总结社会现象规律。具体来看：（1）数据新闻的真实性有风险。尽管大数据包含巨量的信息或数据，是普

107

查的结果，可以对事件进行客观的描述。但就数据本身而言，其仍然是对事实某方面属性的反映，而不是全部。因此，单凭数据并不能形成对事实的全面反映；（2）媒体能够获取的数据有限。政府和商业机构出于保护国家机密、商业秘密的需要，一些有价值的数据是不公开的，媒体较难获取。

6.1.5 位置新闻

1. 简介

"位置新闻"是一种基于位置的新闻应用模式，其根据地理位置对新闻内容进行自动组织和编排，能为读者提供个性化的定制新闻服务。其本质是运用人工智能将新闻内容按照地理位置进行自动聚合，按照地理位置向读者智能化推送新闻内容。位置新闻的具体内涵可从位置信息和新闻信息两个方面进行把握。

位置新闻同时涵盖位置信息和新闻信息两个内容维度。一般认为，新闻是"一种新近发生或正在发生的事实信息、事态信息和事象信息"，或者是"广大群众欲知、应知而未知的重要的事实"。但在移动互联网时代，新闻更是一种位置信息，新闻往往与某个地理位置紧密相关，往往与生活在某地理位置周边的人息息相关。从内容角度来看，位置新闻可被定义为"与人们所处地理位置相关的、新近发生或正在发生的事实、事态和事象信息"。位置新闻的生产不仅包括新闻内容的生产，还须采集新闻发生的位置信息。一般来说，地理位置是指电子地图中可用 x、y 坐标精确表示的具体位置，主要通过经纬度数据、宗地数据、境界数据和地名数据等进行描述。

位置新闻的生产、编排和呈现以地理位置标签为基本维度。地点或地理位置是新闻稿件写作的基本要素，在此意义上新闻在诞生之初就具有"位置相关性"。位置新闻用地理位置标签作为划分新闻报道类别、组织新闻报道版面的基本维度之一。位置新闻的生产可以从传统的新闻报道转换而来：可运用语义搜索技术开发或运用第三方的地理位置自动识别系统，在传统的主题新闻稿件中自动识别其包含的或隐含的地理位置信息，结合电子地图和位置标签库，为每条新闻匹配其准确的地理位置，将传统的主题新闻转换为位置新闻。位置新闻也可由专门的位置新闻记者采写：位置新闻记者不再以行业部门进行职责划分，而主要以地理位置区域进行职责划分，位置新闻记者须全部负责采访报道某指定区域内的所有新闻。

2. 服务模式

位置新闻应用的服务模式：按照"接近性"原则向读者提供新闻聚合服务。位置新闻数据库中的每一条新闻都须匹配其发生地的准确地理位置信息，以便通过专用的计算机搜索软件对位置新闻进行显示、读取、检索和分析。这样，位置新闻媒体通过实时采集用户的移动地理位置信息，可仅向用户聚合和推送其指定地理位置区域范围内的新闻，能让用户用最短的时间掌握最邻近的、最重要的新闻信息，能降低用户大量的时间成本和注意力成本。用户通过智能手机等简易终端，可随时随地进行信息传播活动。这种基于位置的新闻服务模式，能通过全球定位系统（GPS）实现面向特定目标群体的定向新闻传播，也能实时跟踪目标对象的位置变化信息，向其推送与当前位置相关的个性化、特殊化新闻服务。

6.1.6 兴趣新闻

1. 简介

兴趣新闻是通过用户社交记录和使用行为判断用户兴趣，为用户智能推送相应资讯的应用模式。在一定程度上，传统纸质媒体和网络媒体做新闻时，都是由编辑"猜"用户喜欢的内容，而兴趣新闻应用会不断"学习"用户在使用应用时的每一个动作，如时间、位置等信息，能为用户推荐其真正喜欢的内容。兴趣新闻的战略定位一般为：为用户提供个性化的新闻服务。如"今日头条"新闻客户端是一款"没有小编"的信息推荐类应用，其通过技术手段对用户的微博信息以及使用习惯从多个维度进行分析，基于其兴趣偏好向用户推荐用户可能感兴趣的信息。今日头条对其战略定位的描述为"今日头条，最懂你的信息平台""你关注的才是头条"。

2. 服务模式

兴趣新闻的服务模式：通过积累用户的兴趣数据，以用户的兴趣为中心，为用户提供新闻资讯的个性化服务。智能推荐系统是兴趣新闻应用模式的内核。现根据 2018 年今日头条官方公布的《今日头条算法原理》，简要介绍兴趣新闻的智能推荐算法思想。

智能推荐系统要解决用户、环境和内容之间的匹配问题：在特定的环境下，向用户推荐其最感兴趣的内容。其本质是求解用户在特定环境中对某条内容的兴趣指数（或内容满意度），其函数形式为：兴趣指数 $y = F(Xi, Xu, Xc)$。其中变量 Xi 表示内容特征，需要考虑提取图文、视频等不同内容类型的特征；Xu 表示用户特征，包括各种兴趣标签、职业、年龄、性别等，还包括隐性用户兴趣等；Xc 表示环境特征，用户随时随地移动，在工作场合、通勤、旅游等不同的场景中，信息偏好有所偏移。也即，智能推荐系统旨在结合内容特征、用户特征和环境特征对某用户对某条内容的兴趣指数进行评估。在推荐模型中，点击率、阅读时间、点赞、评论、转发都是可以量化的目标变量。另外，出于对内容生态和社会责任的考量，还需要引入无法量化的目标，如重要新闻的置顶、加权、强插、低级别账号内容降权等。

在建构具体的算法模型（如监督学习算法模型、深度学习算法模型等）时，还需要考虑典型的推荐特征。一是相关性特征，就是评估内容的属性与用户是否匹配，主要包括关键词匹配、分类匹配、来源匹配、主题匹配等。二是环境特征，包括地理位置、时间等。三是热度特征，主要包括全局热度、分类热度、主题热度以及关键词热度等。四是协同特征，它可以在一定程度上帮助解决所谓算法越推越窄的问题：通过对不同用户行为分析得出不同用户间的相似性，比如点击相似性、兴趣分类相似性、主题相似性、兴趣词相似性，甚至向量相似性，从而拓展算法模型的探索能力。

有的兴趣新闻应用主要依靠用户投票来产生"头条"新闻，打破传统的新闻把关人制度，让用户担任新闻把关人。如美国的新闻站点"Reddit"能让用户对其他用户发布的新闻链接进行高分或低分的投票，得分突出的新闻链接会被放到网站首页。

6.2 智能学习应用模式

学习是人们获取知识和策略的基本方式。人工智能将变革人类的学习行为和方式，将提高人们的学习效率，加强学习效果。智能学习应用能运用人工智能更好地满足人们学习各类知识的需求。

6.2.1 智能学习概述

人工智能在学习和教育领域的应用已经较为丰富，人工智能正在改变人类的学习行为和教育方式。在人工智能环境下，个人的学习过程可被全程记录，将有效提高个人学习的效率。如"金山词霸"等智能学习应用正在改变人们学习英语的方式。以"金山词霸"为例，其"智能背单词"功能，能根据用户设置的学习计划，自动筛选需要用户每天背诵的单词，全程记录用户对每个单词的掌握情况，能自动安排用户对未被掌握单词的反复复习计划，帮助用户不断巩固学习陌生的单词；其"在线听力训练""在线口语训练""在线推荐阅读"功能可帮助用户提高听、说、阅读能力，其中在线口语训练能提供跟读练习、对话练习，能提供日常、旅游、人际、情感、交通、节日、校园等不同场景下的英语口语训练。

人工智能在学习和教育中应用的显著优势之一是能够自动执行琐碎操作，如检查家庭作业、论文评分、查看病历和缺席表等。另外，虚拟角色和增强现实技术能创建虚拟的交互学习环境，能代替辅导老师帮助学生完成学习。

具体而言，人工智能在教育领域的应用广泛，本节拟重点介绍智慧课堂、慕课、专家系统和机器翻译4种应用模式。

6.2.2 智慧课堂

1. 简介

智慧课堂旨在运用人工智能改造传统课堂。智慧课堂能让课堂变得可记录、可再现和可分析。如网易公司的智慧课堂云服务利用人脸检测、人脸识别、情绪识别等技术，能完整提供学生的听课状态等信息，辅助系统自动生成学生课堂表现报告，可应用于学校教育、在线教育、课外辅导等多种实际场景。

2. 服务模式

智慧课堂的服务模式主要为对学生听课状态的自动识别和管理。在学校教育学情监控应用场景下，智慧课堂能通过系统分析学生行为，结合学生面部表情，全方位提供对学生课堂状态的分析，能节省考勤时间、辅助任课老师分析教学行为；在在线教育学情监控应用场景下，智慧课堂能通过听课所用的电子设备采集信息并实时分析学生的听课状态，帮助在线授课老师及时获取学生听课反馈信息，增强师生线上互动，提升教学效果；在课外辅导学情监控场景下，智慧课堂能真实反映辅导课堂中学生的状态，快速提供出勤信息，有效反馈课堂教学质量及学生课堂表现情况，辅助优化课外辅导效果，增进与家长间的学情沟通。

3. 实例

例如，"网易 100 分"就是一款中小学在线教育产品，其旨在通过个性化诊断实现一对一专业化线上辅导的功能。该应用基于智慧课堂云服务的人脸检测、人脸识别与情绪识别等技术，能自动输出课堂表现报告，能提供对手写体的光学字符识别（Optical Character Recognition，OCR）与自动阅卷的解决方案，能减少教师的作业批改工作量。

6.2.3 慕课

1. 简介

大规模开发在线课程（Massive Open Online Course，MOOC），也称"慕课"。慕课平台旨在为用户提供兴趣导向的、自由选择的、在线的、交互式的课程学习平台。

2. 服务模式

慕课平台的服务模式主要包括面向教师的在线课程管理服务、面向学生的自主学习平台以及面向师生的讨论区。面向教师的在线课程管理服务能为课程主讲教师提供课程创建、课件发布、测验、作业管理和在线考试管理等功能。面向学生的自主学习平台主要包括在线收看课程视频、在线测验、在线作业和在线讨论功能。学生还需要给系统随机推送的作业评分。也即，慕课中作业的成绩主要靠学生互评产生，无须主讲教师给学生的作业评分。面向师生的讨论区是师生的在线交流空间，讨论区包括教师答疑区、课堂交流区和综合讨论区；教师可以定期发布讨论主题，可以在线回答学生提出的问题。

当然，作为主讲教师来说，慕课的品质主要取决于优质的课件。慕课课程的设计和课件开发要有"用户思维"，须依据学生在线学习的行为特征和实际需要，重构课程体系、教学内容和教学方法。借助智能手机，利用碎片化时间，随时随地开展学习是新一代学生的典型学习行为特征，慕课课程须按照学生的移动学习特征，建立既碎片化又体系化的课程体系。能够为学生的自主学习提供丰富的在线学习资源是慕课建设的关键，慕课课程须依据学生自主学习的需求，建设丰富的在线学习资源库，如"试题库""案例库""课件包""二维码资源库""词条库"等在线学习资源等。

例如，国家精品在线开放课程《网络与新媒体应用模式》对网络与新媒体应用模式的知识点进行了碎片化处理，又把原子应用模式归纳成信息获取、电子商务、交流互动和生活娱乐 4 个知识单元，实现了知识点的体系化。学生随意选择任何一个知识点，就可学习某一原子应用模式的基本原理。该课程按照学生的认知心理特性，研发了动画电影式的慕课视频，打破了把传统课堂搬上网络的"主讲教师全程出镜讲述+课件"的教学视频制作方式，研发了"演示动画+原理模拟+思维导图"的动画电影式的教学视频制作模式。主讲教师几乎不出镜，学生看到的不再是呆板、生硬的"文字+图片"，学生就是在"看电影"。由此，抽象复杂的概念变成了有趣生动的滚动画面，能让学习变得轻松愉快，这样较符合"90 后""00 后"学生的认知心理和学习习惯。

3. 实例

爱课程网是我国最大的慕课平台之一。爱课程网能为高等学校提供在线开放课程专属云服务，具体的服务功能包括在线开放课程的建设、管理和应用服务，也能为学生提供自主选课和在线学习的平台。

除此之外，国内的慕课平台还有学堂在线和慕课网等。国外的慕课平台有"Coursera""edX""Udacity"等。

6.2.4　专家系统

1. 概念

专家系统是早期人工智能的一个重要分支，它可以被看作一类具有专门知识和经验的计算机智能程序系统。专家系统一般采用人工智能中的知识表示和知识推理技术来解决通常由人类专家才能解决的复杂问题。

2. 构成

专家系统通常由人机交互界面、知识库、推理机、解释器、综合数据库、知识获取等 6 个部分构成。其中，知识库与推理机是专家系统的核心。目前，基于规则的产生式专家系统是实现知识运用最基本的方法。产生式专家系统主要由综合数据库、知识库和推理机 3 个主要部分组成。综合数据库包含求解问题的世界范围内的事实和断言，主要用于存放初始事实、问题描述及系统运行过程中得到的中间结果、最终结果等信息。知识库包含所有用"如果:〈前提〉，于是:〈结果〉"形式表达的知识规则，用于存储专家提供的有关问题求解的专门知识。推理机的任务是运用控制策略找到可以应用的规则，模拟专家的思维过程，控制并执行对问题的求解。专家系统开发工作可采用专家系统开发环境或专家系统开发工具来实现，领域专家可以选用合适的工具开发自己的专家系统，能大大缩短专家系统的开发周期，从而为专家系统在各领域的广泛应用提供条件。

3. 服务功能

专家系统能为学习者提供某个领域的知识库和经验库。同时，当学习者遇到具体问题时，专家系统能依据知识库和经验库进行推理和判断，为学习者提供解决复杂问题的答案和方案。专家系统的本质是基于领域百科全书的决策支持平台，它既是学习者的"好老师"，也是决策者的"好顾问"。

例如，"花伴侣"是以中国植物图像库海量植物分类图片为基础，由中国科学院植物研究所联合鲁朗软件有限公司基于深度学习开发的植物识别应用。在花伴侣中，用户只需要拍摄植物的花、果、叶等特征部位，即可快速识别植物。花伴侣能识别3000属中国野生及栽培植物，近5000种，几乎涵盖身边所有常见的花草树木。借助花伴侣，初学者在旅游途中可快速认识见到的各类植物，在一定程度上可以颠覆中小学生学习植物知识的方式，可以有效提高中小学生学习植物知识的效率。

但是这样的学习方式显然会减少学习者自主学习和独立思考的机会。在传统的学习方式中，学习者都是先从书本上掌握植物分类的体系，然后根据植物的部位（根、茎、叶、花、果实等）特征来推断自己见到的某种植物是什么类型的植物。而在基于专家系统的学习方式中，这一推断过程往往会被机器所替代，是否利于学习者思维能力的训练还是值得商榷的。进一步来说，机器应该在学习者的学习过程中扮演什么角色、发挥什么作用还值得进一步讨论。盲目地让机器取代人的学习过程和思考过程，是否会导致人的学习能力和思考能力下降？这一点是有待科学论证的。

专家系统的设计和开发必须依托某领域的权威学者，需要确保科学概念和知识点建构的科学性和准确性。人类需要掌握的领域知识非常广泛，专家系统的创新开发也是无止境的。因此，到底开发什么样的专家系统才能更好地满足用户需求，是专家系统应用服务提供商必须认真思考的问题。专家系统的设计须打破按照学科领域和专业划分建立专家系统的惯性思维，应致力于设计以问题为导向的专家系统。

4. 实例

下面以"达观律师"智能法律助手为例，介绍专家系统的目标定位和服务功能。

达观智能法律助手运用文本解析技术，能让机器解读出和法律规则、交易规则等有关的重要信息。其服务功能主要包括五大方面。

一是案情要素提取：通过自然语言处理技术提取出法律文书关键要素，关键要素涉及法律文书的被告人、辩护人、公诉机关等各类案情要素。这能让该领域的专业人士自动提取案件语义要素，能为案件的关联分析提供有效方法。

二是案件判罚预测：根据法律文书中的案情描述和事实部分，预测被告人的罪名、预测本案涉及的相关法条及被告人的刑期长短。

三是智能案件检索：将文本语义理解运用到对法律文书及案件的理解，提供基于语义理解的智能检索、案情描述、争议焦点等一系列长文本输入，支持意图识别、智能检索排序、结果聚合等功能。这能将案件文档蕴含的知识点进行有效关联和重构，并对案件进行摘要生成，能帮助律师对案件进行分析解读和制作案件检索报告。

四是类案推荐：通过从裁判文书、法律法规、司法意见、指导案件等数据中提取案件和人物特征及关系，建立类似案件的模型，对新的案件推荐类似案件。这相当于建立一个案件库，能辅助律师、法官等法律从业者从海量的历史案件中发现相似案件。

五是法律知识图谱：根据法律条文、司法解释、裁判文书等构建法律知识图谱，实现法律信息的自动关联和知识推断，为律师、法官等提供决策意见及相应解释，提高案件处理决策效率。这相当于对法律知识点进行分类、组合、关联、更新，试图构建一个完整的知识库，能为业界提供司法领域的百科全书。

6.2.5 机器翻译

1. 简介

人类对机器翻译（Machine Translation，MT）已有大约 50 年的历史。最早的机器翻译主要基于双语字典进行直译，无法理解句法和语义。20 世纪 80 年代，一些机器翻译系统通过词法分析和句法分析解决歧义问题。常用方法是将源语言表达转化成目标语言的等价表达形式。机器翻译可分为原文输入、原文分析（查词典和语法分析）、译文综合（调整词序、修辞和从译文词典中取词）和译文输出 4 个阶段。

2. 服务模式

机器翻译应用的服务模式主要包括直译式机器翻译（Direct Translation Machine Translation，DTMT）、规则式机器翻译（Rule-Based Machine Translation，RBMT）、中介语式机器翻译（Inter-Lingual Machine Translation，ILMT）和知识库式机器翻译（Knowledge-Based Machine Translation，KBMT）4 种类型。

（1）直译式机器翻译

直译式机器翻译通过快速分析和利用双语词典，将原文译出并重新排列，以符合译文句法。大多数机器翻译应用本质上都是直译式机器翻译，如"Systran""Logos"等。

（2）规则式机器翻译

规则式机器翻译是先分析原文内容，产生原文的句法结构，再转换成译文的句法结构，最后生成译文。基于规则翻译能识别句法和语义，能消除歧义。

该类系统是当前主流的机器翻译系统。

（3）中介语式机器翻译

中介语式机器翻译先生成一种中介的表达方式，依靠源语言和目标语言的句法和词义分析，再将其转换成译文。程序语言的编译常常采取此类型。

（4）知识库式机器翻译

知识库式机器翻译中，首先需要建立一个翻译的知识库，再在此基础上建立翻译专家系统。

3. 实例

下面以"网易见外"智能翻译应用平台为例，介绍机器翻译应用的基本原理。翻译工作需要专业的语言知识基础和翻译经验的长期积累。网易见外是一个智能转写翻译平台，其标准普通话转写准确率达 95%，其语义断句基于自然语言处理技术，率先实现"按句切分"时间轴。该平台应用于影视综艺作品中的翻译与字幕制作，演讲课程中的快速转写授课语音与实时投屏演讲字幕，展会会议中的全程实时转写翻译、实时投屏双语字幕，政务庭审中的速记，娱乐直播中的双语字幕制作，媒体访谈中的对话撰写和编辑等场景。

网易见外的服务功能主要包括视频智能字幕服务、音频转写翻译服务、会议同传服务、文档翻译服务、字幕文件翻译服务和图像识别翻译服务。

① 视频智能字幕。该服务提供包含机器自动转写翻译、人工精准校译审核、字幕特效制作、视频压制在内的一站式专业视频双语字幕制作服务，同时面向开发者提供中英文视频语音转写与翻译的应用程序接口。

② 音频转写翻译。该服务运用语音识别技术，结合多轮人工精准审校服务，能将中英文音频信息快速转录整理为高质量文本信息，同时面向开发者提供中英文音频转写与翻译的应用程序接口。

③ 会议同传。该服务集成会议发言字幕实时投屏、会议记录、会议内容分享等多重服务；提供一站式的中文会议字幕投屏及会议记录整理服务、会议现场中英双语字幕服务，同时面向开发者提供中文流式语音识别与中译英翻译应用程序接口。

④ 文档翻译。该服务基于神经网络翻译技术，在机器翻译结果的基础上，由经验丰富的专业译员对翻译结果进行多轮编辑润色，确保交付优质的翻译成果；其面向开发者提供基于神经网络机器翻译引擎的文档翻译应用程序接口。

⑤ 字幕文件翻译。该服务提供标准化的机器快速翻译+人工精准审校服务，为海量单语字幕文件提供专业可靠的翻译结果。

⑥ 图像识别翻译。该服务集成图片文字识别与机器翻译功能的应用程序接口服务，自动识别图片中的文本并同步翻译；同时支持对视频画面的文本识别与翻译服务。

目前，网易见外已与央视网达成合作，持续为央视网的《御姐归来》《挑战不可能》等人气影视剧集和综艺节目提供字幕听翻转写的精准校译解决方案。《北欧极视》是芬兰知名电信运营商"Elisa"旗下专为中国市场打造的优质北欧影视品牌，网易见外为《北欧极视》提供影视节目及字幕文件的翻译及精校服务。二更影视平台是国内的短视频新媒体平台，网易见外为其提供专业的视频翻译和字幕生成解决方案，帮助二更实现本土内容的全球传播。网易见外与"人人字幕组"深度合作，为人人字幕组提供影视剧字幕翻译一体化解决方案。

6.3 搜索引擎应用模式

在互联网发展初期，网站相对较少，信息查找比较容易。然而伴随互联网爆炸式的发展，普通网络用户想找到所需的资料简直如同大海捞针，由此为满足大众信息检索（Information Retrieval）需求的专业搜索引擎应运而生。它带来全新的网络体验，使人们在浩瀚的信息大潮中不再那么手足无措。

6.3.1 搜索引擎概述

搜索引擎是一种用来在计算机，特别是在万维网中检索各种文件的计算机程序。搜索引擎的基本内涵可从 3 个方面进行把握：如果将搜索引擎的搜索结果看作一种动态网页，那么这种动态网页通过提交的检索关键词聚合了各种重要、有价值并与关键词相关的网页；与其说搜索引擎是一个查询系统，不如说它是一个由用户定义的信息聚合系统；通过用户输入的查询关键词，搜索引擎能推测用户的查询意图，然后快速地返回相关的查询结果，供用户选择。

人们对搜索引擎的理解也经历了一个漫长的过程，从早期的目录式搜索，到今天的全文搜索，人们对搜索引擎的认识也在不断地加深。

对于搜索引擎来说，查询来自四面八方，查询词也千差万别，同时进行的查询量也非常大。要想稳定地满足这些查询需求，就需要在系统的结构上做出权衡，在文件存储方式、查询系统和索引系统设计等方面都需要考虑稳定性的因素。

1. 搜索引擎的战略定位

搜索引擎是一种计算机软件，利用这种软件可以进入互联网或是内联网的数据库，搜索特定的信息或是关键词，并且及时地显示结果。各搜索引擎平台的战略定位大致相同，现简要介绍如下。

以百度为例，百度的使命是"用科技让复杂的世界更简单"，百度的核心价值观是"简单可依赖"。

谷歌的定位是"整合全球信息，使人人皆可访问并从中受益"。

另外"AltaVista""LyCOS"、必应等也是常见的搜索引擎。有些门户网站也提供搜索引擎服务，如网易的有道搜索、搜狐的搜狗、人民网的即刻搜索、新华网的盘古、腾讯的搜搜、美国在线、雅虎搜索等。有些搜索引擎致力于在某一个特定的垂直领域或行业提供搜索服务，如"Northern Light""Mama""LookSmart"等。

2. 传统的原子应用模式

传统搜索引擎应用所包含的原子应用模式大体上可划分为目录式搜索引擎、全文搜索引擎和元搜索引擎三种。

不管基于哪种原子应用模式开发的搜索引擎应用，其性能都可从快、全、准和稳4个方面进行评价。

（1）快。一方面，随着信息化社会的到来，信息可以说无处不在，人们的日常生活离不开这些有价值的信息；另一方面，人们的生活节奏也在不断地加快，人们应该能够平等地获得这些信息。这就要求搜索引擎必须能够存储这些无处不在的信息，并且能够快速地进行信息搜索，满足大众的信息检索需求。

（2）全。在传统信息检索中，将查全率（Recall）作为衡量检索是否全面的度量指标（查全率也称召回率），查全率是查询出的相关网页数和全部相关网页数的比率。例如在搜索引擎中查询"XML"，如果世界上包含 XML 这个关键词的网页数为 M，而实际该搜索引擎检索出这 M 页中的 N 页，那么查全率为 $N/M×100\%$。是否能查得全，主要取决于网页索引库的大小。如果网页索引库只包含两条 XML 的查询结果，那么即便都检索出来了，查全率也是极低的。可见，索引的网页数越多，越有助于提高查全率。

（3）准。在搜索引擎这种特殊的检索实践中，查全率往往是不重要的。衡量查全率的意义也不大，因为没有一个用户会把所有与查询相关的网页都浏览一遍。一般情况下，用户最为关注的仅仅为搜索结果中的前几条。而查准率在很大程度上决定了搜索的质量，在前 10 条搜索结果（搜索结果首页）中满足用户的查询目的，这是搜索引擎查准率的主要体现。

（4）稳。毫无疑问，搜索引擎必须是一个能够长期并稳定地提供服务的系统，因此系统的稳定运行是很重要的需求。特别是商用搜索引擎，其稳定性被提到了相当的高度。在某些情况下可以牺牲检索质量和检索速度，但必须能够提供持续的信息检索服务。

传统的搜索引擎往往会为用户提供数以万计的搜索结果，让用户无所适从。目前，部分搜索引擎开始尝试尽可能地精简搜索结果。

搜索引擎应用模式的创新一直是互联网和移动互联网领域的热点，虚拟/增强现实技术、人工智能与搜索引擎相

【拓展案例】Blekko

结合是基本的发展方向。目前正在不断成熟的新型搜索引擎应用模式主要有虚拟现实搜索引擎（Virtual Reality Search Engine，VRSE）、增强现实搜索引擎（Augmented Reality Search Engine，ARSE）和智能搜索引擎。

6.3.2　虚拟现实搜索引擎

1. 简介

虚拟现实搜索引擎并不是新概念，早在 2000 年初就有学者开始研究三维搜索引擎，其以关键字搜索，匹配结果为三维内容，但存在语言方面的诸多不足。2002 年，有学者经过研究后提出基于形状和功能来分类的三维搜索，将文本与形状融合起来。近年来，虚拟现实搜索引擎在早期三维搜索的基础上有了新的突破，基于虚拟现实输入设备和手势数据库的建立，可实现手势的识别和搜索。

2. 服务模式

虚拟现实搜索引擎的服务模式分为两种。第一种服务模式：能为用户提供含有所查询信息的动态网页，与普通搜索引擎不同的是返回结果为虚拟现实内容，用户可以进入沉浸式的信息浏览状态。第二种服务模式：摆脱键盘和鼠标，以手柄手势、语音等交互输入，查询结果所聚合的内容不再只是文字和图片，而是真实、立体、可感的形象。

3. 实例

第一种服务模式已经有比较成熟的产品——SVRF，如图 6-3-1 所示。SVRF 是一个基于虚拟现实内容的搜索引擎网站，用户可以在这里搜索和发现最新、最酷的虚拟现实内容，该网站与其他搜索引擎的工作方式类似，其上的大部分内容都是来自在网络中索引的最受欢迎的虚拟现实站点资源，主要涵盖旅行、体育、音乐等领域。第二种服务模式正在探索之中。

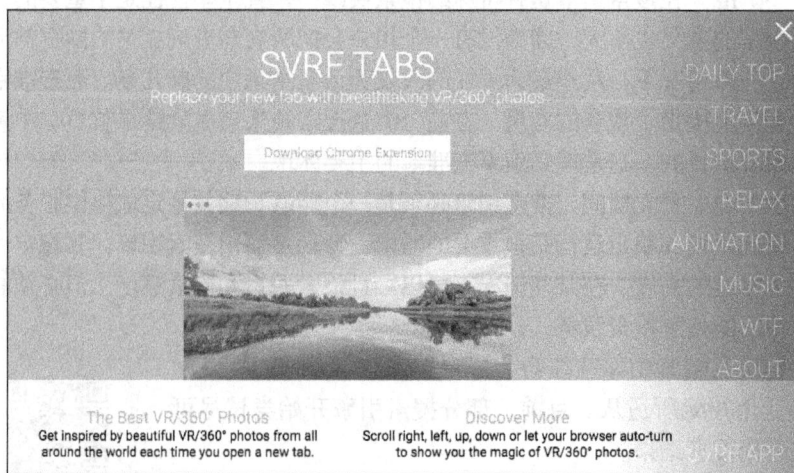

图 6-3-1　SVRF 网站主页截面

总地来说，虚拟现实搜索引擎还在研发阶段。随着人工智能和虚拟现实技术的成熟，搜索引擎颠覆式的改变将是未来的趋势，值得期待。

6.3.3　增强现实搜索引擎

1. 简介

人们在现实世界中穿行时，常常看到很多事物，但不知道其为何物？增强现实搜索引擎就是试图以人们通过肉眼看到的事物为搜索对象，搜索出与该事物有关的信息。增强现实搜索引擎是增强现实技术与搜索引擎技术相结合的产物，能实现"所见即所搜"。

2. 服务功能

增强现实搜索引擎的服务功能包括四个方面（以华为的 AR 地图搜索应用为例）。一是增强现实实景导航功能，能让用户实现高精度实景地图导航；二是全息信息展示功能，能让用户直观获取周边信息；三是虚实融合的拍照功能，能让用户同时在虚拟世界和现实世界取景；四是虚拟活动功能，能让用户体验全新的视觉交互创意活动。其服务功能界面效果如图 6-3-2 和图 6-3-3 所示。

图 6-3-2　华为 AR 地图应用的服务功能一和服务功能二的界面效果

图 6-33 华为 AR 地图应用的服务功能三和服务功能四的界面效果

3. 实例

华为已于 2020 年 4 月推出增强现实地图应用。该应用基于华为河图（Cyberverse）技术构建，致力于打造一个"地球级的，与真实世界无缝融合的，不断演进的数字世界"。据华为应用市场上该应用的专题页面介绍，"该应用能让数字虚拟世界和现实世界之间失去界限，整个现实世界变成信息展示的面板，各种实时资讯叠加显示在用户当前所处的真实环境中；能让用户轻松找到传说中的网红打卡点、最近的洗手间，以及时空中发生过的有趣故事；能让整个现实世界变成可以游戏的乐园，现实世界就是用户无尽乐趣的发源地"。

"Blippar"借助增强现实和人工智能，能帮助用户从现实世界中学到更多的知识，获取更丰富的体验。Blippar 提供的增强现实搜索服务主要为"扫描所见事物"：用户扫描自己所看到的事物，如地标、花卉和日常用户等，就可搜索查看与其有关的内容。

6.3.4　智能搜索引擎

1. 简介

智能搜索引擎主要为用户提供更加智能、精准和快速的搜索体验，对这种功能的追求目前正成为搜索引擎应用模式创新的重点。如百度已推出智能搜索引擎——简单搜索。用户打开简单搜索，出现的不是熟悉的文字输入框，而是一个语音按钮。用户按住该按钮对着手机说："我要看世界杯直播"，足球比赛的直播页面就会跳转到用户面前。在整个过程中既不需要手动输入文字，也不需要从跳出的各种搜索链接中再进行选择。

2. 服务模式

智能搜索引擎本质上是一种基于知识计算的搜索引擎，其旨在突破知识加工和深度搜索，能充分利用结构信息，能实现知识持续增量的自动化获取。基于知识计算，智能搜索引擎能让"机器"理解人的语言，能根据当前场景对用户的搜索意图进行预测，进而向用户自动反馈搜索结果。在搜索需求的输入方式上，由关键词输入转变为语音、图像和视频输入；在搜索结果的反馈方式上，借助人工智能对海量数据进行比对、筛选和整合，试图为用户提供结构化的搜索结果。

如"Magi"是基于机器学习的信息提取和检索系统，它能将任何领域的自然语言文本中的知识提取成结构化的数据，通过终身学习持续聚合和纠错，进而为用户和其他人工智能提供可解析、可检索、可溯源的知识图谱。与传统搜索引擎不同的是，Magi 不仅收录互联网上的海量文本，还会去尝试理解并学习这些文本中蕴含的知识和数据。用户若在 Magi 中尝试搜索"华为+5g+多模终端芯片"，Magi 则能提供高度聚合的结构化知识结果，如图 6-3-4 所示。

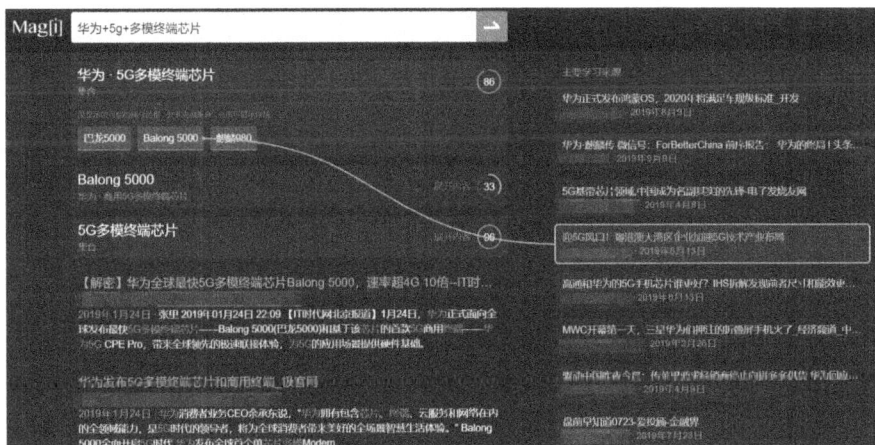

图 6-3-4　Magi 的搜索结果界面

Magi 智能搜索平台采用原创的"succinct 索引结构"分布式搜索引擎，使用专门设计的"Attention 网络"的神经提取系统，不依赖"Headless 浏览器"的流式抓取系统，支持混合处理 170 余种语言的自然语言处理管线。

3. 实例

"夸克"是典型的智能搜索引擎，其具有四大服务功能，如图 6-3-5 和图 6-3-6 所示。

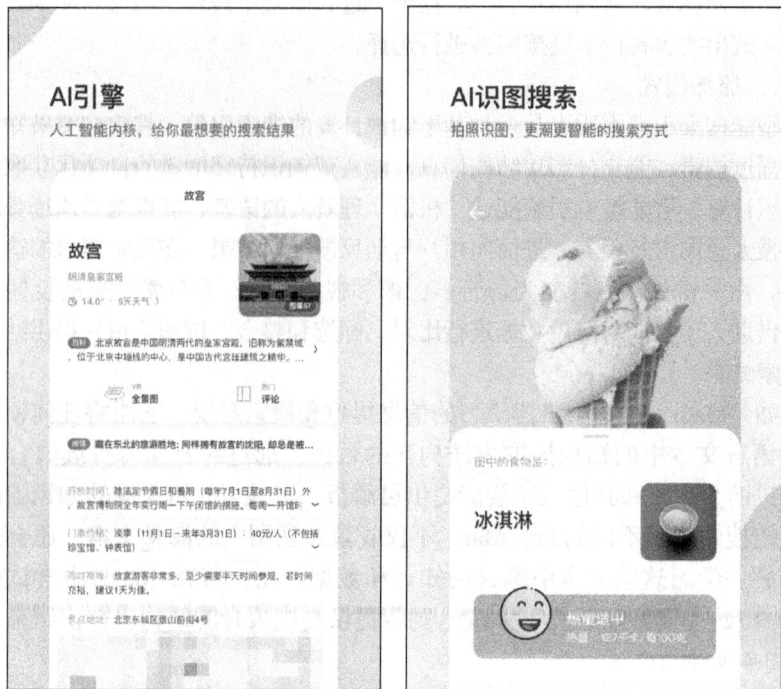

图 6-3-5　夸克的服务功能一和服务功能二的界面

图 6-3-6　夸克的服务功能三和服务功能四的界面

一是人工智能引擎和预测服务。夸克通过对人工智能引擎前端、客户端、算法预测、内核的全链路优化，能大幅度提高速度；在用户开始输入的时候，"夸克"会智能预测用户想要输入的最终关键词，智能预加载网页。

二是人工智能识图搜索服务。夸克的"识图辨物"功能模块能自动扫描识别花草、宠物狗等，用户点击搜索框里的"相机"链接即可体验；"卡路里识别"功能模块能让用户通过拍摄食物来测量食物的"卡路里"。

三是人工智能应用服务。夸克能提供面向多个专业领域的人工智能应用，如"夸克学习""夸克翻译""夸克高考"等。

四是智能搜索直达服务（生活小捷径）。夸克基于机器学习和大数据分析，将搜索结果前置，用户无须点击搜索即可直接获得内容。夸克搜索直达覆盖的类目包括天气、快递、油价、限行、词语、步骤问答、客服电话等110多个内容品类。

另外，夸克搜索系统中的"夸克宝宝"机器人能以语音的方式与用户进行互动，其具有智能推荐和智能问答服务功能，能深入理解用户所思、所想、所需，能为用户提供聊天陪伴、内容创作、多媒体交互、情绪识别等智能搜索体验。

【课后习题】

1. 请选择一种自己熟悉的智能新闻应用，对其开展应用模式分析，主要说明其具有哪些特色。

2. 请选择一种自己熟悉的智能学习应用，对其开展应用模式分析，主要说明其具有哪些特色。

3. 结合具体的实例，简要说明智能搜索引擎与传统搜索引擎有哪些不同。

4. 请构思一种全新的人工智能+信息获取应用模式的应用，完成其应用模式的完整设计。

第 7 章　人工智能+交流互动应用模式

学习要点

- 智能交互应用模式的基本原理
- 即时通信应用模式的基本原理
- 社交网络应用模式的基本原理

关键术语

- 智能身份识别、智能语音交互、智能多轮对话
- 即时消息、移动聊天
- 微博客、轻博客
- 实名社交、短视频社交、阅后即焚社交、智能社交、虚拟世界社交

　　智能新媒体的交流互动应用模式主要是为了满足人们的社交需求，能让人们便捷地联系老朋友、结识新朋友，以及与朋友分享自己的点点滴滴和所思所想。但人们在不同的情境下所需要的社交应用不尽相同：有时人们需要即时沟通，有时人们重在自我展示，有时人们喜欢群体一起讨论。人工智能时代的交流互动不再局限于人与人之间，机器已经成为重要的交流互动参与者。为了满足人们不同情境下的社交需求，交流互动的应用模式主要有智能交互应用模式、即时通信应用模式、社交网络应用模式和网络论坛应用模式。其中，网络论坛应用模式已逐步退出历史舞台，本书不再介绍。本章拟重点介绍智能交互应用模式、即时通信应用模式和社交网络应用模式。

7.1　智能交互应用模式

　　目前，人工智能在交流互动领域中的应用越来越广泛和深入。智能型的交流互动应用不断涌现，已逐步形成较为完善的智能交互应用模式。本节主要介

绍智能身份识别、智能语音交互、智能多轮对话和智能情感对话4种原了应用模式。

7.1.1　智能交互概述

智能交互主要为人与机器、机器与机器之间的交流互动服务。智能交互也常常与其他应用模式融合发展，赋予其他应用一定的智能交互功能。目前，在人工智能应用领域，智能交互应用模式的实际应用主要有聊天机器人、客服机器人等。一般而言，要实现智能交互，必须解决3个问题：对话对象是谁，对方说了什么话，"我"该如何回答。

目前，人工智能应用领域有的应用创建了智能身份识别应用模式，试图解决"对话对象是谁"的问题；有的创建了"智能语音交互"应用模式，试图解决"对方说了什么话"的问题；有的创建了"智能多轮对话"应用模式，试图解决"我该如何回答"的问题；有的创建了"智能情感对话"应用模式，试图解决"对方是不是不高兴了"的问题。总体来说，智能交互应用模式主要包括智能身份识别、智能语音交互、智能多轮对话和智能情感对话4种智能交互云服务。第三方开发者接入一种或同时接入这4种智能交互云服务，就可让其自身应用拥有一定的智能交互功能。

当然，还有一些云服务平台能提供整体的解决方案，集成了身份识别、语音交互和多轮对话等多种服务功能，第三方开发者只要接入该云服务就可直接实现智能交互。如"搜狗知音"云服务平台集成了语音合成（提供自然流畅的语音合成服务，支持中英日韩等多个语种，支持男女童声等多种音色合成）、语义理解（支持众多常用语义技能服务，满足用户日常生活中众多场景的自然交互）、语音翻译（融合语音识别和机器翻译技术）、搜狗分身（提取真人视频中的声音、唇形、表情动作等特征，训练人工智能虚拟分身，输入文本，即可实现虚拟分身的实时播报）等多种服务功能。

7.1.2　智能身份识别

智能身份识别主要解决对话对象是谁的问题。目前主要的智能身份识别服务包括人脸识别和人体识别等。

1. 人脸识别

人脸识别服务主要用于对人脸的属性进行识别，包括人脸框、人脸的关键点信息、人脸的姿态估计、人脸的自然属性（性别、年龄、种族、微笑、颜值、是否带墨镜、是否带眼镜、人脸是否遮挡、是否有胡子等）以及人脸的情绪（惊讶、高兴、悲伤、生气、平静等）等属性的识别。人脸识别的具体服务功能（以京东人脸识别云服务为例）包括5个方面。

（1）人脸检测与属性分析

人脸检测接口服务，用于检测图像中的人脸，定位并返回人脸框位置、人脸五官与轮廓的关键点坐标，准确识别年龄、性别、情绪、颜值等多种人脸属性，对大角度侧脸、遮挡、表情变化、模糊等都有较好的适应性。

（2）人脸对比

人脸 1∶1 对比，主要用于对传入的两张图中的人脸进行比较，得到两张人脸的相似度。支持照片类型为：证件照、网纹照、生活照等。常见应用场景为：用户认证环节、人证合一认证等。

（3）人脸活体检测

人脸活体检测主要针对用户上传图像，判断该图像中的人脸是否为真人。

（4）人脸搜索

人脸搜索也称为 1∶N 识别，即在一个已有人脸集合中找出与指定人脸最相似的一张或多张人脸。

2. 人体识别

人体识别主要开展人体关键点检测，能够准确地估计出图像或视频中人体14 个主要关键点，包括左右手肘、左右手腕、左右肩膀、头、脖子、左右脚踝、左右膝盖和左右臀等。人体识别能够在多个场景形式下，对站立、坐、运动等多个姿态进行估计，从而实现对姿态的检测识别。

3. 实例

"智能人脸测试"应用基于人工智能及大数据分析，能给出人脸的测试分析结果，具体功能包括颜值测试、皮肤测试、颜值大比拼、脸型测试等多个人脸测试分析功能，如图 7-1-1 所示。

图 7-1-1 "智能人脸测试"应用的服务功能界面

（1）颜值测试功能：依据眼睛、嘴巴、鼻子、脸型等维度计算颜值。

（2）脸型测试功能：分析用户的脸型，让用户知道自己的脸型有哪些特点。

（3）颜值大比拼功能：评估计算颜值，得出朋友圈颜值的排名。

（4）皮肤测试功能：依据色斑、青春痘、黑眼圈、皮肤健康等维度来分析皮肤状态。

7.1.3　智能语音交互

人与计算机的语音交互主要包括语音识别、自然语言理解和语音合成。语音识别完成语音到文字的转换，自然语言理解完成文字到语义的转换，语音合成用语音方式输出用户需要的信息。由于口语的不确定因素更多，复杂度更高，因此语音识别的难度更大。语音识别的主要过程包括语音信号采集、语音信号预处理、特征参数提取、向量量化和识别 5 个阶段。智能语音交互是人机交互的重要基础，能让机器听懂人类的语言，能让机器发出人类的声音，相当于给机器安装上"耳朵"和"嘴巴"。智能语音交互主要包括智能语音识别服务和智能语音合成服务。

1. 智能语音识别服务

智能语音识别服务相当于给机器安装上"耳朵"，使其具备"会听"的功能。具体来说，智能语音识别服务就是把机器听到的音频信息转换成文字，为语义识别和分析提供数据基础。智能语音识别服务能让机器听得懂对方在说什么，是机器会说的"前提"。如讯飞语音识别云服务致力于把语音（≤20s）转换成对应的文字信息。

智能语音识别服务的具体功能包括语音听写服务、语音转写服务、实时语音转写服务和离线语音听写服务。

（1）语音听写服务

语音听写服务把语音（≤60s）转换成对应的文字信息，是将连续短语音转换成文字的服务。具体包括多语种识别（中文、英文的识别，以及粤语等方言的识别）、个性语音识别（基于用户语音特征，建立个性化的词条语言模型，具有较高的用户个性化词条识别准确率）和中文标点智能预测（智能预测对话语境，能实现智能断句和标点符号的预测）等功能。

（2）语音转写服务

语音转写服务基于深度全序列卷积神经网络，将长段音频（5 小时以内）数据转换成文本数据，为信息处理和数据挖掘提供基础。可识别的词属性包括：普通词；语气犹豫词，如"嗯""啊""呃"或者无意义的重复词等；标点符号，如"，"等。具体功能包括个性化热词支持服务和文字格式智能转换服务。个性化热词支持服务能让用户不断补充一些非常见的词汇。文字格式智能转换服务能将结果中出现数字、日期、时间等内容格式化成规整的文本，如"五点三十"引擎会识别规整为"5:30"。

（3）实时语音转写服务

实时语音转写服务基于深度全序列卷积神经网络框架，能建立新媒体应用与语言转写核心引擎的长连接，能将音频流数据实时转换成文字流数据，支持个性化热词、上下文纠错、文字流时间戳和标点智能预测等服务。其中上下文纠错服务的具体内容为：针对上下文进行语义理解，将中间结果进行智能纠错，确保准确性。文字流时间戳服务的具体内容为：对音频流实现毫秒级识别，并返回带有时间戳的文字流，便于二次开发。

（4）离线语音听写服务

离线语音听写服务，能把语音（≤20s）转换成对应的文字信息。

智能语音识别可在不同的智能交互应用场景中发挥重要作用。智能交互应用只要接入智能语音识别云服务，就可让这些场景中的应用具有一定的智能语音交互能力。如智能交互应用接入讯飞语音识别云服务的离线语音听写服务，在社交聊天场景中，能将用户的语音信息（≤20s）转换成文字信息；在语音输入场景中，能在使用输入法输入时，将语音信息转换成文字信息；在游戏娱乐场景中，能将游戏娱乐中的音频文件转换成文字信息；在人机交互场景中，能将双方的语音信息转换成文字信息，能提升新媒体应用的交互体验。目前，上海电视台、天润融通、唱吧、掌众金服等传统媒体和新媒体，通过接入讯飞语音识别云服务实现了智能化转型，已向用户提供其智能新媒体服务。

2. 智能语音合成服务

智能交互应用中，用户输入机器的一般文字性的自然语言，机器需要把一般文字性的自然语言转换成语音"说给"对方听。智能语音合成服务相当于给机器安装上"嘴巴"，使其具备"会说"的功能，能让机器说出自己想说的话。

3. 实例

讯飞语音合成云服务能将文字信息转换为语音信息，能提供众多极具特色的发音人（音库）供用户选择。其合成音在音色、自然度等方面的表现均接近人声。其服务模式主要包括在线语音合成和离线语音合成。

（1）在线语音合成

在线语音合成可以让用户体验流畅清晰的云端在线文字转人声服务。具体的服务功能包括在线文字转化服务、发音人个性化定制服务和语音合成服务。在线文字转化服务能将文字信息转化为语音信息（也即将文本转换为流畅、清晰、自然和具有表现力的语音数据），相当于给应用配上"嘴巴"；发音人个性化定制服务和语音合成服务能让用户从中英等多种语言、川豫等多种方言、男女声等多种风格中进行选择，音量、语速、音高等参数也支持动态调整，能定制用户专属的语音合成服务。

（2）离线语音合成

离线语音合成是指响应及时的本地化离线文字转人声服务。具体的服务功能包括多音色多语种合成服务、实时离线语音合成服务和专属的语音个性定制服务。

① 多音色多语种合成服务支持中文、英文等多种语种的合成，支持根据

業務需求選擇合適的音量、語速等屬性；更有多種發音人音色供選擇。其應用業界先進機器學習算法開發的合成引擎，具有豐富的情感語料，讓合成的音色更加自然，接近普通人的朗讀水平。

② 實時離線語音合成服務包括雲端語音合成引擎和離線語音合成引擎。雲端語音合成引擎主要用於滿足高質量合成通用文本轉語音需求；離線語音合成引擎試圖滿足無網絡環境下轉語音的需求。

③ 專屬的語音個性定制服務能為企業客戶提供深度定制發音人服務，用戶只需要提交個性化發音人的語料，系統就能自動完成後續所有工作。

智能語音合成服務可在不同的智能交互應用場景中發揮重要作用，智能交互應用只要接入智能語音合成雲服務，就可讓這些場景中的應用具有一定的智能語音交互能力。例如，智能交互應用接入訊飛語音合成雲服務的離線語音合成服務，在新聞聽書場景中能讓用戶通過手機或音箱收聽小說或新聞時，為其提供不同發音人播讀的功能；在人機交互場景中，能讓用戶在使用智能硬件時，與機器人之間進行語音信息交互。

7.1.4 智能多輪對話

1. 簡介
智能多輪對話是用來滿足人機交互中的多輪次對話交流需求的，它能讓機器自動回答人類提出的問題。智能多輪對話一般建立在領域知識庫基礎之上，機器根據用戶提出的問題，自動篩選和生成完善的答案回復給用戶。在實際應用中，第三方開發者接入智能多輪對話雲服務就可擁有智能多輪對話的服務功能。

2. 實例
華為雲提供的對話機器人服務（Conversational Bot Service）是一款基於人工智能，針對企業應用場景開發的雲服務，主要包括智能問答、智能質檢和任務型對話等功能。其中，智能問答旨在幫助企業快速構建、發布和管理基於知識庫的智能問答機器人系統；智能質檢致力於為客戶提供高效、可靠的智能對話分析服務；任務型對話提供人機交互中機器人所需的語義理解和對話能力，可用來實現自動話務機器人、智能硬件語音助手等應用。

7.1.5 智能情感對話

1. 概念
上述 3 種智能交互應用模式，只能完成功能性的對話和交互。智能交互應用在未來將朝著"有情感"的社交機器人方向發展。智能情感對話能讓機器擁有人類的情感和思維。因此未來的社交機器人將擁有類似人類的情感，能體會到交流對象的情緒變化，能根據交流對象的情緒狀況做出適當的情感反應。這樣的社交機器人不但擁有"智商"，也擁有"情商"。人工智能未來可能朝著

"人工情能"的方向发展。

2. 实例

"微软小冰"是一款跨平台的人工智能机器人，3D 外形如图 7-1-2 所示。自第一代微软小冰在 2014 年问世以来，已有 8 代小冰诞生。2017 年 5 月，小冰发布诗集《阳光失了玻璃窗》，共收录 139 首诗，这也是第一部完全由人工智能创作的诗集。2017 年 8 月，第五代小冰基于情感的核心对话引擎，能够做到情绪识别、兴趣分析、情感策略回应等；其具备全双工语音，能够高质量处理文本、语音；其实时流媒体视觉能够感知用户的位置和移动，观察用户的表情和动作，理解不同的场景，做出具有情感的互动。2018 年 7 月，第六代小冰拥有可交互 3D 外形，个人用户只需在小冰登录页面输入领养手机号码，根据文字说明即可完成领养。目前在微信、QQ、美拍、京东、米聊、优酷等平台上均可使用小冰。

图 7-1-2 "微软小冰"的 3D 外形

第六代小冰继续升级情感计算框架，一个重要突破就是在对话中上线了共感模型：小冰在与用户的对话中，不仅能够自创回应，还能够通过确证、求证等技能更好地控制对话进程；小冰在交互中通过文本、声音与视觉能力的结合，能够和用户进行更加生动有效的交流，比如会指导用户拍照、识别用户手中的薯片等。如，用户只要在主屏幕上向右划一划，就能唤醒华为版的"烂笔头小冰"，可以让小冰帮用户记住各种各样的杂事，诸如车停哪儿了、想吃什么、老婆让回家带什么菜，甚至是"小金库"藏在哪儿等，都可以让小冰帮着记住。

目前，小冰以对话式人工智能机器人、智能语音助手、人工智能创造内容提供者等产品形态，已在多个平台中得到应用：与网易云音乐合作的小冰电台，以及帮助网易云音乐打造的两个专属 AI 人物多多与西西；金融小冰化名静默已上线，提供全部 26 类上市企业公告摘要，日均覆盖 90%国内金融机构交易员；小冰还分别化名万小冰和华小冰，为万得资讯和华尔街见闻提供信息；小冰已经在微信、Line、新闻网站等各处出现，在网易新闻网站为海量的新闻发表评论。

7.2　即时通信应用模式

即时通信应用模式在人工智能环境下表现出全新的发展势头。在未来，智能交互应用模式与即时通信应用模式的集成创新，将成为交互、互动应用创新的基本趋势。现有的即时通信应用也正在逐步增强其智能交互的功能。

7.2.1　即时通信概述

即时通信是指能够即时发送和接收互联网消息的业务。按照《新媒体百科全书》的定义，"以最简单的形态，即时通信完成两个目标：监视在场与否的状态和发送信息。它依靠一个中央服务器或多个服务器来监测用户的在场状态。当一个用户登录了一个即时通信系统，他的登录行为通过系统的通知，被加他为'好友'或朋友的其他用户所察觉。即时通信工具建立起用户间的直接联系渠道，因而他们能实时同步地交谈。"

纵览当前的即时通信应用，国内的微信、米聊、口信、飞信、来往，国外的"Kik""WhatsApp""Line"等，与传统的 MSN、QQ 等应用相比的确有着显著的不同。本书认为，即时通信的原子应用模式主要包括即时消息、移动聊天和云会议。即时消息的典型应用如 MSN、QQ，移动聊天的典型应用如微信、WhatsApp，云会议的典型应用有"华为云 WeLink""腾讯会议""Zoom"。

7.2.2　即时消息

1. 简介

基于即时消息应用模式的应用的目标定位一般描述为便捷的沟通软件。如据 QQ 官方网站介绍，QQ 手机版的目标定位为"多人通话，三五好友一起聊"。

2. 服务模式

具体的即时消息应用和工具的功能五花八门，但即时消息原子应用模式的基本功能是支持两人或多人的在线聊天或交流。即时通信应用的聊天功能在发展中不断扩展，多数都能实现视频聊天、语音消息、丰富的个性表情交流等。目前，即时消息应用的服务功能还在不断升级和扩展，正向综合化、多功能的互动交流平台发展。

如 MSN（Microsoft Service Network）是一款完美融合了"Windows Live"套件之充满乐趣、易于沟通、方便共享等特色的即时消息应用。MSN 已不仅仅只是一种聊天工具，它能让用户管理文件、相册、联系人都易如反掌。其最后一个版本（v14.0.8117.416）新增了 3 大功能：新增好友动态，朋友近况随时知道；新增群功能，聊天聚会大家齐商量；新增天气预报、截图、即时翻译等。替代 MSN 的 Skype 具有通话、视频、掌上即时消息和分享等诸多功能。（1）通话：保持联系，进行免费的 Skype 至 Skype 通话，或以低廉的费率拨打国内外手机和座机。（2）视频：眼见为实，使用视频通话进行面对面交流或群组聊天。（3）掌上即时消息。使用即时消息、语音消息和发送短信，随时随地加入聊天。（4）分享：共享您的精彩世界，发送照片、视频和文件，不限大小。

3. 实例

（1）基本情况

2020 年，作为 PC 时代即时通信（即时消息）软件的代表之一，QQ 迎来了自己的 21 岁生日。随着多数 PC 时代的即时通信软件的消沉，QQ 却凭借其清晰的产品规划、年轻化的产品理念、丰富有趣的功能在移动互联网时代逆势生长，俘获了一批"00 后"用户的"芳心"。根据 2019 年 QQ 官方公布的数据显示，QQ 会员中一半是"00 后"，QQ 空间每天发布的说说中有 67%来自"00 后"。

（2）服务模式

即时通信（即时消息）仍是 QQ 的核心功能，它由个人聊天和群聊两大模块组成。个人聊天模块的陌生人交友是 QQ 的一大亮点，用户可以通过按条件查找陌生人、校园扩列等方式拓展交往圈。校园扩列是 QQ 的推出的匿名社交服务，用户可以通过语音留言、就读学校来拓展社交圈，也可以通过匹配聊天直接与陌生人聊天。此外，QQ 在聊天界面中还提供一起听歌、一起 K 歌、斗图、窗口抖动/戳一戳、情侣空间等特色功能，给用户创造了丰富、有趣的互动方式。群聊中除了屏幕分享、群会议等功能外，QQ 还提供了一起嗨、匿名聊天、坦白说等群聊工具，此外打卡、作业布置等功能也是 QQ 的特色。

QQ 空间是 QQ 的"元老级"应用，其以个人主页的形式为用户提供自我展示与好友互动的平台。具体功能包括相册、说说、日志、直播等。

资讯提供是 QQ 的又一主要功能，具体应用包括看点、兴趣部落、直播、动漫等应用。看点是一站式资讯阅览平台，类似于简易版的"今日头条"，用户可以在其中进行栏目订阅、频道管理、浏览资讯等。兴趣部落是基于用户兴趣的资讯平台，用户可以在兴趣部落中订阅与自己兴趣相关的资讯。直播包括语音直播与视频直播两种类型。

QQ 平台化趋势明显，其上搭载的应用涵盖生活、娱乐、出行、支付、金融、游戏、工具等多个类型，能为用户提供一站式的使用体验。

QQ 的信息架构如图 7-2-1 所示。

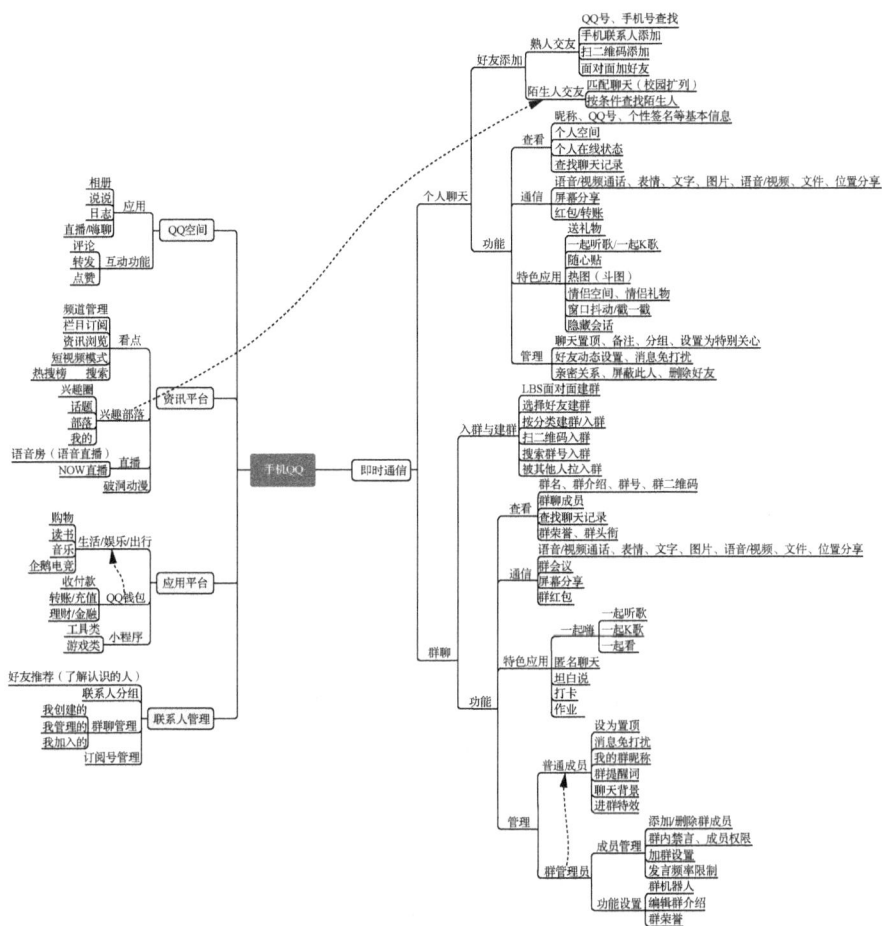

图 7-2-1　QQ 的信息架构

（3）服务升级历程

QQ 的服务功能也在不断扩展和升级。据腾讯网官方介绍，2014 年推出的 QQ 5.0 系列版本的服务功能全面升级，主要包括全新打造的聊天体验，会话窗口支持展示缤纷多彩消息气泡；新增"我的收藏"，可收藏文字图片等信息且支持多端同步存储与查看；新增"云消息"服务，可跨终端与版本同步查看消息记录；光标悬停托盘区闪烁的好友头像，可便捷预览好友发送的最新消息。后续推出的 QQ 6.0 新增"语音通话"和"视频聊天"，QQ 7.0 新增"双人视频，魔法贴纸"服务功能。

2019 年推出的手机版 QQ 8.0 结合人工智能，新增了"快速预览转发内容""语音拖动"等功能，如图 7-2-2 所示。

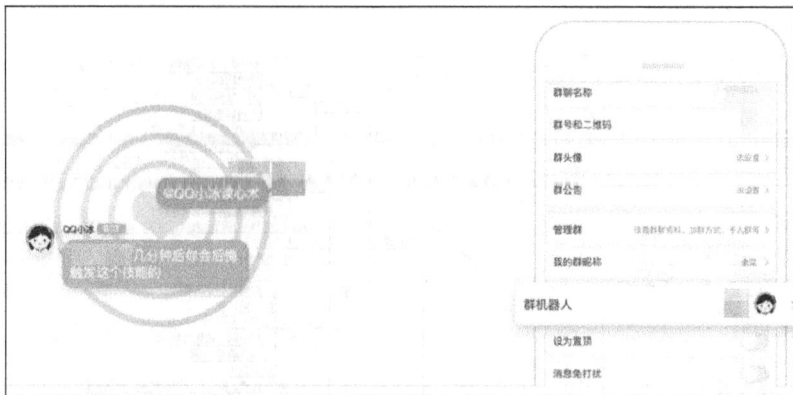

图 7-2-2 "群聊机器人"功能设置界面

7.2.3 移动聊天

1. 简介

移动聊天应用模式是移动互联网时代的新型即时通信模式。从应用终端来看，这种应用模式主要面向智能终端提供即时通信服务；从应用平台来看，其一般都支持跨移动通信运营商、跨操作系统平台的聊天功能；从聊天形式来看，其一般都能实现"一对一"或群体间的多媒体聊天功能，支持视频聊天、语音消息、个性化表情等多种交流形式；从位置服务来看，其一般能提供基于位置的聊天服务。以腾讯的微信为例，其能提供"摇一摇""漂流瓶""朋友圈"等聊天服务插件。

移动聊天应用的目标定位一般被描述为"一款通过网络快速发送语音短信、视频、图片和文字，支持多人群聊的手机聊天软件"。但各个应用对自身定位的描述各不相同。如微信的定位被其官方描述为"一个生活方式"；WhatsApp 的目标可以用其创始人兼前 CEO 简·库姆（Jan Koum）的观点来阐明，"我们创办 WhatsApp 的目标很单纯，就是开发一款全球每个人都能使用的好产品。"

2. 服务模式

用户可以通过微信等移动聊天类软件与好友进行形式上更加丰富的类似于短信、彩信等方式的联系和交流。移动聊天应用模式的服务功能一般包括 6 个方面。

① 点对点聊天功能：支持发送语音短信、视频、图片（包括表情）和文字，能实现楼层式消息对话。特别是用户可选择海量动态表情进行互动，包括热门卡通人物和电影等，让聊天变得更生动有趣；用户也可以制作自定义表情，这样最能彰显个性。

② 群组聊天功能：可让用户与其联系人建立一个群组，能实现多媒体形式的多人聊天。目前，微信支持 500 人规模的群组。

③ 实时对讲功能：支持用户间的免费语音或视频通话，能实现点对点或一群人进行语音通话。但与发语音不同的是，实时通话不会留下任何记录，在手机屏幕关闭的情况下也仍可保持通话。

④ 朋友圈分享功能：可让用户与好友分享每个精彩瞬间，记录自己的生活点滴；用户也可以用短视频记录此时此刻的自己，让好友看见最真的自己。

⑤ 离线消息功能：用户错过了发送给他的消息，系统会暂存用户最近收到的消息，留待用户下次开启应用时收发。

⑥ 实时位置共享功能：用户可与好友分享地理位置，无须通过语言告诉对方；也支持用户查看所在位置附近使用同一软件的人。

3. 实例

（1）基本情况

微信是腾讯公司于 2011 年 1 月 21 日推出的一款在智能终端上运行的即时通信免费服务应用。根据腾讯公司公布的 2020 年 Q1 财报，微信及 WeChat（微信国际版）的合并月活跃账户数达 12.025 亿。微信功能众多，目前已演进为以即时通信功能为核心的综合化应用，应用平台化趋势明显。

（2）服务模式

即时通信（移动聊天）是微信的核心功能，即时通信功能模块主要包括好友添加、即时通信与互动、通讯录管理、消息列表管理等功能。好友添加包括陌生人交友与熟人交友两个模块，陌生人交友包括基于同时的摇一摇、同地的附近的人等功能；熟人交友则包括手机号/微信号加好友、二维码加好友、雷达加好友等。

资讯平台是微信的又一核心功能和特征。朋友圈、公众号、视频号 3 大模块为微信的资讯平台搭建提供保障。用户可以使用朋友圈发表图文状态，也可以转发外部链接、公众号推文等并加以评论。用户可以设置朋友圈阅览权限，实现对朋友圈内容的管理。公众号为专业内容生产者提供平台，用户可以在微信首页消息界面点击浏览公众号推文。"在看"功能是公众号的特色功能之一，用户可以通过在看了解好友正在阅读的推文，其相当于一个推荐机制，能够加强用户间的互动，激励用户发现并分享优质内容，是公众号内容除用户消息界面、朋友圈外新的内容分发渠道。视频号是微信推出的短视频分发平台，用户可以在视频号中浏览、订阅短视频内容。

支付功能包括收付款、金融服务、信用服务 3 大模块。收付款除了传统的二维码收付款，人脸支付成为新的收付款方式之一。金融服务包括银行转账、理财、生活缴费等功能模块。信用服务则是微信推出的基于用户信用分数和履约情况的个人信用担保服务，信用良好的用户可以体验先用后付、免押金住宿、出行等一系列信用服务。

微信的平台化属性越来越突出。目前微信已经上线多个第三方服务接口，接入了滴滴、京东、美团等其他互联网平台，用户仅使用微信就能享受出行预定、网络购物、预定点餐等生活服务。此外微信开发了小程序应用平台，向组织和个人开放申请和注册，用户无须下载安装就可使用。据《2019 年小程序互联网发展白皮书》，截至 2019 年 12 月 31 日，小程序数量已超过 300 万个，日活跃用户数突破 3.3 亿，每日人均打开小程序的次数达到 5.8 次。小程序已呈现出取代传统应用的趋势。

微信的信息架构如图 7-2-3 所示。

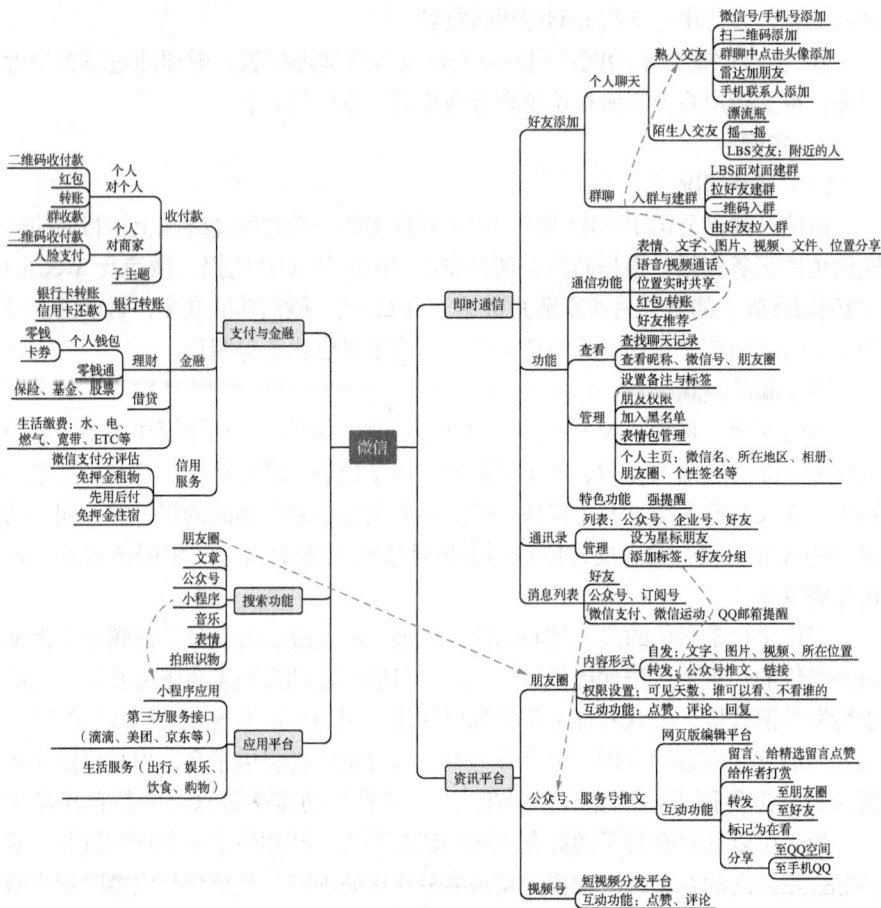

图 7-2-3　微信的信息架构

7.2.4　云会议

1. 简介

会议是团队或组织成员即时沟通的主要形式。在全球化环境下，团队或组织成员的异地办公或跨境办公是常态。特别是在特殊情况下，如何简易高效地召开大规模在线会议成为各类组织的共同需求。但传统的硬件视频会议需要搭建独立线路或专网，需要部署专门的设备，建设成本高。云会议平台以云计算技术为基础，能为用户提供部署在云端的远程会议服务系统，无须使用专门设备，可实现"无处不在、随时随地"的即时会议形式。如"Zoom"云会议平台能为用户提供云端的"远程会议"服务、"虚拟会议室"服务、"云电话"服务、"视频网络研讨会"服务等多种会议服务。

2. 服务模式

云会议的服务功能主要包括四个方面。

一是高清音视频会议服务：能提供高清的会议画质，能实现会议发言人的背景虚化功能；能对音视频中的噪音进行消除处理，能消除环境噪声和键盘、鼠标的敲击声，能高保真还原发言人的声音。

二是远程屏幕控制服务：由会议主持人（或发起人）控制直播的屏幕，可根据需要将屏幕切换为演示文档画面或发言人头像画面。

三是会议录制和转录服务：在云端全程自动录制会议，支持会后回放；可将会议音频自动转录为文字。

四是在线的文档演示与协作服务：支持多种格式文档的在线协作处理，能实现不同的会议连线终端（如智能手机、计算机、平板电脑）均可实时共享屏幕。

实际的云会议应用中，也会集成"即时消息"服务，支持参会人员进行即时的文字交流和讨论。

3. 实例

（1）基本情况

腾讯会议（Tencent Meeting，TM）支持个人电脑、智能手机等多终端，分为个人版（免费）和专业版（付费）两个版本。新冠肺炎疫情期间为助力远程办公，腾讯会议自 2020 年 1 月 24 日起面向全国用户免费开放 300 人不限时会议功能，直至疫情结束。另外，为助力全球各地抗疫，腾讯会议还紧急研发并上线了国际版。2020 年 3 月 30 日，联合国在纽约总部宣布，腾讯成为其全球合作伙伴，为联合国成立 75 周年提供全面的技术方案，并通过腾讯会议、企业微信和腾讯同传在线举办了数千场会议活动。2020 年 5 月 19 日，腾讯作为中国科技企业代表，加入由联合国教科文组织发起的"全球教育联盟"。联合国指定腾讯会议支持海外 12 亿学生紧急远程上课。

（2）服务模式

腾讯会议的核心服务是向用户提供音视频会议服务，其主要服务功能包括加入会议、快速会议和预定会议。

① 加入会议功能：用户输入要加入的会议号，编辑自己的入会姓名，设置入会选项即可轻松加入会议。

② 快速会议功能：用户使用个人会议号可随时创建一个新会议，能自动生成入会密码，可自主设置成员入会是否自动静音、是否开启屏幕共享、水印等功能选项。

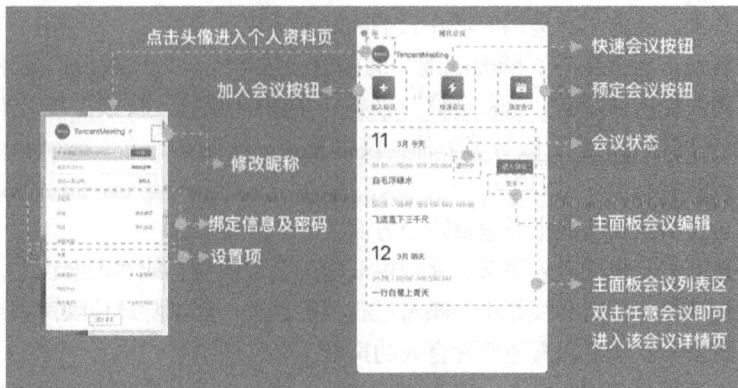

图 7-2-4　腾讯会议的服务功能

③ 预定会议功能：可让用户提前创建会议，可自主设置开始时间和结束时间，可设置入会密码，可提前上传会议文档和开启等候室；也可自主设置多个功能选项，如是否允许参会成员上传文档、是否允许参会成员在主持人进会前加入会议等。

7.3　社交网络应用模式

社会网络模式源于 20 世纪 60 年代提出的"六度分离"理论。六度分离理论认为在人际脉络中，要结识任何一位陌生的朋友，中间最多只要通过 5 个朋友就能达到目的。目前，各类社交网络应用提供商都在积极探索，试图借助人工智能实现打造全新的社交网络应用模式。本节拟重点讲述实名社交网络、短视频社交网络、阅后即焚社交网络、智能社交网络和虚拟世界社交网络。

7.3.1　社交网络概述

1. 基本概念

社交网络的性质可从 4 个方面进行认识。

（1）社交网络维系了空间的概念。博客也有空间的概念，但是博客之中，人与人之间的交互是基于（依附于）帖子的。也就是说，有能力记录博客的人占有更多的社会关系，其他沉默的大多数则不占有明显的社会关系。而大多数社交网络应用是基于现实社交关系发展出来的，同时也拥有更多种交互行为来维系社会关系。

（2）社交网络维系了以"人为中心"的多维空间，而博客或者论坛维系的是"以话题或者事件为中心"的一维空间。

（3）社交网络使用一些小游戏将社交的乐趣体现出来。社交网络应用设计的关键是：要把"好友"的各种动态广播出来。好友喜欢玩的东西，有可能也会刺激我们去玩。好友参与过的事情，有可能也会刺激我们去参与。如开心网提供了大量的选择题、种菜、足迹等组件。

（4）社交网络的传递性很强。博客发布后传递性较低，系统没有提供加速用户信息传递的机制；而社交网络可以通过广播动态来对用户的各种行为进行传递。同时，社交网络应用与传统的交友网站的区别是：传统的交友网站模式通常是个人对个人，通过一点向外辐射，例如 QQ 群；而社交网络应用是通过朋友去认识朋友，遵循六度分割理论，以一种传递的模式形成一个个的私人圈子。

2. 人工智能+社交网络的创新与探索

社交网络应用如何与人工智能进行融合创新，或者说社交网络应用如何借助人工智能为用户提供全新的社交网络应用？如何在茫茫人海中为用户寻觅真正适合自己的交友对象，是社交网络应用提供商运用人工智能需要解决的关键问题。在未来，智能身份识别、智能语音交互、智能多轮对话、智能情感对话等智能交互的原子应用模式会与传统的社交网络应用模式不断融合发展，社交网络应用的智能化将逐步成为基本的发展方向。

3. 原子应用模式类型

社交网络应用在更新换代中，不少新兴的原子应用模式也不断涌现。已成熟的原子应用模式主要包括实名社交网络、短视频社交网络、阅后即焚社交网络、陌生人智能社交网络、虚拟世界社交网络、位置社交网络（又称"切客"）、图片社交网络、游戏社交网络、职业社交网络、私密社交网络、熟人间的匿名社交网络等，另外还有弹性社交网络正在悄然发展，也有所谓的反社交网络。本节将详细介绍实名社交网络、短视频社交网络、阅后即焚社交网络、智能社交网络、虚拟世界社交网络。其他原子应用模式的服务功能见微课堂。

7.3.2 实名社交网络

1. 简介

实名社交网络应用是一种基于用户真实社交关系从而为用户提供一个沟通、交流平台的社交应用，这些应用一般鼓励用户尽可能提供真实信息。代表性应用有国外的"Facebook"，我国有人人网、世纪佳缘等。

实名社交网络应用通常建立在"深度交友"的基础上，即个人通常要以"真实姓名"的方式登录，并发布本人照片、兴趣爱好等，以取得他人的信任和了解。于是，用户之间形成了一个显而易见的、相互关联的社会网络，能为陌生用户之间提供一个可能的社交平台。个体之间的网络连接不是最终目的，为用户在线下建立联系提供一种潜在的可能才是实名社交网络应用的真正价值所在。因此，社交网络应用的目标定位一般为：以人为核心，以关系链为基础，利用各种行为对用户之间的链接进行维系和巩固。

2. 服务模式

实名社交网络应用模式的基本服务功能主要包括个人主页功能、好友关系功能、信息流服务功能、信息分享共享、群组功能和好友推荐功能。

（1）个人主页功能：个人用来向其他来访用户展示自己的平台，用户可以在上面发表日志、上传照片、更新状态等，借助个人主页能够达到最个性化的展示效果，促成主页主人与其他他人的交流。其中，"状态"可以向用户的好友们展示自己现在在哪里、正在干什么，通常是一句简短的描述性话语。状态被发布后，好友能够看见并回复用户的状态。

（2）好友关系功能：陌生好友申请、通过好友去添加好友的朋友、通过消息或邮件等方式邀请朋友；基于用户已有的社交关系信息，社交网络应用推荐给用户可能成为他们好友的人。

（3）信息流服务功能：向好友通报自己的最新动态；用户每上传一张照片或视频，也同样会通过信息流进行好友间的推送和传递。

（4）群组功能：依据兴趣加入不同群组，不仅能促进用户的个性社交，还可对用户的爱好等进行分析，进行相应内容（如商品和广告等）的推送活动。

3. 实例

脸书是典型的实名社交网站，好友功能是其基础功能：个人可以与其他用户建立和保持联系。好友可以在动态、快拍和照片中查看彼此的动态。具体的好友功能包括：个人可向认识和信赖的其他用户发送添加好友请求；通过搜索或直接从可能认识中添加好友；可以通过编辑隐私设置来控制哪些用户可以成为好友或关注你；如果个人不希望某些用户在脸书上看到自己，就可以与这些用户解除好友关系或拉黑他们；个人最多可以添加 5000 个好友。除此之外，脸书的主体服务功能包括个人主页、群组（Groups）服务、包厢式视频观看服务、市场服务功能。

个人主页：向其他来访用户展示自己的平台，用户可以在上面发表日志、上传照片、更新状态等，借助个人主页能够达到最个性化的展示效果，促成主页主人与其他人的交流。另外个人主页还包括动态消息，即来自好友、所在的小组和关注的主页不断更新的帖子列表。如图 7-3-1（左）所示。

群组服务：为志趣相投的用户提供交流空间。用户可以出于任何目的创建小组，例如家庭团聚、业余运动队或书友会等。具体功能包括：创建小组；加入感兴趣的小组；自定义小组的隐私选项，具体取决于想要加入和查看的小组。如图 7-3-1（右）所示。

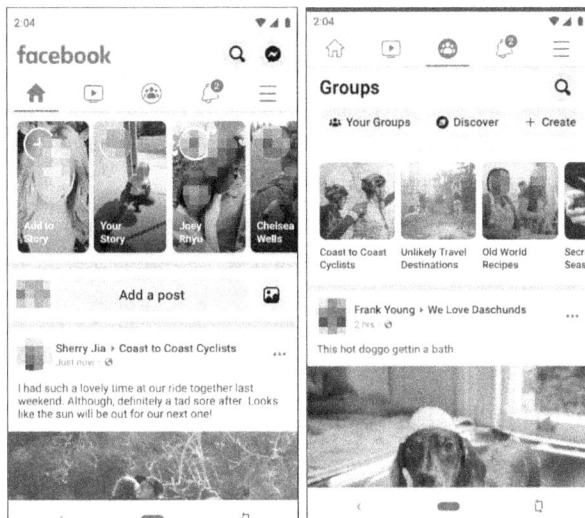

图 7-3-1　脸书的个人主页功能界面（左）和群组服务功能界面（右）

　　包厢式视频观看服务：可开个包厢以便与好友一起实时观看视频；可查找有关体育、新闻、美妆、美食、娱乐等方面的视频；可购买视频订阅服务，以访问脸书的合作伙伴所提供的视频；可管理观看节目单，以便追踪自己关注的节目或创作者的剧集。如图 7-3-2（左）所示。

　　市场服务：个人可以向脸书社群中的其他用户购买和销售商品。如图 7-3-2（右）所示。

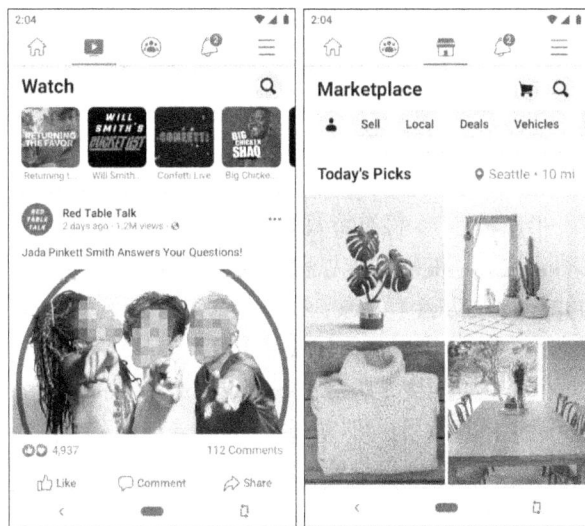

图 7-3-2　脸书的包厢式视频观看服务功能界面（左）和市场服务功能界面（右）

　　脸书还具有活动（Event）服务和收发消息服务等附加功能。活动服务：帮助用户通知好友们即将发生的活动，促进用户间进行线下的交流。用户可以组织脸书用户参与现实生活中的聚会活动，并对活动予以回复。具体功能包括：创建或编辑活动；将照片或视频发布到活动中；邀请用户参加活动；设置谁可以看到或参与活动。收发消息服务功能：可以即时与关心的用户联系。具体功能包括向好友发消息、拨打语音或视频电话；发送照片、视频、贴图、动图等内容；了解哪些好友已读或未读消息。

在运营战略方面，脸书实施开放平台战略，能让用户借助脸书使用丰富多彩的第三方应用程序。第三方应用程序是由第三方开发者在脸书推出的开放平台上开发出的一系列小应用，通常包括游戏、功能插件等。脸书利用这些小应用可以提高网站的访问量，增强用户黏性，吸引更多的用户加入社交网站。

7.3.3 短视频社交网络

1. 简介

短视频社交网络是基于短视频分享建立的社交网络应用模式。代表性的产品有"抖音"。抖音是近两年流行起来的短视频社交网络平台，其定位是"记录美好生活短视频社区"。短视频社交网络是诞生于中国土壤、植根于中国文化的应用模式，是我国社交网络应用走向世界的典型代表。

2. 服务模式

短视频社交网络的服务模式主要包括音乐短视频在线制作服务、基于短视频个人主页的交友服务和基于兴趣的短视频智能推荐服务。

音乐短视频在线制作服务：能把流程复杂的视频拍摄、音乐合成和剪辑加工等制作过程在线化、简单化和"傻瓜化"。具体的服务功能包括音乐短视频作品的初步制作、特效设计和社交分享。初步制作功能的服务流程为：拍摄视频+选择音乐+剪辑加工+发布；特效设计功能提供丰富多彩的特效道具库，主要包括新奇特效道具库（包括旋转哈哈镜、甩锅游戏、空气拳、星座特效、变脸等）、装饰特效道具库（包括发带、抓蝴蝶、民国画报、珍珠、吹泡泡、麻花辫、儿童帽、半面妆等）、搞笑特效道具库（包括萌到发芽、言听计从之动物脸、五官跳动、变胖、变瘦、秀恩爱和双手捂脸等）。当然，包括其他短视频平台也有的滤镜特效功能（人像、生活、美食和新锐等）和时间特效功能（时间倒流、极慢、慢、标准、快、极快等）。

基于短视频个人主页的交友服务：每一位注册用户将拥有个人主页，用来展示其发布的短视频，其他用户可以关注、转发、评论和点赞这些短视频；用户也可绑定手机通讯录，从通讯录导入好友，建立自己的关系网络。

基于兴趣的短视频智能推荐服务：根据用户的浏览记录，分析其喜好，系统为其推荐感兴趣的短视频。

3. 实例

抖音是全球流行的短视频社交网络应用。该应用于 2016 年 9 月 20 日上线，截至 2020 年 6 月 31 日，抖音日活跃用户数超 4 亿。抖音相比于其他社交网络应用，是一款基于视频内容的社交网络应用。抖音的核心功能主要包括视频制作、视频分发、视频推广、通信功能和个人主页，其信息架构如图 7-3-3 所示。

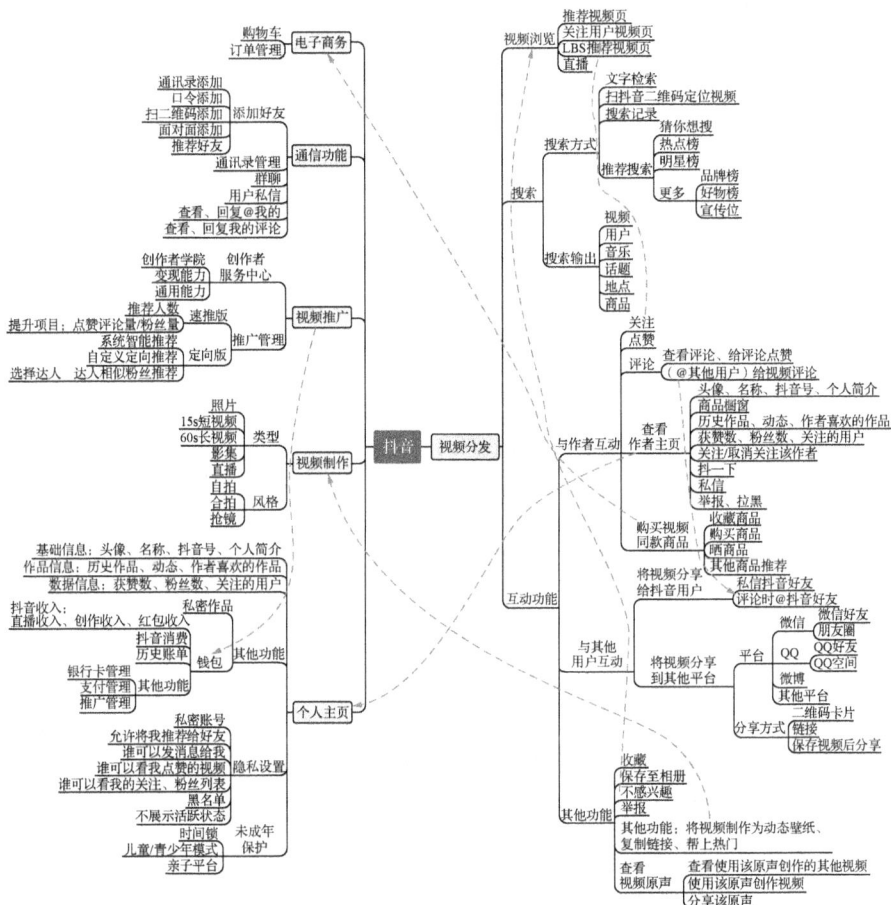

图 7-3-3 抖音的信息架构

视频制作功能主要提供音乐短视频在线制作服务，是抖音提供给用户的基础功能。

视频分发功能是抖音的首要功能。用户可以在应用首页直接观看系统推荐的短视频，也可以选择"关注"视频页观看已关注用户发布的短视频。此外用户可以通过搜索获取自己感兴趣的视频、用户、话题、商品等信息。在互动功能方面，用户可以在视频页面关注作者，或对作者的视频点赞、评论、购买视频同款商品，也可以查看作者主页获得更多关于作者的信息。此外用户可以在视频浏览页面将视频私信分享、@分享给其他用户，也可以将视频以视频二维码卡片、下载视频的方式转发至其他平台。

视频推广功能主要面向创作者，包括创作者服务中心、推广管理两大模

143

块。用户可以在创作者服务中心学习视频制作与推广的知识与技能。推广管理主要是应用的推广服务平台，创作者可以根据自己的目标受众以及推广目标，定制自己的视频推广服务。

通讯功能包括添加好友、通讯录管理、群聊、用户私信、查看、回复@我的、查看、回复我的评论等模块。用户私信能够满足用户对保护隐私的需求，而@功能能够以评论的形式与其他用户互动。评论模块下用户可以查看自己的评论以及其他用户对自己的评论的回复。

个人主页是用户信息的集成页面，包括用户的头像、名称、抖音号、个人简介等基础信息，历史作品、动态、作者喜欢的作品等作品信息，以及作者的获赞数、粉丝数、关注的用户等数据信息。隐私设置是抖音的一大亮点，私密账号、私密作品等功能为用户提供多样化的隐私保护选择。此外未成年保护也是抖音的特色功能之一。用户可以设置时间锁、儿童/青少年模式，抖音在不同模式下会推送不同的视频内容。

7.3.4　阅后即焚社交网络

1. 简介

社交网络应用主要帮助用户建立自己的"朋友圈"，然后让用户能在"朋友圈"里分享自己的图片、视频等个人数据。但如何更好地保护用户上传的个人档案、图片和视频等隐私信息，一直是困扰社交网络发展的重要因素之一。用户如何知道应用提供商采集了哪些个人档案数据、如何使用？用户上传的图片和视频数据保存多久？阅后即焚社交网络应用就是为了解决此类问题而诞生的，此类应用向用户承诺其上传的图片和视频被阅读后将被删除，不再保存。目前最具代表性的应用是"Snapchat"。除此之外，还有脸书推出的"Poke"应用，以及中国的"咔嚓"、腾讯手机 QQ 推出的"闪照"。

阅后即焚社交网络应用的目标定位就是一种"分享+定时自毁"的社交网络应用，它允许用户和好友分享自己隐私的内容而不用担心被传播出去。如Snapchat 旨在创造一个数字空间，让里面的所有信息都像是现实世界的对话那样稍纵即逝、阅后即焚，其能够为用户与亲友的所有沟通提供便利，却不会令他们感到压力。Snapchat 的最终目标就是化于无形，使用户能够自由自在地建立关系。Snapchat 只是作为一种对话方式，作为一种分享体验的方式而不是成为横亘在用户之间的一块空间。我国的阅后即焚社交网络应用"咔嚓"将自身定位描述为，"咔嚓是一款'限时查阅，阅后即焚'的图片聊天应用；使用咔嚓，可以和好友展开更亲密的交流，迈开脚步、没有顾虑、大胆发现和分享不一样的你我。"

2. 服务模式

阅后即焚社交网络应用的基本服务功能为图片、视频内容的分享服务和

"阅后即焚"服务：用户不仅可以拍摄照片和视频，还可以在线与好友分享，同时有权设定好友查看的时间，范围在 1~10s 之间；时间一过，用户分享的精彩内容会自动销毁，保证用户隐私不会泄露。

3. 实例

以 Snapchat 为例，其由最初的照片"阅后即焚"到视频的"阅后即焚"，再到后来用户可以创建 Snapchat 故事和发起文字聊天以及视频通话。随着版本的不断更新，Snapchat 的功能在不断扩展。

拍摄服务是 Snapchat 的基础功能：用户可以拍照或录视频；可以在照片中添加滤镜，可以随意更改照片效果；可以用自己的脸玩各种有趣的游戏；可以创造属于自己的滤镜。

目前 Snapchat 已经整合了实名社交网络和移动聊天的服务功能，成为综合性的社交网络应用，具有发现、聊天、探索和畅玩 4 大功能，如图 7-3-4 所示。

图 7-3-4　Snapchat 的四大功能界面图

（1）发现：关注好友并观看他们的故事，以了解他们的日常生活；即时了解热门发行商和创作者分享的独家故事；观看突发新闻、原创表演和社区故事等。

（2）聊天：可以保持在线并通过实时信息与好友聊天，或者在群组故事里分享每日点滴；最多可与 16 个好友同时视频聊天，在聊天时还可以使用滤镜。

（3）探索：分享自己的位置，查看好友此刻在哪里；与好友分享自己的信息，或开启隐身模式以示为离线；发现附近社区或世界各地的直播故事。

（4）畅玩：和好友一起玩在线游戏。

7.3.5　智能社交网络

1. 简介

智能社交网络主要由陌生人社交网络演化而来。如何借助社交网络应用找到真正的志同道合者，是社交网络应用中的一个用户"痛点"。特别是在某些特殊时期，一些社交网络用户发现自己的"朋友圈"或"群组"中隐藏着跟自己的世界观完全不同的"好友"，出现了"退群"或"拉黑"潮。

传统的陌生人社交模式是一种帮助陌生人建立联系的社交网络应用模式。如"遇见"的目标是将陌生人变成用户的"半熟人"。"比邻"是一款基于语音的社交网络应用，其采用随机方法来为用户找到一个"天涯海角"的陌生人，然后进行语音聊天。"陌陌"应用中，用户通过不停地聊天，筛选出一个愿意跟自己一起吃饭或看电影的人。"探探"应用能让用户发现和联系附近的人。"Me"应用通过"随机拨打电话"为用户找到聊天对象。还有国外的"Twine Canvas""HowAboutWe""Grouper""Coffee Meets Bagel"等。

智能社交网络则是先借助算法帮助用户筛选出一个跟自己志同道合或情投意合的人（愿意一起吃饭或看电影的人），然后开始聊天。如"Soul"是一款"温暖有趣的心灵社交应用"，用户只要完成 30s 的"灵魂测试"，就能找到"心灵相通"的小伙伴。如"鲸鱼心理测试"应用能帮助用户进行个人能力测试、人际关系测试、情感分析测试、性格测试和趣味测试。

2. 服务模式

以前的社交网络应用主要通过"邂逅""偶遇""朋友介绍"等方式让用户结交新朋友，其提供的交友服务功能主要包括通过"朋友的朋友"来结交新朋友、通过定位来结交附近的新朋友。

智能社交网络试图借助人工智能算法建立"好友"的发现机制。具体的服务功能包括 4 个方面：基于心灵测试的人格特征分析服务；基于大数据的兴趣分析服务；基于人格特征分析和兴趣分析的匹配度测评服务；基于匹配度的好友智能推荐服务。这样就能形成"人格特征分析+兴趣分析+匹配度测评+智能推荐"的"四位一体"的交友服务模式。

3. 实例

"如故"应用（目前该应用已被下架或停止更新，但项目团队的创新和探索值得我们铭记，创新创业领域没有"失败者"）在这方面做了有益探索和尝试。如故应用是一款基于世界观、人生观和价值观匹配的社交网络应用，试图为用户寻找"灵魂伴侣"："内心测试"服务让用户通过在线内心测试题更加了解自己；"人类筛选器"能帮助用户筛选出合适的朋友、室友和旅友；"如故假面"服务能让用户之间在初聊时带上假面具，聊天后交换照片，能实现"未谋面、先知心"；"如故推荐"服务根据内心属性、兴趣品位等人格匹配度计算结果向用户推荐好友。

"Soul"是一款"温暖有趣的心灵社交应用"，已获得腾讯"星 APP"、"至美"应用、"极光奖"的推荐。基于"Soul 推荐算法"的兴趣匹配机制，Soul 能为用户推荐"真懂"自己的好友。Soul 包括三大功能模块，如图 7-3-5 所示。

一是灵魂匹配（匹配懂你的人）：在茫茫人海中为用户找到适合自己的灵魂伴侣。

二是语音匹配（用声音温暖你）：能让用户遇见好声音，说说心里话。

三是瞬间广场（有趣的人"秒回"你）：用户可以发布自己的私密日志，无意中若有人在意和回复，则能成功"破冰"并成为好友。

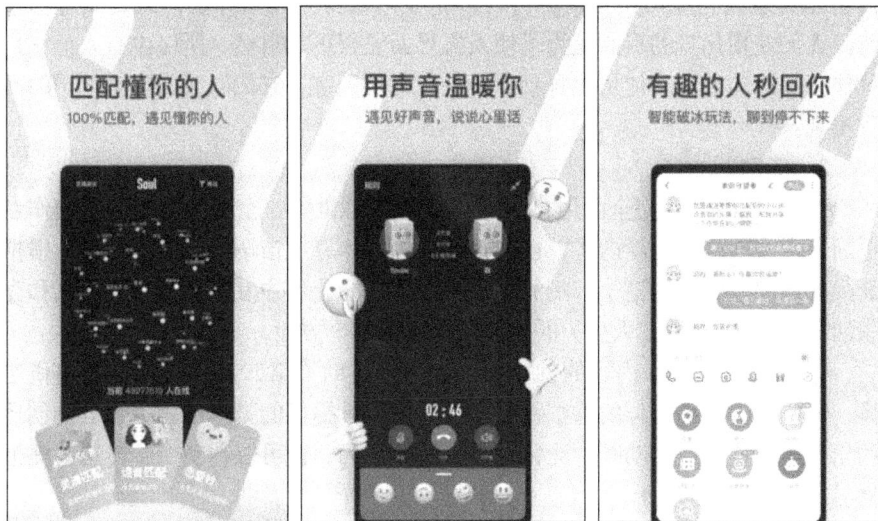

图 7-3-5 Soul 的灵魂匹配功能（左）、语音匹配功能（中）和瞬间广场功能（右）

7.3.6 虚拟世界社交网络

1. 简介

虚拟世界是一种计算机模拟环境，用户在这样的环境里创建网络社区进行沟通交流，创造并使用各种物品。虚拟世界一般是指 3D 的虚拟环境，用户以自己化身（Avatar）的形式存在，相互之间都能生动地看到对方。

在虚拟世界里，计算机模拟形成了视觉存在，这种存在可以操控虚拟世界里的各种物品，给人一种身临其境的感觉。虚拟世界可以按照真实世界或是梦幻世界来塑造情境和规则。虚拟世界最初是出现在多人参与的网络游戏中的，它创造出与真实世界一样的场景和规则，可以进行实时的沟通和交流。然而，虚拟世界跨过了游戏的门槛，玩家创造出一个人物，然后让他游走在建筑物、城市之间，甚至是在不同的世界里，去经商，去休闲。在虚拟世界里，用户可以把自己想象成任何一个人，用户可以建造一幢别墅并进行装修，也可以找一份工作，甚至可以驾驶飞机。

2. 服务模式

虚拟世界社交网络应用模式中，用户可以利用其化身进行交流，包括声音、文字交流，还有图片、视频、卡通头像的交换，甚至做手势。虚拟世界里有许多能够沟通交流的动画人物，它们实际上就是赋予了人物个性的软件代理，称作人物化身。所谓化身，就是用 3D 的形式呈现出来的，有着人的性格和行为方式的动画形象。高级的化身还会说话，会做动作，还有脸部的表情。它们和机器人一样，自己会做动作。制作化身的目的是让它带有一定的情感，使得计算机塑造的任务对用户显得更加可信。例如，房地产中介公司可使用几百个化身来充当虚拟销售代理；许多企业用化身来充当导游，或是做虚拟接待。人们使用化身的目的是为了使人机界面显得更加自然，所以也有人把它们称作会说话的人物。使用化身最多的是网络聊天室，它们以公司客服人员的面目出现。

3. 实例

《第二人生》是完全由用户创建的 3D 虚拟世界：全球成千上万的创作者不断开发令人兴奋的新内容，创造新体验，创作者在市场上出售数百万个虚拟商品并从中获利。在这个广阔的虚拟世界中，能让用户发现令人着迷的人和充满活力的社区。《第二人生》的主要服务包括四个方面。

一是交互式 3D 内容的创作服务。用户借助《第二人生》的 3D 建模工具，可以创作各种各样的虚拟物品；可以使用其提供的脚本语言，为自己创造的化身添加交互性和动画，让化身具有独特行为；也可以移动或旋转这些虚拟物品。如图 7-3-6 所示。

图 7-3-6　交互式 3D 内容的创作服务界面

二是虚拟社区的创建服务。在《第二人生》中，用户可以居住在一个与众不同的地方：可以居住在一个友好的社区中，或者购买自己梦寐以求的私人虚拟岛屿；可以邀请朋友一起来设计和装饰自己的住所；还可以购买定制房屋和举行乔迁派对。

三是虚拟社交服务。用户在自己创建的虚拟社区中，可以与世界各地的人们建立联系；在《第二人生》中，总会有人与自己交谈；可以与他人共舞、学习和恋爱；无须离开家就可以看到整个世界；可以参加各种各样的虚拟音乐会和虚拟游戏；在这里，没有时差，俱乐部总是开放的。

四是虚拟交易服务。用户可以把自己创建的虚拟家具或建筑物卖给他人；也可以通过创作获利；也可以花钱购买其他人创作的神秘生物或神奇物体。

【课后习题】

1. 请简述人工智能对交流互动应用模式发展的革命性影响。

2. 请选择一种自己熟悉的即时通信应用，对其开展应用模式分析，主要说明其具有哪些特色。

3. 请选择一种自己熟悉的社交网络应用，对其开展应用模式分析，主要说明其具有哪些特色。

4. 请构思一种全新的人工智能+交流互动应用模式的应用，完成其应用模式的完整设计。

第8章 人工智能+生活娱乐应用模式

学习要点

- 智能生活应用模式的基本原理
- 网络游戏应用模式的基本原理
- 网络视频应用模式的基本原理

关键术语

- 智能家居、智慧医疗
- 虚拟现实游戏、动作游戏、角色扮演游戏、冒险游戏、模拟游戏
- 虚拟现实影视、虚拟现实直播、视频平台、视频分享

从智慧社会、智慧城市到智慧地球是人工智能产业和智能化建设的宏伟目标。但这些目标的实现有一个重要的基础就是家庭生活与娱乐的智能化，或者说智慧家庭是智慧社会构成的基本单元。过去的家庭是由人和"冷冰冰"的家电组成。未来的智能生活模式下，"冷冰冰"的家电将变成一个个"活生生"的机器人。它有感情，它了解主人，它能运用自然语言与主人沟通交流。在未来，面向家庭生活的智能新媒体应用将不断涌现。

智能新媒体的生活与娱乐应用主要是满足人们的娱乐需求，为人们提供开展各种娱乐活动的平台和工具。智能新媒体的生活与娱乐应用所包含的应用模式主要有智能生活应用模式、网络游戏应用模式和网络视频应用模式，本章拟予以重点介绍。另外，还有网络文学应用模式、网络音乐应用模式，在此仅作简要介绍。

网络文学应用模式也在不断推陈出新。如"话本小说""Hooked"等应用革新了人们在线阅读小说等文学作品的方式，能为读者提供像 QQ 聊天一样的"气泡对话"式小说阅读服务，读者还可通过角色扮演（扮演主角、配角等）和小说原文中的人物进行对话。为了更好地让人们利用移动中的碎片化时间，文艺内容服务提供商由注重"在线

【拓展案例】云听

看"向注重"在线听"转变。另外,"喜马拉雅"致力于打造音频分享平台,能让人们在线听有声书、听音乐、听曲艺和听知识等。

据第45次《中国互联网络发展状况统计报告》,网络音乐行业更加重视建设上游创作生态。为音乐人提供原创音乐作品的在线创作服务,已成为网络音乐应用提供商的未来发展方向之一。如网易云音乐正在着力打造原创音乐社区"云村",鼓励社区用户创作和上传各种风格的音乐作品。

8.1 智能生活应用模式

现代都市人的生活节奏都非常快,人们似乎都"疲于奔命":辛苦地工作一天回家之后,还要买菜、做饭、洗衣、辅导孩子作业、照顾老人等,在无休止的忙碌中常常忽视自己的身体健康状况。人们都幻想着自己有"超能力",让期望实现的一切愿望和需要完成的一切任务,只需要"动动手指"或"念念咒语"就能轻松实现。在人工智能时代,过去科幻电影中的生活场景正在一步步变为现实,人人都将成为"魔法师",可以让身边的一切按照自己的"意念"来行动。智能生活领域比较成熟的应用模式主要包括智能家居和智慧医疗。本节拟结合具体的实例介绍智能家居和智慧医疗两种应用模式的基本原理。

8.1.1 智能家居

1. 简介

家庭是构成社会的最小单位,家庭的智能化是智能社会建设的基础。智能家居本质上就是智能化的家庭生活环境。当然,智能家居系统是由一个个的智能家电构成的,智能家电是实现智能家居的基本前提。在未来,形形色色的家电产品将越来越智能化。其中,人性化的交互能力是智能家电的本质特征之一。人性化的交互能力主要包括拟人交互的特色技能、唤醒人声回应、懂主人的情感聊天和犹豫发问等,这种能力能让智能家电满足用户在家庭场景下的各方面需求,如听电台、听音乐、看电影、闹钟提醒、聊天等。

总之,在未来,家电会变"活"。你可以告诉电视机你想看什么,冰箱可以告诉你今天的营养搭配方案,洗衣机可以告诉你需要预防的皮肤病,空调可能知道你的风湿病较为严重,书桌会提醒你的坐姿不端正等。

2. 服务模式

以海尔智慧家庭智能系统为例,提炼出智能家居的主要服务功能,包括智能膳食服务、智能穿衣服务、智能用水服务、智能空调服务和智慧安防服务。

（1）智能膳食服务

智能膳食服务主要包括食材选用、个性化健康膳食方案生成和智慧厨房。智能食材选用服务主要包括严选各地有机农场、用户在线下单购买、农场新鲜采摘、直供配送到家等；个性化健康膳食方案根据健康数据定制；智慧厨房利用智慧烟灶套装，烟机根据灶具状态自动开启/关闭，并可以随着火力大小自动调节风力，可以在冰箱查看烘焙食谱，想吃什么就选什么，一键控制烤箱，不用再调控设备的温度和时间，完成后自动提醒用户。

（2）智能穿衣服务

智能穿衣服务依托衣联网家电和物联网技术，实现衣物的数字化、智能化管理，能为用户提供洗、护、存、搭、购全生命周期的衣物管理服务，包括智慧洗涤、智慧护理、智慧存储、智慧穿搭和智慧购买。其中，智慧穿搭服务借助 3D 体感试衣镜，能够智能识别各种身材，自动调节服装大小，衣随人动，进行 360° 全方位效果展示，只需抬几下手凌空操控就可以把服饰、包包、配饰等准确地"穿上"；智慧购买服务能通过正面和侧面照镜子，获取肩宽、胸围、腰围、臀围、裤长等服饰数据，智能量取身体尺寸，一键下单送货上门。

（3）智能用水服务

智能用水服务能解决家庭的净水、饮水、热水、采暖四大用水需求，由纯净饮水、软化用水、生活热水、家庭采暖、全屋能源五大用水解决方案组成。

（4）智能空调服务

智能空调服务可通过云端联通不同的空气设备，实现室内温度、湿度、洁净度和清新度的自感知、自显示、自处理，能实现温度调节、湿度调节、智慧清洁、智慧气流、智慧换风、智慧净化、智慧静音和智慧掌控等功能。

（5）智慧安防服务

智慧安防服务聚焦用户水、电、火、气、人、财等安全需求，以智慧家庭全屋安防为落脚点，能联动家庭智慧生活管理系统，打造安全、健康、便利、节能的家。

3. 实例

喜马拉雅是流行的音频分享平台之一，拥有亿万收听数据和内容沉淀。"小雅"是喜马拉雅基于平台既有的资源优势打造出的一款"内容型音箱"。

小雅定位于内容型音箱，能够主动学习，能为用户提供精准化智能推荐。在人性关怀方面，小雅更像是一个陪伴者，而不是冷冰冰的机器，"甜而不腻"的音色定位如同邻家女孩一般，带来人性化的暖意。在智能型方面，消费者只需要通过语音交互，便能实时点播相关音频产品，小雅在一定程度上可成为居家生活中的"有声图书馆"。

小雅的服务功能由语音交互服务、智能点播服务、断点续播服务和智能推荐服务构成。

一是语音交互服务：操作简单，想听什么只需说出来，1.5s 内反应，识别准确率达 90% 以上。

二是智能点播服务：既能精准单集点播，也能模糊大类搜索。

三是断点续播服务：能记住用户听过的内容和进度，能让用户随时随地继续听。

四是智能推荐服务：能根据用户的历史使用记录计算出用户的喜好，再按照用户的喜好推荐内容，"越用越聪明"。

总之，小雅是一种场景解决方案，相当于家庭的"管家"。以养老院为例，小雅海量音频内容能够陪伴老人度过空余时间，语音日记等功能能够记录老人想对子女所说的话；餐饮方面，可实现主动为用户推荐周边餐厅及信息服务，餐厅可接入；医疗方面，可提供紧急呼救与周边医院信息，医疗机构可接入。

8.1.2 智慧医疗

1. 简介

在传统环境下，患者、医院、医生和医疗设备等主体在时空上是分离的，"信息不对称"和"信息不共享"是造成医疗效率低下的重要原因之一。目前，医疗领域还没有实现电子病历的共享，患者去不同的医院看病，还需要重复办理医疗卡、重复购买纸质病历等，医生较难全面地掌握患者的治疗档案，还需要依靠询问患者来了解一点不太准确的情况。患者也只是在生病之后去看医生，平时较少知晓自己有哪方面的患病风险，也一般不知道为了预防某种疾病自己应该养成什么样的生活习惯和饮食习惯。在这种情况下，患者对自己的身体状况，医生对患者的历史情况都是不清楚的。

智慧医疗试图打通患者、医院、医生和医疗设备之间的"信息隔离"，其本质是四个主体间的信息共享和智能交互平台。如华为公司的"全联接医疗"通过大数据、云计算技术的深度融合打造健康档案区域医疗信息平台，利用最先进的物联网技术，实现患者与医务人员、医疗机构、医疗设备之间的互动，构建智慧化医疗服务体系。

又如，阿里云的"ET 医疗大脑"能打通医疗信息屏障，能为医疗机构提供数据智能服务；能盘活医疗数据价值，实现精准医疗和智能辅助诊断；能通过对临床数据和医院运营数据的分析，结合各级部门对医疗质量标准的管理，对病历/病案质量、临床路径标准等进行自动监测和分析；能大幅度降低因各类"错误书写"和"信息缺失"造成的医疗事故数量，能对医疗机构的服务质量进行实时提示和统计管理。

【拓展案例】IBM 的 Watson

2. 服务模式

智慧医疗的服务模式类型包括智慧诊疗服务、智慧公共卫生服务和智慧健康服务。其中，智慧诊疗的服务对象是医生，智慧公共卫生服务的服务对象是公共卫生的管理人员，智慧健康服务的服务对象是家庭和个人。

（1）智慧诊疗

智慧诊疗是基于人工智能的远程诊疗服务。智慧诊疗系统具有医疗影像分析、病灶识别与标注、生物电智能监测和影像三维建模等服务功能，能充分运用医疗大数据实现医疗诊断和治疗的智慧化。

如联想研究院人工智能实验室开发的"E-Health 肝肿瘤智能辅助诊断系统"，集成了前沿的深度学习算法，依托于联想云平台，凝聚了众多医学专家的诊疗经验，具有肿瘤的自动检测与分类、CT 图像中肿瘤数据的自动标注、集成肿瘤特性的三维模型展示，以及诊断报告自动生成等功能。该系统一方面能够智能分析医疗图像，自动为医生提供辅助诊断意见，另一方面可以降低医生工作量，避免由于医生疲劳等因素而产生的误诊情况。

（2）智慧公共卫生

智慧公共卫生旨在整合人口健康大数据资源，为智慧医疗提供统一的数据服务平台，能实现公共健康的预测预警和智慧管理。如华为推出的区域人口健康信息平台，能实现人口健康信息的一体化管理，能实现居民健康档案大数据和医疗机构人数据的共享和开放。

（3）智慧健康

智慧健康主要面向家庭和个人提供智慧化的健康管理服务。在传统的生活方式下，个人的健康管理基本处于"空白"状态，大多数人都忙忙碌碌，较少了解和关注自己的身体状况，也较难知晓自己在睡眠、饮食、运动等方面的习惯是否科学健康。智慧健康旨在借助人工智能等技术帮助用户科学有效地实施自身的健康管理。

智慧健康的服务功能主要包括个人健康监测服务和个人健康管理服务。个人健康监测服务主要借助各类医疗穿戴设备，对心脏病、传染病等进行实时监测，对个人的健康状况进行预测和预警，能有效预防突发疾病。个人健康管理服务主要包括智能睡眠习惯养成、智能健身习惯养成、智能饮食习惯养成和智能服药管理等。

3. 实例

"Now 正念冥想"是一款旨在改善个人睡眠质量的健康管理类应用。Now 正念冥想能为用户提供冥想练习教程，能帮助用户实现高质量的深度睡眠，不再为失眠所困扰。

"小米运动"能连接小米手环、米动手表青春版、小米体脂秤、小米体重秤等智能设备，以及智能跑鞋，能为用户提供精准的运动数据记录、丰富的健身训练视频、详细的睡眠及运动分析。

小米运动的服务功能包括个人身体的"运动分类"记录服务和"状态数据"评测服务，如图 8-1-1 所示。一是运动分类记录服务：其支持跑步、骑行、健走和丰富的减脂、塑型等健身训练内容；可进行运动姿态和心率分析；

能提供可视化的体脂曲线。二是状态数据评测服务：可通过检测 10 项身体成分数据，及时发现影响身体健康的风险。

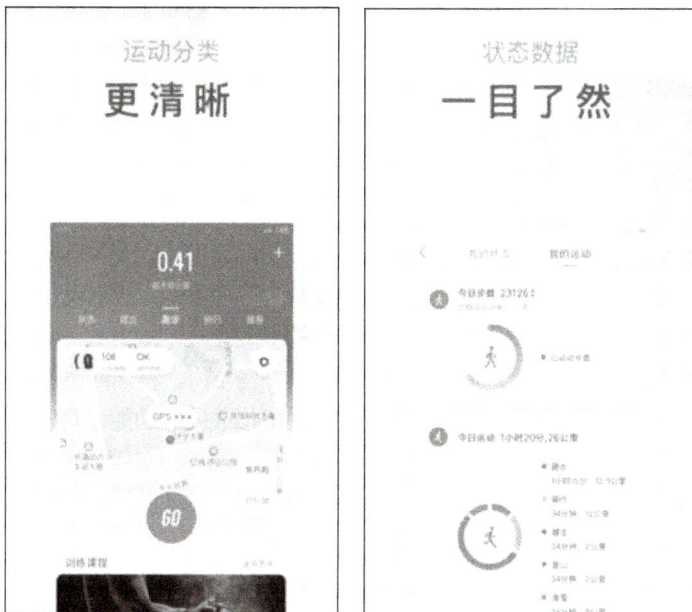

图 8-1-1　小米运动的服务功能包括"运动分类"和"状态数据"

除此之外，小米运动还提供"睡眠管理"服务，能为用户深入分析影响睡眠质量的各种因素。

8.2　网络游戏应用模式

从 1969 年世界上第一款真正意义上的网络游戏——《太空大战》（Space War）出现到现在，全球网络游戏已拥有了超过 50 年的发展历史。本节拟重点讲述动作游戏（Action Game，AG）、角色扮演游戏（Role Playing Game，RPG）、冒险游戏（Adventure Game，AG）、模拟游戏（Simulation Game，SG）和益智游戏（Puzzle Game，PG）这 5 种网络游戏应用模式。

8.2.1　网络游戏概述

1. 基本概念

网络游戏即"Online Game"，又称"在线游戏"，简称"网游"。网络游戏是相对单机游戏而言的，网络游戏通常是以个人计算机、平板电脑、智能手机等载体为游戏平台，以互联网为数据传输媒介，必须通过广域网网络传输方式

（互联网、移动互联网）实现多个用户同时参与的游戏产品。网络游戏具有以通过对游戏中人物角色或者场景的操作实现娱乐、交流目的的游戏方式，是具有可持续性的个体性多人在线游戏。由此可见，多人间的互动娱乐是网络游戏的本质特征。

从网络游戏所依托的网络基础设施来看，网络游戏主要包括基于互联网的网络游戏、基于广播电视网的网络游戏和基于移动互联网的网络游戏（简称"移动网络游戏"）。基于互联网的网络游戏主要面向计算机终端用户提供服务，也称"电脑网络游戏"。

移动网络游戏具体是指运行在移动终端上的网络游戏，是以移动互联网为传输媒介，以游戏运营商服务器和用户手持设备为处理终端，以移动支付为支付渠道，以游戏移动客户端软件为信息交互窗口的多人在线游戏方式。移动网络游戏主要面向智能手机终端用户提供服务，也简称"手游"。移动网络游戏与电脑网络游戏一样可以实现娱乐、休闲、交流和取得虚拟成就的功能，具有可持续性的个体性特征。同时，移动网络游戏技术门槛、开发成本相对较低，具有移动性、便捷性的独有特征，能满足用户碎片化的时间需求。目前我国移动网络游戏正处于爆发增长期，大型优质的移动网络游戏作品在未来会不断问世。

网络游戏有一个新的发展趋势是同一款游戏可在不同设备上继续运行，或者是通过不同设备共同进行游戏以加强游戏体验。如"Wii U"所具有的触摸屏就可以作为第二屏幕辅助游玩，而索尼的游戏设备也能实现跨平台操作，它可以允许玩家在一个设备上停止游戏以及再在另一个设备上继续进行。再如，微软公司的"Xbox One SmartGlass"，用户将它下载安装到手机（支持安卓、Windows 以及 iOS）或平板上之后，就能通过它来控制电视上的游戏，能增强用户的游戏体验。

从网络游戏存在的形态来看，网络游戏与其他应用一样也存在两种基本的形态：原生应用和页面应用。原生应用形态的网络游戏在业界被称为"客户端游戏"；页面应用形态的网络游戏在业界被称为"页面游戏"，简称"页游"。如游戏门户网首页推荐的页游包括：《大天使 MU》《斩龙传奇》《神魔之道》《风云无双》《传奇霸业》《大皇帝》《火影忍者 OL》《刺沙鬼》《武者魂》《秦时明月》和《倾世洛神》。同一款计算机网络游戏或移动网络游戏，可能同时存在上述两种形态，也可能选择一种最适合的形态。

从网络游戏是否收费来看，网络游戏可划分为免费游戏和收费游戏两大类。免费并不是指游戏公司不盈利、完全免费提供游戏，而是指游戏时间免费，玩家无须对游戏时间进行付费。它主要通过游戏增值服务盈利，如销售装备卡、道具卡、双倍体验卡等。收费游戏则相对较古老，在网络游戏发展初期较普遍，它主要是以玩家的游戏时间为标准进行收费。具体来说，网络游戏的盈利模式主要包括点卡收费模式、道具收费模式、特权收费模式、广告植入模式和游戏周边产品模式。

（1）点卡收费模式：玩家通过购买游戏点卡，在游戏中充值，然后将游戏点数折合成游戏时间的一种模式。这种模式主要根据玩家的游戏时间进行收费，玩家在游戏中花费的时间越多，游戏公司赚的钱就越多。其具体的收费方式包括两种：一是按小时收费；二是按包月收费。

（2）道具收费模式：游戏是免费的，游戏向所有人开放，即任何人都可以玩，能确保游戏的人气，但道具是收费的。道具主要是为了使玩家在游戏中更方便或是为了提高游戏中人物的装备水平、属性等而设置的。如果玩家想要获得这些能力的话，就需要购买道具。这种模式给予了玩家更多的自主权，玩家可以根据自己的具体情况来取舍是否需要购买道具，具有充分的自主性和个性化。玩家可以用时间换取能力，通过长时间磨练获得升级；玩家也可以用金钱换取能力，通过花钱在短时间内购买较强的道具，能快速提升能力。对于这种盈利模式，"免费"的游戏降低了游戏的门槛，从表面上看似乎减少了玩家的花费，实际是更吸引了玩家的注意。

（3）特权收费模式：将玩家分为普通玩家和特权玩家（会员），玩家花钱购买特权成为特权玩家从而可以享受到一些普通玩家没有的特权，如免费装扮、游戏道具免费使用、小喇叭等。这种特权一般都有一定的期限，时间一到特权就会消失，玩家即成为普通玩家，如果玩家还想继续享受特权就需要重新购买。这样周而复始，游戏公司就通过这种特权购买而盈利。

（4）广告植入模式：可以使玩家收到不同的广告，这种广告变化较大、更替较快，这样就不易使玩家感到厌倦。此外现在这些广告制作得越来越精美，有时会给玩家带来一些赏心悦目的感受。

（5）游戏周边产品模式：通过开发游戏相关的周边产品进行盈利，如玩偶、服饰、电影等。

2. 传统原子应用模式

网络游戏应用模式是游戏策划和创意设计的关键环节之一。其中战略目标可以框定游戏的用户群体；服务模式中主要设计游戏情节、游戏玩法和游戏机制；盈利模式中主要设计游戏收费方式；用户管理模式中主要呈现用户的经验级别和成长体系。但网络游戏应用模式到底包含哪些独立的原子应用模式？目前业界主要按照游戏的内容进行类型划分，如"百度爱玩"的网络游戏排行榜中，将网络游戏的类型划分为"角色扮演、策略经营、回合游戏、运动休闲、射击游戏和捕鱼"。同时，该排行榜按游戏的内容特色又将网络游戏的类型划分为"奇幻、武侠、玄幻、魔幻、历史、写实、狂欢、科幻、体育、经典移植、对战、神话、传奇类、小说、卡通三国、电影改编、美女、动漫、益智、军事、历史、儿童和射击"。因此，本书尝试按照服务模式类型来细分网络游戏应用模式，其原子应用模式主要包括动作游戏、角色扮演游戏、冒险游戏、模拟游戏和益智游戏。

3. 发展趋势

（1）云游戏

云游戏正在兴起。云游戏是以云计算为基础架构，游戏数据和计算都在云端完成，玩家只需访问游戏页面的新型游戏服务模式。云游戏能减少游戏对玩家硬件的需求，能使玩家使用简易的终端就能享受高质量的游戏体验。目前，腾讯、完美世界和网易等网络游戏应用提供商纷纷推出自己的云游戏平台。如网易云游戏平台中，所有游戏应用无须玩家本地安装，玩家的所有操作均在云端完成，不耗费终端设备存储空间；支持玩家使用智能手机、计算机和电视等多种终端来玩游戏。同时网易云游戏平台还为玩家提供"云手机"服务：在云手机中，玩家可随时切换不同游戏，每次进入游戏不需要再次排队。

【拓展案例】微软公司的云游戏平台 Azure

（2）虚拟现实/增强现实游戏

在未来，虚拟现实/增强现实技术将与上述游戏应用模式相融合，催生出 AR/VR 动作游戏应用模式、AR/VR 角色扮演游戏应用模式、AR/VR 冒险游戏应用模式、AR/VR 模拟游戏应用模式和 AR/VR 益智游戏应用模式。

虚拟现实的三大特性（沉浸感、互动性和想象力）在游戏应用中能得到充分发挥。虚拟现实视觉交互能刷新传统数字游戏中"看"的作用，能确认玩家第一人称的身份，体现出更高的参与性。与此同时，由于虚拟现实游戏以手柄手势为输入渠道，一改传统游戏玩家"黏在椅子上"的坏习惯。学者研究表明，虚拟现实游戏对青少年沉迷网络游戏有明显的改善，对玩家而言，边游戏边运动是个不错的选择。虚拟现实游戏的服务模式主要包括场景体验、冒险益智、设计竞赛和社交娱乐四种。虚拟现实游戏的开发大都依托于虚拟现实终端的特性开展，用户借助相应的虚拟现实设备如眼镜、头盔及手柄等可以充分体验到参与性与沉浸感。

增强现实可以无缝集成虚拟的游戏世界和真实的现实世界，能让虚实两个世界的信息进行叠加，能让玩家体验到现实世界中较难体验到的味道、触觉等实体信息，能让不同地点的玩家在一个真实的现实场景中进行对战。如《悠梦》是一款由网易盘古工作室与增强现实服务平台网易洞见联合开发的增强现实解谜类游戏，能让玩家在游戏中

【拓展案例】虚拟现实游戏的典型应用

体验丰富的场景和互动感；《倩女幽魂》与网易洞见合作，为玩家带来不一样的增强现实体验，用户不仅可以见到各式的职业模型，还可以与他们亲密接触；武侠手游《三少爷的剑》则是加入了增强现实战斗和增强现实铸剑玩法，让玩家更有临场感；《阴阳师》让玩家在增强现实相机中与大天狗、茨木童子同屏合影，并分享到微信、微博；《决战平安京》开启了精美的增强现实天灯玩法，召唤妖狐辉夜姬与玩家共度中秋佳节。

（3）社交游戏

网络游戏应用模式还有一个发展趋势是与社交网络深度融合，社交游戏将成为未来的发展趋势。《王者荣耀》是多人在线战术竞技（Multiplayer Online Battle Arena，MOBA）类游戏，也是典型的社交游戏应用。《王者荣耀》主打"5V5"团队公平竞技，包括契约之战、五军对决、边境突围等多种作战模式。《王者荣耀》具有鲜明的特色：全景沉浸式大厅、国风配色、传统饰形、山水云纹，更加具有东方神韵；具有匹配机制、信誉积分系统、实时审判系统等对局系统。《王者荣耀》以微信/QQ 社交为基础，引导玩家在游戏过程进一步拓展游戏内的好友系统、观战系统、排行榜、社区和赛事。其社交功能也在不断升级，2020 年 3 月 31 日更新的版本新增打气功能（组队战斗中可向队友发送鼓励信息）等。

8.2.2　动作游戏

1. 简介

动作游戏强调玩家的反应能力以及手眼的配合程度。通常而言，这类游戏的情节较简单，因为玩家通常处于时间压力下，玩家主要通过熟悉操作技巧就可以进行游戏。这类游戏一般较有刺激性、情节紧张、声光效果丰富。在这类游戏中，呈现的大多数挑战都是测试玩家的游戏技能。它也经常含有谜题解决、战术冲突和探索等挑战。最快的动作游戏有时候被称为抽搐游戏（Twitch Game），暗示着动作几乎按照反射的速度发生。玩家通常没时间来考虑复杂的策略或者计划。

2. 服务模式

动作游戏还可以细分出许多具体的服务模式，其中最主要、核心的是射击游戏（Shooting Game，SG）和格斗游戏（Fighting Game，FG）。

（1）射击游戏。在射击游戏中，玩家通过使用某种类型的武器，在远处采取动作，进行射击。在这类游戏中，玩家既要注意射击目标也要注意自身的安全。根据游戏视角，可将射击游戏分为第一人称射击游戏（First Personal Shooting Game，FPSG）和第三人称射击游戏。第一人称射击游戏就是以玩家的视角进行射击的游戏，玩家不再操纵屏幕中的虚拟人物进行游戏，而是身临其境地体验游戏带来的视觉冲击，能大大增强游戏的主动性和真实感。如《穿越火线》《反恐精英 OL》《行星边际 2》就是近年来我国较受欢迎的射击游戏的代表。《行星边际 2》是一款第一人称射击游戏，它打破了房间作战的概念，可实现 2000 人同时作战。

（2）格斗游戏。格斗游戏是由玩家操纵各种角色与电脑或其他玩家控制的角色进行格斗的游戏。这类游戏主要以动作为主，强调玩家的反应能力以及手眼的配合程度，以玩家之间的格斗竞技区分胜负。

3. 实例1

《穿越火线》是一款第一人称射击游戏，它是由腾讯运营的一款以"保卫者、潜伏者"两大国际佣兵组织为背景的网络游戏。该款射击游戏的特点是通过人物的快速移动、瞄准、开枪的快击感以及独特的游戏模式、多种便利系统等使玩家从中得到乐趣。游戏界面如图8-2-1所示。

图 8-2-1 《穿越火线》游戏界面

4. 实例2

《新热血英豪》是一款 3D 动作格斗网游，该游戏最主要的目的就是独自一人或联合队友战胜敌对玩家。该游戏凭借可爱、搞笑的 Q 版卡通形象、简单却多变的操作、特性与招式各不相同的道具，还有可以自己制作角色形象的自编造型系统吸引了许多玩家。此外，游戏中有二十几种职业可以更换，每种职业各自拥有不同的特性与招式。游戏界面如图8-2-2所示。

图 8-2-2 《新热血英豪》游戏界面

8.2.3 角色扮演游戏

1. 简介

角色扮演游戏（Role Playing Game，RPG）是由玩家扮演一个或数个角色，有完整故事情节的游戏。角色扮演游戏会把游戏制作者的世界完整地展现给玩家，能构建一个虚幻的或现实的世界，让玩家在其中尽情地冒险、游玩、成长，并感受制作者想传达给玩家的观念。角色扮演游戏的玩法元素主要包括运动、战斗、角色生成、经验级别、魔法、角色交互和存货清单管理。

2. 服务模式

角色扮演游戏是由桌上型角色扮演游戏（Tabletop Role Playing Game，TRPG）演变而来的。桌上型角色扮演游戏属于纸上棋盘战略类游戏，是由一个游戏主持人和多个玩家共同组成的。在桌上型角色扮演游戏中，游戏主持人主要负责担任游戏的仲裁者，而其他玩家则主要扮演游戏中不同的角色并完成各角色的任务。

在网络游戏中，我们常说的角色扮演游戏实际是大型多人在线角色扮演游戏（Massively Multiplayer Online Role-Playing Game，MMORPG），它是角色扮演游戏发展到网络游戏的产物。在这类游戏里"所有玩家都存在于一个大的虚拟游戏中，玩家可以使用拥有不同特点的角色体验虚拟生活，游戏本身是持续发展的。通常玩家创造和操控一个游戏主角，游戏主角通过赢得战斗、完成任务积累一定的经验值后提升等级，获得金钱和高级装备，同时游戏主角学习到新的魔法和技能，属性增强，能力由弱变强。玩家融入游戏情节中，视自己的角色为游戏的一部分。"在大型多人在线角色扮演游戏中，人物一旦注册以后就一直存在于游戏中，直至游戏停止运营才会消失。由于可以使众多玩家同时在线、玩家之间可以进行互动，因此与单机的角色扮演游戏相比更具吸引力。

3. 实例

目前，此类模式在网络游戏中极其普遍，其中代表有《传奇》《剑侠情缘网络版叁》（简称《剑网 3》）等。《剑网 3》是由金山软件西山居工作室开发，由金山软件运营的一款 3D 武侠角色扮演网络游戏。《剑网 3》以金庸、古龙的传统武侠小说作为脚本设计的基础，以唐朝作为游戏发生的背景，玩家主要扮演一名初入武林的小人物开始闯荡武侠世界。在游戏中玩家通过完成不同的任务的、与他人进行交往、加入不同的门派、学习不同的武功、选择不同的职业等，开启各自的游戏生活。《剑网 3》游戏界面截图如图 8-2-3 所示。

图 8-2-3 《剑网 3》游戏界面

8.2.4 冒险游戏

1. 简介

冒险游戏通常是玩家控制角色进行虚拟冒险的游戏。在冒险游戏中故事叙述、探索、解谜、刺激是重要的元素，而动作性以及提升人物能力等方面的内容则被弱化。冒险游戏的主要特性为：故事情节往往以完成一个任务或解开某些谜题的形式展开，在游戏过程中强调解谜的重要性。在冒险游戏中强调故事线索的发掘，主要考验玩家的考察能力和分析能力，这类游戏的主要游戏思路旨在让玩家在游戏中探索发现更多的未知事物，满足玩家的好奇心。

2. 服务模式

冒险游戏主要包括文字冒险游戏与图像冒险游戏。

（1）文字冒险游戏

这类冒险游戏最初主要是通过文字进行叙述，从以精彩的剧情、复杂的分支作为卖点到后来发展到辅以一定的动画。但这类冒险游戏在单机游戏中较普遍，网络游戏中相对较少，但也有存在，如《北大侠客行》。

（2）图像冒险游戏

不同于文字冒险游戏的是，图像冒险游戏以图像为核心，文字为辅助，通过图像使玩家产生身临其境的冒险感觉。

对于现阶段的冒险游戏而言，其具体的分类已经逐渐模糊，如今在网络游戏中，冒险游戏这一模式主要是以与其他模式相结合的形式存在。

3. 实例

"NVIDIA"推出的《终极任务》（*Ultimate Quest*）属于文字冒险游戏。该游戏包含很多基于文本的冒险元素，注重情节和互动，突出的关键词是可供使用的道具和动作，输入后即可互动。图 8-2-4 所示为《终极任务》游戏界面。

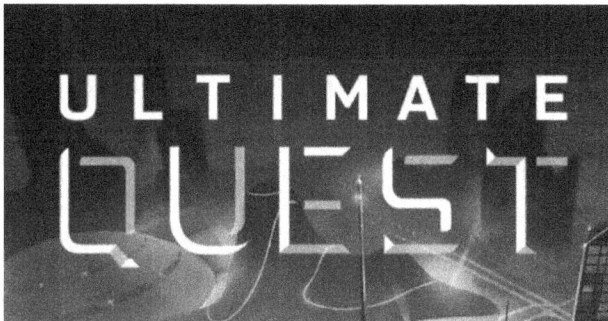

图 8-2-4 《终极任务》游戏界面

8.2.5 模拟游戏

1. 简介

模拟游戏就是模仿某一种行为模式的游戏。模拟游戏最大的特点就是模仿力求完美。如通过模拟真实世界中的环境与事件，为玩家提供一个在近似真实生活当中可能发生的情境的游戏。高度的模拟、仿真是这种游戏的精髓，玩家通过高度的模拟来体验个人生活中存在的或不存在的事情，通过这样的体验来获得乐趣。

2. 服务模式

模拟游戏一般可分为载具模拟游戏模式、经营模拟游戏模式、养成模拟游戏模式、策略模拟游戏模式。

（1）载具模拟游戏模式

这类游戏模式是模拟游戏中最基本的类型。在这类游戏模式中，主要通过模拟驾驶各类载具让玩家找到一种真正驾驶这些载具的感觉。

（2）经营模拟游戏模式

在这类游戏模式中，玩家通过扮演管理者的角色对游戏中虚拟的物产如庄园、咖啡馆等进行经营管理，以此来感受经营的乐趣。*FarmVille* 系列就属于该类型。游戏中玩家需要经营一个农场，玩家通过种植作物、树木、动物并贩卖，拜访其他玩家的农场等方式来获得收入，再将这些收入用于装饰农场、养殖动物、建造房屋并扩充农场等，最终目的就是经营好整个农场。

（3）养成模拟游戏模式

在这类游戏模式中，玩家主要通过对游戏中的对象（人或者其他生物）进行培养，使它们能够很好地成长，玩家可在这种培养的过程中获得快乐。

（4）策略模拟游戏模式

虽然有的地方将策略模拟归为单独的一类模式，但其本质上仍然属于模拟游戏模式。策略模拟游戏不再只是模拟一个人物或者生物，更多的是需要玩家在游戏中站在更好的角度进行谋篇布局，从而完成游戏中的任务或目标。

3. 实例

《七雄争霸》是一款典型的策略模拟网络游戏。在游戏中，玩家需要发展自己的城市，扩大自己的势力范围，培养独当一面的武将，与朋友建立联盟，从而不断壮大自身的实力，最终实现"称霸天下"的目标。《七雄争霸》游戏界面如图 8-2-5 所示。

图 8-2-5 《七雄争霸》游戏界面

8.2.6 益智游戏

1. 简介

益智游戏是最早出现的游戏类型之一，这类游戏不需要强烈的声光效果，但侧重于依赖玩家的思考和逻辑判断，按玩家的思路来实现游戏所设置的目标。

2. 服务模式

益智游戏的核心在于玩家的思考、逻辑判断。但现在益智游戏会添加一些其他要素如时间压力、行动元素、道具辅助等。特别是一些休闲游戏平台上的游戏，它们很多都属于益智游戏，如 QQ 游戏中的《斗地主》《跳棋》《连连看》《英雄杀》等。图 8-2-6 所示为《QQ 跳棋》游戏界面截图。

3. 实例

《密室惊魂》（Damned）也属于益智游戏。在游戏中五名玩家在一个密室中分别扮演四名生存者和一个怪物，生存者要想办法逃离密室（医院、宾馆等场所），而怪物则要在生存者逃离之前将他们全部消灭。这款游戏和大部分益智游戏一样，操作简单，主要考验玩家的逻辑判断和思考能力。其界面如图 8-2-7 所示。

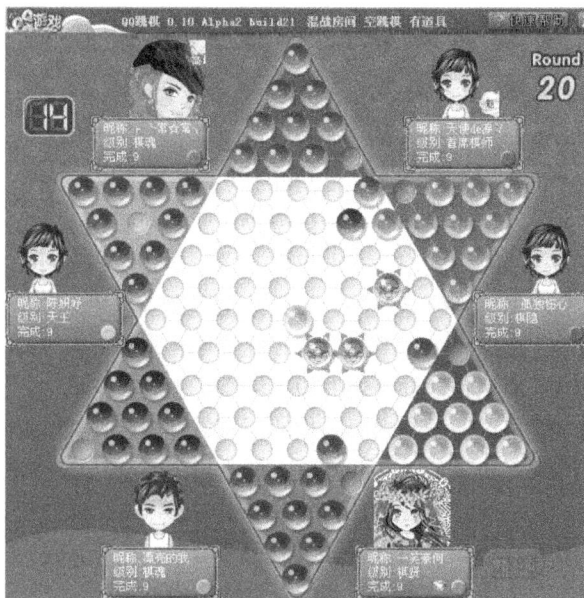

图 8-2-6　《QQ 跳棋》游戏界面

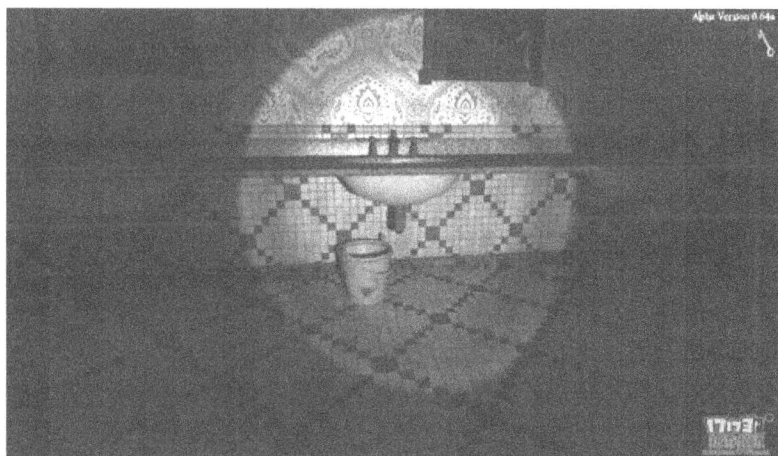

图 8-2-7　《密室惊魂》游戏界面

8.3　网络视频应用模式

　　当前，人工智能、虚拟现实技术与视频应用正在不断融合发展，虚拟现实技术正在改变视频内容的表现形式，人工智能正在改变视频内容的分发方式。本节重点讲述在线视频直播、互动视频分享和社会化视频分享三种原子应用模式。

8.3.1 网络视频概述

1. 概念

网络视频是指在线向用户提供视频播放服务的一种应用模式。根据视频的播放方式和生产方式的不同，网络视频的原子应用模式可划分为在线视频点播、在线视频直播、互动视频、社会化视频、原创短视频。在线视频点播是最早的、也是最成熟的原子应用模式，仅在此作简要介绍。另外，原创短视频应用已与社交网络应用相互融合发展，多数原创短视频应用采用短视频社交网络的原子应用模式，详见 7.3.3 节的内容，此处不再重复介绍。本节拟重点介绍在线视频直播、互动视频、社会化视频三种原子应用模式。

在线视频点播主要通过与内容版权的拥有方开展合作或者购买版权，向用户提供在线的视频点播服务。在线视频点播平台中，一边是视频点播平台的规模化用户，另一边一般是视频点播平台的内容提供方。以爱奇艺视频网站为例，据其官方站点"公司介绍"栏目，爱奇艺旨在"打造涵盖电影、电视剧、综艺、动漫在内的十余种类型的丰富的正版视频内容库。"

2. 发展趋势

一是在视频内容的制作和呈现方面，虚拟现实影视和虚拟现实直播正在不断发展成熟。虚拟现实影视能打破传统电影中观众的无身份凝视的"旁观"机制，能通过全景化和大视野的拍摄制作手法带给观众充分的沉浸感、临场感，从而实现观众的身份化，使观众参与到影片中，表现出一种介入故事进程的交互性，能为观众提供第一人称的观影感受。已有的服务平台主要有爱奇艺 VR 影院和优酷 VR 频道。虚拟现实直播能将虚拟现实环境与电视直播相结合，它正成为一种娱乐与社交的新媒介，能通过增强观众的参与性与互动性，创造临场感，能让在线观众参与到虚拟世界中。虚拟现实直播的服务功能一般包括基于虚拟现实的视频上传、云端编码、传输云存储、媒体处理、内容分发、多终端全景播放等，能为直播者实现完整的端到端虚拟现实直播服务，能为不同网络条件、不同终端观众提供稳定流畅的全景和虚拟现实观看体验。

二是人工智能正在改变视频内容的分发方式。例如，爱奇艺基于搜索和视频数据，建立了能理解人类行为的视频"大脑"——爱奇艺大脑：其运用大数据指导内容的制作、生产、运营、消费；通过云计算能力、带宽储备以及全球性的视频分发网络，致力于为用户提供更好的视频点播服务。网易已推出专门的智能视频分析云服务。其服务功能包括基于视频标签技术，快速提供视频人物标签及对应时间定位；基于语音识别、图像文字识别技术，提供视频语音、画面文字转写文本功能；基于语义分词技术，提供视频内容关键词。新媒体应用搭载该云服务就能实现视频的智能推荐和分发，能为视频平台的海量视频快速添加内容标签；通过与平台用户偏好标签数据比对，能实现平台视频内容的高效智能推荐；也能实现场景化广告投放，通过分析并提供视频的多维度标签，实现视频广告的场景化智能匹配，增强广告与视频内容的关联性，提高转化率。

8.3.2　在线视频直播

1. 简介

在线视频直播是一种实时采集、制作和播出视频节目内容的原子应用模式。国内最早可追溯到 2005 年上线的"9158 视频社区"，随后"六间房""YY 语音"等平台凭借秀场模式快速崛起。近年来，随着 YY 语音母公司欢聚集团破冰上市、音视频传输技术的发展、视频分辨率的提升以及手机、平板等智能设备的普及，在线视频直播逐渐站在了我国新媒体产业的风口。

国外在线视频直播平台主要有推特旗下的"Periscope"，亚马逊旗下的"Twitch"，谷歌旗下的"YouTube Live"，脸书旗下的"Facebook Live"以及日本视频网络"Niconico"旗下的直播频道"Niconico Live"和韩国的直播网站"AfreecaTV"。国内在线视频直播平台主要集中在真人秀直播、体育直播和游戏直播三大领域。

真人秀直播领域集中了较多的在线视频直播平台，既有 9158 视频社区、六间房、YY 直播等在线视频直播先驱，也有映客直播、花椒直播、来疯直播等新晋平台，还包括呱呱视频、繁星直播、么么直播、易直播、ME 直播、小米直播等众多拥有可观用户数量的头部平台。游戏直播领域竞争较为激烈，斗鱼 TV、虎牙直播、战旗 TV 等平台携资本优势占据领域头部地位。体育直播领域中直播吧、腾讯体育、云图 TV 等头部平台在业内持续深耕，吸引了大量用户。此外电商直播也逐渐开始占据女性市场，音乐、财经、教育等专业领域也开始引入在线视频直播模式。

2. 服务模式

在线视频直播应用能提供在线开展视频直播活动的基础服务，主要包括三个方面。

一是视频直播管理服务：添加和设置直播信号源（摄像头等）；装扮服务（美颜、滤镜等）；品质优化服务（音效、防抖）等。

二是直播房间管理服务：房间资料管理（可以设置房间名、房间分类和房间简介等）；房间设置管理（可以设置房间的访问权限、麦序时间、文字聊天设置、最高人数等）；游客权限设置（是否可以抢麦、自由模式下是否可以聊天、语音聊天等）；直播权限设置（设置房间中的主播可以开展什么类型的直播活动等）。

三是实时互动服务：为主播和直播观看用户之间提供聊天、私信、关注、转发、送礼物、连麦、派对等形式多样的互动服务。

167

3. 实例

映客自 2015 年 5 月上线以来，在竞争激烈的真人秀直播领域迅速打开了市场。上线第一年即开始盈利，上线一年五个月后覆盖率即跃居真人秀直播领域首位，月活率蹿升至所有在线视频直播平台首位，上线三年成为"港股娱乐直播第一股"。映客主打素人直播，在极短的时间内"你丑你先睡，我美我直播"的口号迅速在目标用户群体中传遍，引发全民直播风潮。

映客自我定位为"高颜值直播交友社交平台"，其主要服务功能包括观看直播、实时互动、实时直播、录制视频以及实时社交等。自 2015 年 5 月上线以来，映客先后开启旅途直播、采访直播、线下活动直播、演唱会直播、发布会直播、综艺节目直播、工艺直播、健身直播、拍卖直播、新闻直播、政策直播等直播项目。在实时互动方面，映客设计了包括好友、关注、私信、留言、粉丝、送礼物、录屏以及分享等在内诸多互动模块；在实时直播方面，映客除提供业内一流的在线视频直播功能外还首次引入了实时美颜、秒开以及直播对战等更多细分领域服务；在实时社交方面，除普通互动功能外映客还提供基于地理位置的实时在线社交、开发附近交友、排队交友以及贵族守护等功能。映客的信息架构如图 8-3-1 所示。

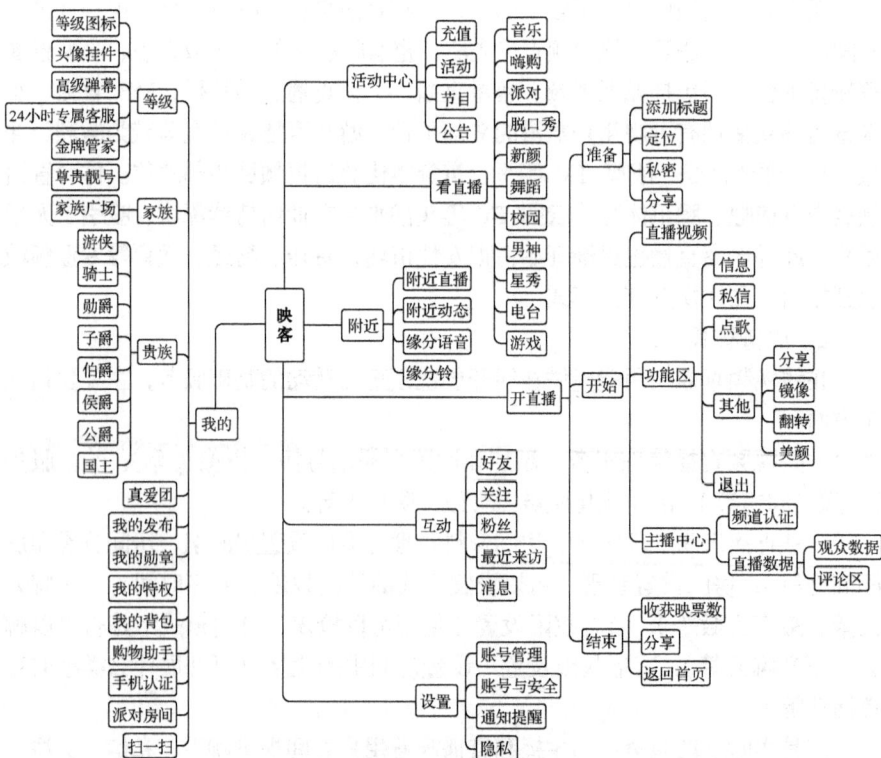

图 8-3-1　映客的信息架构

8.3.3 互动视频分享

1. 简介

据第45次《中国互联网络发展状况统计报告》，互动视频是指将剧情的走向交到观众手中，观众通过选项互动，主动参与剧情走向，由观众来决定角色的发展和结局。如《画师》是国内首部网络互动电影。互动视频分享是互动视频创作和观看的网络视频应用模式。目前，腾讯视频、爱奇艺、哔哩哔哩、优酷等多家视频应用平台均开始尝试互动视频分享模式，互动电视、互动电影、互动综艺等互动视频内容产品遍地开花。

2. 服务模式

互动视频分享应用的核心服务功能包括"互动视频在线创作服务"和"互动视频在线观看服务"。

（1）互动视频在线创作服务

互动视频在线创作服务能让视频创作者在视频拍摄、剪辑的整个流程中自主地添加互动环节，能帮助视频创作者完成互动设计。互动视频在线创作服务的具体功能包括上传视频、音频、图片素材；故事线上传、编辑；预览互动剧情；编辑互动点，素材替换。

互动视频在线创作服务支持的互动方式主要包括"分支剧情""视角切换""画面信息探索""互动参数触发"等。

分支剧情：支持观众根据自身立场或偏好进行选择、参与和影响剧情发展，可根据不同选择进入不同的分支进行体验。

视角切换：支持观众在多个视角间进行切换，进而从不同角色、物理位置等视角来获得不同的内容体验。

画面信息探索：支持将文字、视频等内容加入主视频中，能以自然沉浸的方式提示、引导观众探索。如视频类可探索信息可结合主视频内容自然引出花絮、彩蛋等剧情。

互动参数触发：支持视频创作者设置多个互动参数；用户在观看过程中，通过互动可以累积互动参数数值，当参数数值达到或满足条件时，可以实现多种状态，如互动参数数值大于或小于某个值时触发隐藏剧情、互动参数数值大于或小于某个值时跳过某段剧情。

互动视频在线创作服务流程如图8-3-2所示。由图可知，互动视频创作者通过使用互动视频创作平台的基础功能和高级功能，将相关素材和故事线上传到平台，配置互动组件，审核完成后发布，就可以向外提供一部互动视频作品。

（2）互动视频在线观看服务

互动视频在线观看服务的具体内容包括三个方面。一是按照章节维度组织互动视频内容，类似于传统视频的集数，用户通过章节可以概览整体剧情的进程；二是按照"剧情线"维度组织所有的互动剧情片段，用户可以通过查看剧情线详细了解每个剧情分支，并方便及时做出调整；三是全程记录用户的观影行为，方便下一次继续观看。用户的观影和互动记录将被实时保存，可以在下次进入同一作品时继承；用户在互动过程中做的选择和行为，也将被记录在章节和剧情线中；用户的互动视频观影记录也会记录在"观看历史"中。

图 8-3-2　互动视频在线创作服务流程（来源：腾讯视频）

3. 实例

《画师》互动电影是一部由于哲、高扬导演的悬疑犯罪写实力作。电影首开国内互动电影先河，在关键剧情点设置选项，并触发不同故事线，将主人公命运的选择权交给屏幕前的观众。观众将不仅仅是单纯的接收方，还是以个人独立的视角切入电影，间接成为电影的创作者。

8.3.4　社会化视频分享

1. 简介

社会化视频是由用户创作和生产的视频内容的统称。社会化视频分享是一种用户原创视频发布和观看的视频应用模式。用户自己拍摄上传的内容是其主要内容源，也可称为"播客"。如 Socialcam 的目标就是为用户提供"最简单的拍摄和分享视频的方法"。再如"新华播客"的主要功能描述为"你可以在上面观看海量视频节目，收藏你喜欢的视频，上传你的视频，加你关注的播客为好友，简单方便地分享视频给你的朋友们。"

2. 服务模式

社会化视频应用平台的服务功能主要是提供用户原创内容的发布和分享服务。

一是用户原创内容的发布服务。社会化视频应用的内容来源主要是用户生成内容（User Generated Content，UGC）。用户生成内容是指由用户上传的所有共同数字内容的总称，这些数字内容并非来自网站出版者，而是由用户创造生成并且公开发布的，用户不再只是被动地消费数字内容，而是积极地根据其需求选择内容并且进行媒体内容的生成创造。与用户生成内容相类似的提法是用户创造内容（User Created Contents，UCC）。

二是社会化视频的分享服务。分享服务能实现与朋友一起看同一视频，能让用户基于视频建立虚拟聊天室，并且在其中进行实时互动，还可以拥有虚拟形象。如社会化视频应用"Chill"，用户注册（或者使用脸书账号）登录之后，可以选择自己建立一个房间或是加入已经存在的房间；用户进入房间后选择视频列表，或者在"YouTube"与"Vimeo"之类的视频网站上搜索视频，或者直接在视频列表中添加视频链接；之后就进入房间主持人的状态，可以开始播放视频；如果其他用户投票选择喜欢这些视频，该用户就可以增加积分成就。用户还可以拥有自己的虚拟形象，鼠标指针悬停在其他用户形象之上时，就可以看到他们在 Chill 网站上的档案页，包括积分成就和粉丝数，还可以选择关注、回复、私信或者取消关注。

同时，用户也可借助第三方社交网络或自建的社交网络，把自己拍摄、制作的视频在其社交圈中分享，用户也可以浏览、评论朋友上传的视频。特别是在移动社交网络环境下，能让用户实现随拍随分享。

为了增加用户观看视频的乐趣，还出现了"弹幕"视频分享模式。弹幕能让观看视频变成一件热闹的事，让观众知道他不是一个人在看视频，而是与其他的爱好者一起分享和交流；弹幕能满足观众"吐槽"的需求，观众对视频的哪一点不满就可以立即发布，并且可以得到回应，能形成一种互动观影的效果。

3. 实例 1

哔哩哔哩弹幕网（简称"bilibili"），是一家以 ACG（Animation、Comic、Game）为主题的娱乐站点，站点目前开设有动画、番剧、音乐、舞蹈、游戏、科技、娱乐、电影、电视剧等板块。bilibili 提供弹幕视频分享服务：用户可以在视频中发送弹幕，让即时评论或"吐槽"在视频上方"飞"过。bilibili 的弹幕模式分为普通弹幕模式和高级弹幕模式。

（1）普通弹幕模式

彩色、顶部、底部、滚动弹幕均为普通弹幕，发出弹幕位于普通弹幕池。bilibili 能为用户提供三种常用弹幕模式。

① 滚动弹幕：从右至左进行滚动运动的弹幕为滚动弹幕，也是默认使用的弹幕，用户可以使用该模式的弹幕进行一些对视频情节的"吐槽"和发布短

评，文字字数一般在以 7～25 字。

② 顶端弹幕：保持在视频画面最上方并居中排列文字的弹幕，用户可以使用此模式进行重点"吐槽"或指明部分细节画面，甚至搭配小号字体对当前视频画面进行详细的分析和细节出处讲解，或进行空耳翻译。

⑧ 底端弹幕：保持在视频画面最下方并居中排列文字的弹幕。

（2）高级弹幕模式

高级弹幕主要包含"特殊弹幕"和"代码弹幕"。使用高级弹幕需要向上传者（Upload，俗称"UP"）提出申请，并向系统支付相应的积分或硬币（特殊弹幕 2 个硬币或 200 积分、代码弹幕 5 个硬币或 500 积分），申请不成功积分或硬币将退还。若无法申请高级弹幕，可能是由于上传者设置稿件不接受高级弹幕申请。高级弹幕一经申请成功，即可在当前视频下使用高级弹幕。

4. 实例 2

社会化视频应用 Socialcam 的总体功能可描述为"让用户用最简单的方法拍摄视频，把视频上传到该应用专注的垂直社区，同时可以分享到其他社交网站上。"其官方描述的具体功能包括：使用视频过滤器制作任何时长的视频；可通过任何终端分享存储在云端的视频；通过脸书、特特等社交应用平台进行分享；能方便地浏览和评论朋友的视频。Socialcam 的视频拍摄制作功能比较强大，用户可以直接点击"拍摄按钮"进行视频拍摄，可以选择各种过滤器（包括最新的古典视频效果器），也可以自定义标题以及背景音乐等。类似的应用还有"Viddy"，其提供的拍摄与美化功能能让用户自拍摄视频和自定义视频效果（范围从复古到未来主义），也能让用户添加流行音乐，以及一键分享视频到其他社交网络。

【课后习题】

1. 根据自己的亲身体验，请简述人工智能对人们生活和娱乐方式的影响。

2. 请选择一种自己熟悉的智能生活应用，对其开展应用模式分析，主要说明其具有哪些特色。

3. 请选择一种自己熟悉的云游戏或虚拟现实游戏应用，对其开展应用模式分析，主要说明其具有哪些特色。

4. 请结合具体的实例，简要说明人工智能和虚拟现实技术对网络视频发展的革命性影响。

5. 请构思一种全新的人工智能+生活娱乐的应用，完成其应用模式的完整设计。

第 9 章　人工智能+电子商务应用模式

学习要点

- 什么是电子商务
- 智能电子商务应用模式的基本原理
- 传统电子商务应用模式的基本原理

关键术语

- 智慧商圈、智慧商超、智慧门店、虚拟现实购物
- C2C、B2B、B2C、LBS、O2O

人工智能在各类产品的设计、生产、物流和销售等领域的应用越来越广泛，智能设计、智能制造、智能物流和智能电子商务等不断发展成熟。例如，在物流领域，"Alphabet"旗下的无人机快递公司"Google Wing"在 2019 年 4 月正式获得美国联邦航空管理局（FAA）颁发的第一个无人机快递许可证，其即将在弗吉尼亚州布莱克斯堡开始提供无人机送货服务。虽然产品的设计、生产、物流和销售环节紧密相连，难以割裂，但智能设计、智能制造和智能物流超出了本书的范围，本书只讲述智能电子商务。当然，智能电子商务在很大程度上是传统电子商务的升级，与传统电子商务相比，其智能性更强。本书在讲解智能电子商务原埋的同时，也会梳理传统电子商务的主要应用模式。

9.1　人工智能+电子商务应用模式概述

电子商务发展至今主要经历了 4 个阶段。第一个阶段是从 20 世纪 70 年代到 20 世纪 90 年代，这一阶段电子商务主要基于电子数据交换，是以纸质文件交换的一种商务形式的革命；第二个阶段是从 20 世纪 90 年代开始，由于因特网的出现，电子商务进入了一个崭新的时代，这一阶段电子商务发展成依托因

特网而进行的商务活动；第三个阶段则是移动电子商务。如今，电子商务正在迈向第四个阶段：智能电子商务。本章将在 9.2 节详述智能电子商务，在 9.3 节讲述传统电子商务。

9.1.1 基本概念

1. 电子商务的概念

目前电子商务的定义有多种版本。如美国政府在其《全球电子商务纲要》中，比较笼统地指出电子商务是指通过互联网进行的各项商务活动，包括广告、交易、支付、服务等活动，全球电子商务将涉及世界各国。

1997 年 11 月，联合国欧洲经济委员会在比利时首都布鲁塞尔举办了全球信息标准大会，明确提出了电子商务的定义：电子商务是参与方之间以电子方式而不是以物理交换或直接物理接触方式完成的业务交易活动，是整个事务活动和贸易活动的电子化；它将事务活动和贸易活动中发生关系的各方面有机地联系起来，使得信息流、资金流、物质流迅速流动，能提高企业生产效率，降低经营成本，优化资源配置，从而实现社会财富的最大化。

世界贸易组织（WTO）的定义：电子商务就是通过电信网络进行的生产、营销、销售和流通活动。它不仅是指基于因特网的交易活动，而且是指所有利用电子信息技术来解决问题、降低成本、增加价值和创造商业和贸易机会的商业活动，包括通过网络实现从原材料查询、采购、产品展示、订购到出品、储运、电子支付等一系列的贸易活动。

联合国经济合作与发展组织（OECD）的定义：电子商务是发生在开放网络上的，包含企业之间、企业与消费者之间的商业交易。

上海市电子商务安全证书管理中心给电子商务下的定义是：电子商务是指采用数字化电子方式进行商务数据交换和开展商务业务活动。电子商务主要包括利用电子数据交换（Electronic Data Interchange，EDI）、电子邮件（E-mail）、电子资金转帐（Electronic Funds Transfer，EFT）及因特网等主要技术在个人间、企业间和国家间进行无纸化的业务信息的交换。

概括起来，电子商务大体上有广义和狭义两种定义。广义的电子商务定义为：使用各种电子工具从事商务或活动。这些工具包括从初级的电报、电话、广播、电视、传真到计算机、计算机网络，再到国家信息高速公路和互联网等现代系统。狭义的电子商务是指个人与企业之间、企业与企业之间、政府与企业之间及企业与金融业之间仅仅通过互联网进行的钱和物的交易活动。从这个角度讲，可称电子商务为电子交易或电子贸易。"电子交易=网络 + 交易"，是传统交易活动的电子化和网络化。

2. 移动电子商务的概念

移动电子商务也称移动商务（Mobile Commerce），指的是利用移动设备开展商务活动。移动电子商务通过无线通信网络使电子商务与移动终端用户群体紧密联系，能拓展、延伸电子商务的服务。移动电子商务是电子商务的一种延伸形式，本质上是电子商务的一种革新，它基于移动无线网络，依托移动通信设备，使人们能不受时间和空间限制进行商务活动，它是电子商务的一种新形式。移动电子商务应用涉及移动网络运营商、网络设备提供商、移动终端提供商、内容提供商等，这些参与者以移动用户为中心，以移动网络运营商为主导，在一定的政府管制政策限定下开展各种活动以实现自己的商业价值。

移动电子商务有 5 方面的基本特征：能突破传统电脑平台时间和空间限制，能极大地推动电子商务扩大销售规模；移动终端设备的使用能使交易更加方便、快捷，能提高电子商务交易效率；借助移动终端设备，能使条码扫描功能更为简单，比价功能更为方便；主要采用移动通讯技术和无线应用协议；随着移动终端设备的大量普及，移动电子商务用户会迅猛增加，移动电子商务发展潜力极大。

总之，移动电子商务发展的基本趋势有 4 个方面。

首先，能增强服务的时空随意性。云计算和移动电子商务结合，能使移动用户随时随地获取所需的服务、应用、信息和娱乐。用户可以在自己方便的时候，使用智能手机等移动终端设备查找、选择及购买商品和服务。

其次，能实现更好的个性化服务。移动电子商务能更好地实现移动用户的个性化服务，移动计算环境能提供更多移动用户的动态信息（如各类位置信息、手机信息），这能为提供个性化服务创造更好的条件。移动用户能更加灵活地根据自己的需求和喜好来定制服务与信息的提供，如用户可以将自己所处的城市结合进去，调整商品递送的时间，实现自己的个性化服务。

再次，能实现基于位置的服务。移动通信网能获取和提供移动终端的位置信息，与位置相关的商务应用成为移动电子商务领域中的一个重要组成部分。移动电子商务可以为不同位置的用户提供更具位置特性的服务（如在不同情境下，为用户提供不同的服务）。

最后，能实现基于定位的个性化推荐服务。所谓"基于定位的个性化推荐服务"是依据移动设备的定位及与位置相关的信息，向用户自动推荐符合其兴趣偏好或需要的资源。在移动通信中，通过基站的反馈信息，可以得到不同用户的具体位置。用户在不同位置发出的请求，移动服务系统应该能够根据其所在位置进行初始设定，通过对用户的位置和用户的具体服务请求进行分析后为用户提供个性服务。也可以根据不同用户经常活动的区域，将移动用户划分成不同的片区，进行用户兴趣预测，向同一区域的用户推送相似的服务。

9.1.2 原子模式类型

电子商务的原子模式类型非常丰富，划分的视角和方法不尽相同，本小节主要从基本的原子模式、原子模式的新发展两个方面进行梳理。

1. 基本的原子模式

从商务交易的对象视角来看，电子商务的原子模式可划分为：企业对消费者（Business to Consumer，B2C）的电子商务模式；企业对企业（Business to Business，B2D）的电子商务模式；消费者对消费者（Consumer to Consumer，C2C）的电子商务模式。严格意义上来讲，这3种原子模式涵盖的内容非常丰富，并不是严格意义上的原子模式，但业界已经习惯于这种划分。其中，部分原有的C2C电子商务平台向B2C电子商务平台转型。

从商务交易的内容视角来看，电子商务的原子模式可划分为制造投入（Manufacturing Inputs）模式和运营投入（Operating Inputs）模式；若从产品和服务的采购方式进行划分，电子商务的原子模式主要包括系统采购（Systematic Sourcing）模式和现货采购（Spot Sourcing）模式。其中制造投入模式是指原材料和成分直接形成制成品或者进入制造过程，也可看作"垂直"模式；运营投入模式是指非直接的原材料和服务投入，它们不直接形成制成品，也看作"水平"模式；系统采购模式主要是与合格供应商建立长期合约；现货采购模式从陌生的供应商处采购，这些采购属于"交易导向"（Transaction-Oriented），很少涉及长期买卖关系。

从商务交易的方式视角来看，电子商务的原子模式可划分为间接电子商务模式和直接电子商务模式：间接电子商务模式是指有形货物的电子订货与付款活动，它依然要利用传统渠道，如邮政服务或商业快递送货；直接电子商务模式是指无形货物或者服务的订货与付款等活动，如某计算机软件、娱乐内容的联机订购、文件查询、信息咨询、产品售后服务或全球规模的信息服务等。

2. 原子模式的新发展

B2C模式是企业利用互联网搭建平台，直接对消费者进行销售的一种模式。但B2C模式有天然缺陷：消费者无法真实体验产品，只能凭借图片、文字描述、网友评价来体验；物流不给力；与传统经销商之间的矛盾等。这种情况下，一些新型的电子商务模式正在快速发展。

（1）O2O模式

在线上-线下（Online to Offline，O2O）模式的早期，互联网的接入终端主要依赖于电脑、平板等。随着移动互联网的普及，O2O模式也将因此进化为O&O模式。这是一次典型的技术革命带来的商业模式转换。O&O模式借助移动互联网及移动终端（如手机）的普及，消费者实际上将处于一种永远线上的状态，线下则扩展为我们的全部生活实际行为。O&O模式意味着我们任何时刻的个人喜好、动作、商业行为等均成为时时可被挖掘的数据，而移动终端这张集合了所有可能消费的无形VIP卡，在帮助我们获得更好的资讯及服务的同时，也将帮助对应商家精准地识别潜在客户。

但线下和线上如何自如地进行切换和连接呢？最常用的连接技术就是"二

维码"。二维码是在"条形码"的基础上扩展而成的一种编码。它运用某种特定的几何图形，在平面"横竖二维方向上"按一定规律分布，以此记录数据符号等信息。

用户通过扫描设备识别二维码中所记载的编码，便可获知其中包含的信息。相比条形码，二维码能在横向和纵向两个方位同时编码信息，因而能在同样的面积容纳更多的信息，如网络链接、加密信息、广告信息、产品防伪溯源信息等。同时二维码更加安全，即使部分破损，仍能完整读取其中的信息。

二维码的商业价值也引起了其他行业的普遍重视，并已广泛应用于名片、登机牌、火车票、会议签到、网络链接、报刊杂志广告、户外平面广告、视频插播广告等领域。归根结底，二维码的商业价值和战略重要性，主要表现在它是移动互联网的重要入口，能帮助用户轻松实现"从现实世界到虚拟世界"的跨越。二维码的应用路径可归纳为：用户在智能手机上运用"快拍"等扫码解码软件，扫描各种媒体上的二维码，直接进入移动商务平台，并进行落单购买。

对位置固定的商业运营方而言，也可围绕二维码推行"W2M"模式，实施线上线下整合营销。W2M 是"Website（网站）"＋"Magazine（杂志）"＋"Mobile（移动商务平台）"的简称，其中网站和杂志主要发挥营销推广、拓宽移动商务入口的作用，移动商务平台则负责完成商品交易。随着激烈的市场竞争不断抬高媒体营销推广费用，二维码以其面积小、信息量大等特征，将能有效提高营销推广的投入产出比。

二维码以其直接将用户导入商品订购流程的做法，能大幅缩减用户在商业平台上徘徊、考虑等时间，因而有利于提高用户转换率。实践中，通常只有对商品产生一定兴趣的用户才愿花费时间、精力和移动数据流量，来扫描二维码、进一步了解相关信息。此外，对移动商务平台而言，由于从二维码导入的用户流量经过了初步筛选，所以有利于平台流量的均衡。

（2）社交电子商务

社交电子商务是社交网络与原有电子商务模式相互融合的产物：在购物后分享自己的购物心得、穿搭经验、美妆和使用体验，在分享中增加好友一起购买的可能。如"拼多多"是典型的社交电子商务应用，其战略定位描述为"和你的家人、朋友、邻居一起拼，品质商品更低价，包邮送到家，分享实惠，分享乐趣"。在购物服务方面，拼多多能提供源头好货产地直达服务；在社交服务方面，其致力于打造购物的互动交流平台，让购物变得有乐趣，能让用户与好友分享真实评价，在真实体验中发现低价好货，能让用户与志同道合的好友拼单，能让用户一起玩小游戏。用户可以通过客户端应用、微信端、手机 QQ 端和第三方浏览器等多个入口进入拼多多应用平台。

一是消费者端的多用户拼单模式：拼多多通过微信朋友圈等渠道，能让用户的好友连接在一起，实现"成团"购买。该模式能产生规模效应，能节省快递费用等成本。同时，经常开展的社交活动，能产生裂变传播效应，能吸引更多的用户参加促销活动和团购活动。人们的碎片化时间越来越多，使用手机版应用购物更加方便快捷。

二是商家的"零成本开店"模式。商家在拼多多的开店流程极其简单，能实现"0 元入驻、0 押金、0 扣点"；"店铺"分为个人店铺和企业店铺；店铺后台管理功能强大。

（3）直播电子商务

O2O 模式尽管在一定程度上能改善用户的购物体验，但依然无法真正解决 B2C 等电子商务模式的天然缺陷：产品在线上，用户无法真实体验。特别是在特殊时期，人们只能"宅"在家里，O2O 模式的线下消费环节难以实现。直播电子商务能通过直播方式全方位展示产品的现场体验情景："带货女王"和"口红一哥"等选货达人的现场直播，更能激发消费者的购买欲望。如"淘宝直播"带给消费者"真实的逛街体验"，能让消费者"边看直播边剁手"。

目前，专业电子商务应用服务提供商打造的淘宝直播、京东直播、蘑菇街等直播电子商务平台正在快速发展，其他应用服务提供商也开始布局直播电子商务应用：微博推出"微博小店"，斗鱼上线"斗鱼购物"。据《2019 年淘宝直播生态发展趋势报告》显示，2018 年淘宝直播平台带货达千亿，同比增速近 400%，81 位主播年入超过一亿元人民币；也创造了诸多销售奇迹，如李佳琦直播 2 小时，带货 2.67 亿；薇娅直播 5 分钟，卖掉 15000 支口红。

（4）智能电子商务

当然，人工智能与电子商务的深度融合是电子商务未来发展的基本趋势。目前发展较为成熟的智能电子商务应用模式包括智慧商圈、智慧商超、智慧门店、虚拟现实购物等，本章拟予以重点介绍。

9.2 智能电子商务应用模式

智能电子商务是运用人工智能、大数据、物联网和云计算等信息技术再造实体商业的业务流程而形成的新型商业形态。智能电子商务借助物联网技术，能将各种终端设备进行统一管理和互联，在餐厅、烘焙门店、零售门店、大型商场等行业场景中，能协助门店优化服务动线、提升坪效，能实现会员沉淀和大数据分析。本节重点讲述智慧商圈、智慧商超、智慧门店和虚拟现实购物 4 种应用模式。

9.2.1 智能电子商务概述

目前来看，业界的发展初步形成了智能电子商务的生态环境：专业的人工智能服务提供商推出智能电子商务云服务，各制造商、零售商纷纷搭载智能电子商务云服务积极尝试新零售模式。

如网易的"智慧线下店"产品主要应用于线下实体商店场景，能通过摄像头进行人脸识别、识别会员信息，可用于商业数据分析、定向营销等，具有三大功能。

一是客户的精准识别：对于一般场景中的人脸，可达到 99.9%以上的准确率，且对遮挡、侧脸、表情变化等实际环境具有良好的适应性。

二是定制服务：可为客户提供定制化会员服务，贴合企业实际情况和需求，服务部署快速高效。

三是数据智能：基于先进的深度学习算法，利用会员的行为数据进行智能化分析，可进行更精准高效的营销行为。零售实体店搭载该产品将能实现新零售模式：零售实体店购物场景中，会员无须出示会员卡，只需通过线上信息注册、现场刷脸验证即可完成会员身份认证；基于监控摄像头的无感知人脸识别技术，可以查询门店会员的消费记录、消费习惯等数据，提供辅助营销的策略。

在智能电子商务的发展过程中，在金融服务、购物服务等领域涌现出了丰富多彩的新产品和新模式。在金融服务领域，人工智能正在革新金融服务的模式，智慧金融服务正在快速发展。如"鲸准"是基于人工智能和大数据的创投对接平台，能为创业项目提供融资机会，能为投资人提供动态行业研究分析与发现、追踪优质创业项目；其覆盖超过 100 万个项目、超过 10 万个投资人，能提供创业项目、投资机构、行研报告等多维度关联数据库和领域知识图谱；支持创业项目发布融资需求，能为投资人推荐优质项目；拥有海量创业者和超过 10 万个投资人，可通过私信聊天功能直接沟通，一键约谈、投 BP、找融资。

9.2.2 智慧商圈

1. 简介

智慧商圈具有场外多端引流、场内客流监控、消费者识别、分析与内容匹配功能，能为消费者提供个性化的体验。智慧商圈的战略定位：智慧商圈旨在洞察消费者在商圈内的消费行为，优化业态协同效应，能提升消费者黏性；通过建设数字基础设施，推动商圈/购物中心的数字化转型。

2. 服务模式

服务模式一：场外引流服务。对商圈/购物中心的运营者来说，如何让更多的消费者光顾自己的门店是提高销售量的重要前提。在传统商业环境中，主要靠店员的"吆喝"及举办"线下活动"等方式吸引消费者。场外引流服务旨在让品牌运营商借助人工智能，升级传统的线下活动方式，开展数字化营销，逐步形成人群数据的沉淀，在线上、线下全域环境对目标人群展开营销。

服务模式二：智慧选址服务。基于高德地图人地关系及供需大数据，能为商超、餐饮、品牌等实体连锁企业，提供看概况（宏观城市门店与客群管理分析）、选片区（候选开店区域筛选推荐）、评点位（候选开店点位价值评估分析）三大核心功能，灵活支持行业客户多元化需求。智慧选址服务示意如图9-2-1所示。

图 9-2-1　智慧选址服务示意

如图 9-2-1 所示，智慧选址服务能借助高德地图的全域人口、地理数据及人地关系映射能力，实现科学可靠的选址服务。

3. 实例

阿里新零售云服务提供的"天猫理想站"能实现有效的场外多端引流服务，如图 9-2-2 所示。

如图 9-2-2 所示，在天猫理想站，品牌可以根据不同商业场景选择对应产品，将传统的线下活动进行玩法升级，并形成人群数据的沉淀，在线上、线下全域环境对人群实现持续运营，能提升活动的运营效率，实现品效联动的效果。

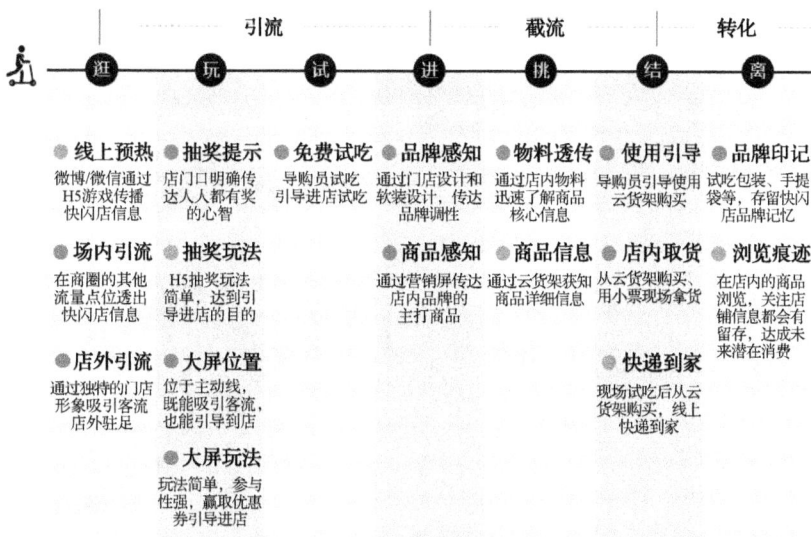

引流　　　　截流　　转化

逛　　玩　　试　　进　　挑　　结　　离

● 线上预热　　● 抽奖提示　　● 免费试吃　　● 品牌感知　　● 物料透传　　● 使用引导　　● 品牌印记
微博/微信通过　店门口明确传　导购员试吃　通过门店设计和　通过店内物料　导购员引导使用　试吃包装、手提
H5游戏传播　达人人都有奖　引导进店试吃　软装设计，传达　迅速了解商品　云货架购买　袋等，存留快闪
快闪店信息　的心智　　　　　　　　　　品牌调性　　　核心信息　　　　　　　　　　店品牌记忆

● 场内引流　　● 抽奖玩法　　　　　　　　　● 商品感知　　● 商品信息　　● 店内取货　　● 浏览痕迹
在商圈的其他　H5抽奖玩法　　　　　　　　　通过营销屏传达　通过云货架获知　从云货架购买，　在店内的商品
流量点位透出　简单，达到引　　　　　　　　　店内品牌的　　商品详细信息　用小票现场拿货　浏览，关注店
快闪店信息　　导进店的目的　　　　　　　　　主打商品　　　　　　　　　　　　　　　　铺信息都会有
　　　留存，达成未
● 店外引流　　● 大屏位置　　　　　　　　　　　　　　　　　　　　● 快递到家　　来潜在消费
通过独特的门　位于主动线，　　　　　　　　　　　　　　　　　　　　现场试吃后从云
店形象吸引客　既能吸引客流，　　　　　　　　　　　　　　　　　　　货架购买，线上
店外驻足　　　也能引导到店　　　　　　　　　　　　　　　　　　　快递到家

　　　　　　● 大屏玩法
　　　　　　玩法简单，参与
　　　　　　性强，赢取优惠
　　　　　　券引导进店

图 9-2-2　天猫理想站引流服务示意

9.2.3　智慧商超

1. 简介

"智慧商超"通过电子凭证等营销工具，提供多种发放渠道，能吸引潜客到店，提升进店转化率以及老客复购率，实现品牌以及大卖场的双方业务共赢。其战略定位为：智慧商超旨在降低商超获客成本，提升货品、人力管理效率，提升转化率与复购率。

2. 服务模式

智慧商超的服务模式主要包括"门店陈列"服务和"会员招募"服务。

服务模式一：门店陈列服务。该服务借助"云价签"（基于云计算的电子价签）平台，能提供实时改价、商品信息展示、辅助商品营销、辅助货位与商品评估等门店运营服务，如图 9-2-3 所示。

如图 9-2-3 所示，门店陈列服务能实现实时促销，能在不同环境（季节、周期等因素）下迅速做出促销执行方案，能结合线上、利用云价签实现个性化营销；门店陈列服务能支持优化变价、陈列、拣货等工作流程，能提供保质期提醒、拣货提醒、理货提醒、促销提醒服务功能，能通过移动终端随时查询商品的进、销、存、陈列等信息；能通过扫码营销等活动，提高互动性，增强消费者黏性。

服务模式二：会员招募服务。该服务可以把促销员变成会员服务引擎：促销员可引导消费者通过游戏或者扫码入会，通过品牌数据银行圈选特定会员进行精准运营以及将种子消费者进行潜客放大，增加更多的品牌会员资产。会员招募服务示意如图 9-2-4 所示。

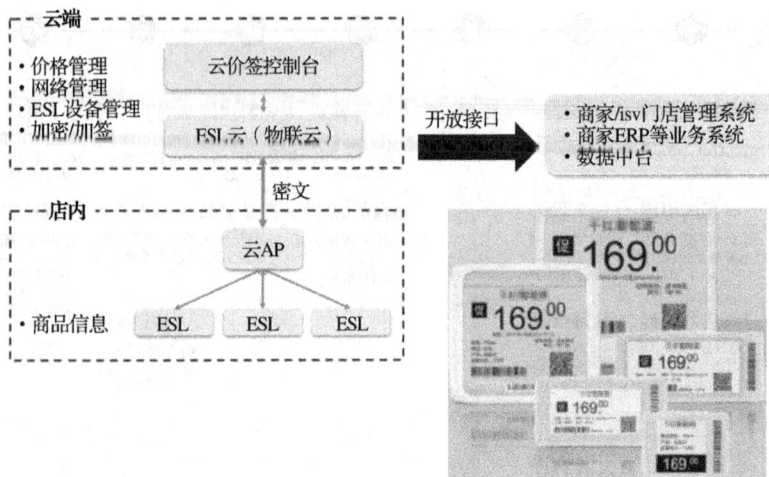

图 9-2-3 门店陈列服务原理

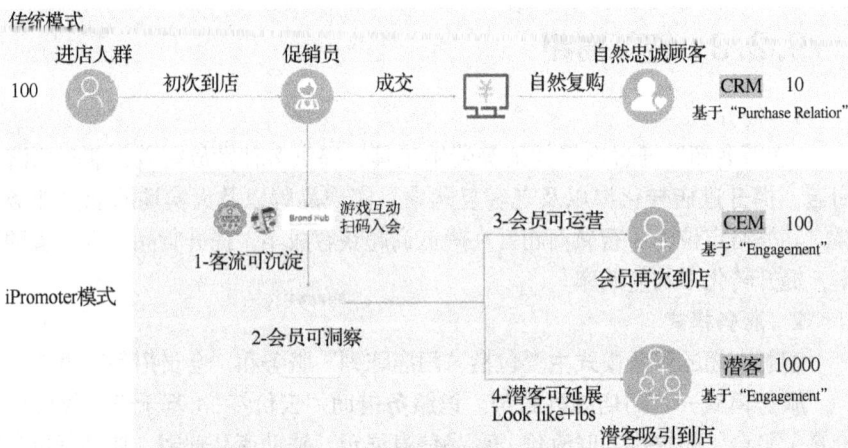

图 9-2-4 会员招募服务示意

如图 9-2-4 所示，该服务能提供线下客流识别与沉淀、数据洞察与会员画像分析、潜客挖掘等精准营销服务；能让运营者依据大数据分析结果优化运营策略，能显著提升消费者的"回头率"。

3. **实例**

永辉超市利用腾讯云的智慧零售解决方案，满足了其在市场营销、门店管理、消费者洞察与选品等转型场景下的需求。在实际应用中，永辉超市捕捉消费者场内动线与热力区域，利用货品管理新技术，全面了解消费者动态，为门店经营提供指导；通过快捷的扫码购、人脸支付等技术提高消费者购物体验，提升收银效率。

9.2.4 智慧门店

1. 简介

在电子商务的冲击下，实体门店发展面临着诸多挑战。传统的实体门店能否抓住人工智能进行自我革新，是其实现转型升级和持续发展的关键。智慧门店是基于人工智能的新型实体门店形态。智慧门店是门店购物模式智慧化升级的新方向，能提高门店营销转化率。在实际运营中，智慧门店和云端门店（简称为"云店"）进行实时连接和交互，能实现智慧门店和云端门店的优势互补和相互支持。

2. 服务模式

服务模式一：场外引流服务。导购在智慧门店发起的直播，可通过品牌号、微博、微淘、会员码、微信等多种方式提前预热，在直播过程中提供发展新客户、促销活动、云店交易等场外引流方式，如图9-2-5所示。

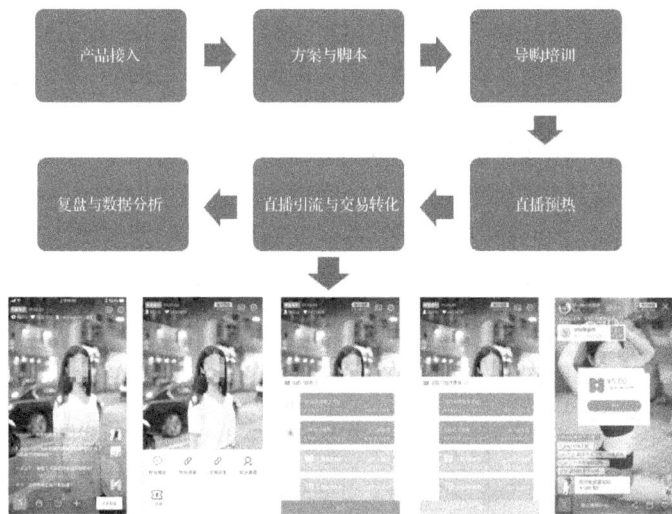

图 9-2-5 场外引流服务示意

在发展新顾客方面，场外引流服务能借助"入会有礼"拉动新会员积累和首单转化；在促销活动方面，它能通过私域内容与导购促进会员互动；在销售增长方面，它能将远场及近场客流引至门店。

服务模式二：离店交易服务。该服务能借助云店，通过"手机淘宝""手机天猫""高德地图""支付宝"多种应用平台，实现现场、近场、远场的消费者触达，赋能商家更多运营能力。门店导购可通过"钉钉"平台将活动优惠商品或者权益推荐给消费者，消费者通过"手淘"消息进入云店进行查看和购买。消费者可被某款商品/权益吸引自主进店，也可直接下单，等待货物上门，如图9-2-6所示。

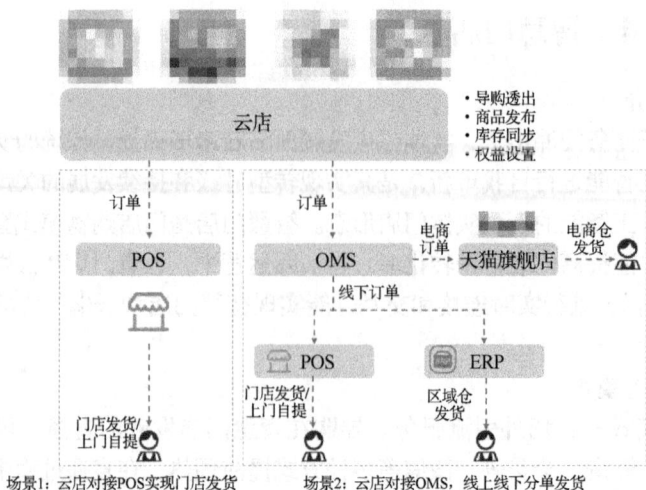

场景1：云店对接POS实现门店发货　　　场景2：云店对接OMS，线上线下分单发货

图 9-2-6　离店交易服务示意

如图 9-2-6 所示，离店交易服务能实现门店数字化，能实现多终端多入口，能触达现场、近场、离场的消费者，能使线下门店也拥有线上主动营销渠道，消费者多触点体验提升，云店能为实体门店引流。

服务模式三：潜客营销服务。潜客营销服务可根据品牌的营销计划制订整体活动方案，通过数据银行线上、线下人群的圈选和交叉分析来锁定目标人群，在活动承接页及活动权益的设置中，实施各渠道的营销素材投放。在投放过程中，可根据实际投放效果，动态调整目标人群和投放素材；投放完成后，基于活动的目标进行效果复盘，并对后期投放的策略提出改善建议。潜客营销服务示意如图 9-2-7 所示。

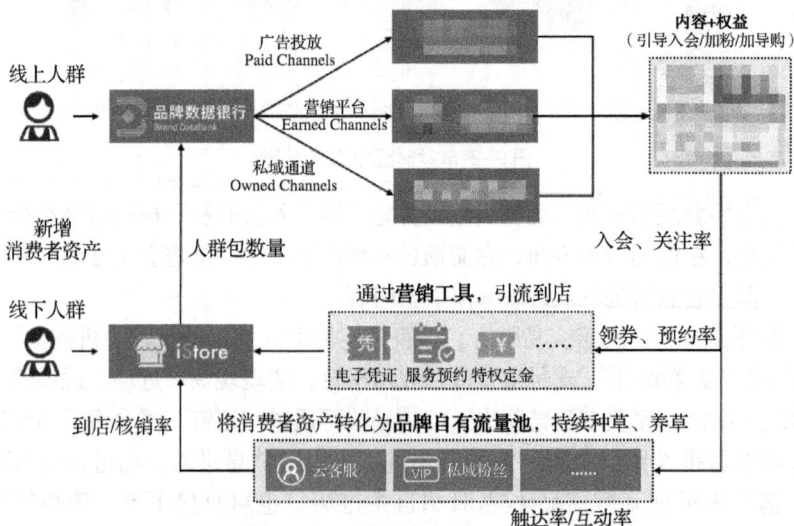

图 9-2-7　潜客营销服务示意

如图 9-2-7 所示，潜客营销服务能通过精准投放，缩短新店从开业到成熟的周期；能通过增加公域潜客的人群营销范围，帮助商家精准获客；能通过"获客—存储—运营—数据标签—再收割"的方式，构建可持续运营的线下营销链路。

服务模式四：商家会员营销服务。商家会员营销服务能提供一套从公域到私域，从远场到现场，从品牌到门店再到导购的全链路消费者运营服务：按潜客、粉丝、会员、好友做不同方式的内容分发、消费者触达与转化；提供远场的潜客营销，"会员码""天猫逛逛"的活动发现，"品牌号"的消息推送、导购互动，以及门店直播等多种方式的会员营销服务；从为品牌提供营销内容和会员权益的搭建到门店云化、直播活动；以及导购淘外"种草"、好友招募、互动，如图 9-2-8 所示。

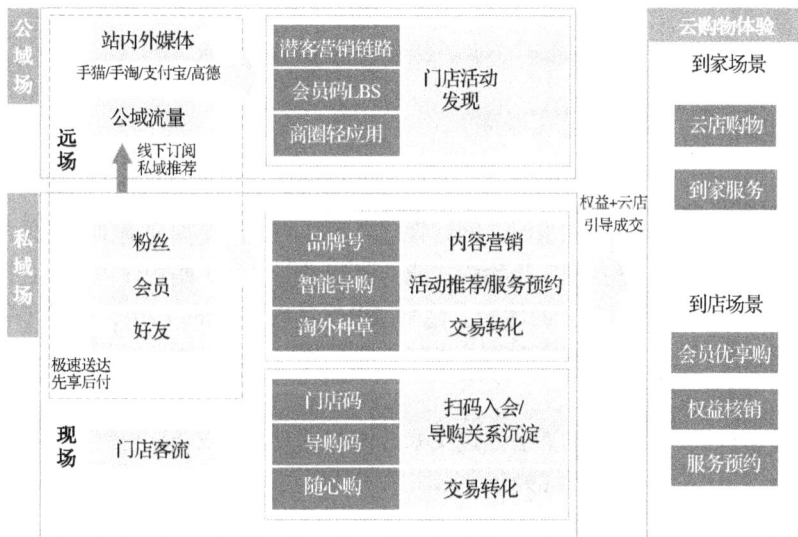

图 9-2-8　商家会员营销服务示意

如图 9-2-8 所示，商家会员营销服务能打通线下门店运营与品牌营销的链路，能让消费者更便捷地发现线下门店的优质活动，能丰富门店的经营方式和与消费者连接的渠道。

3. 实例

信达物联携手阿里巴巴，完美结合时尚大脑的算法和射频卡技术，为"拉夏贝尔"打造智能试衣间，使其能实现"智能推荐搭配"互动屏幕。智能试衣间不仅能够通过射频卡技术感应消费者所选的货品，进行精确的相关搭配推荐，提供远程服务呼叫的互动功能，还兼具采集门店试衣统计数据的功能。目前拉夏贝尔已经有超过一百三十间试衣间部署了智能推荐搭配互动屏幕。拉夏贝尔智能试衣间应用场景流程如图 9-2-9 所示。

应用场景流程（试衣间屏幕）
互动、连带销售、扫码加购、消费行为大数据

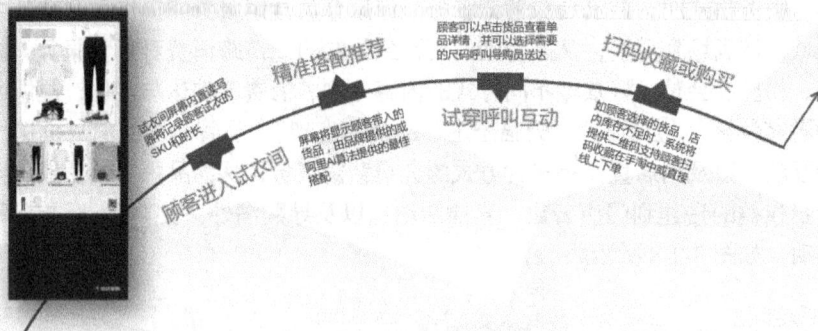

图 9-2-9　拉夏贝尔智能试衣间应用场景流程

9.2.5　虚拟现实购物

1. 概念

网络销售模式刚刚问世时，网站管理者面临的挑战是如何提供与实体门店相似的购物体验。虚拟现实购物模式能为消费者提供 3D 购物环境，能让消费者得到与在实体店里相似的体验。德勤 2017 年初发布的《2017 全球零售力量》报告中指出，虚拟现实购物是未来全球零售五大趋势之一。

2. 服务模式

虚拟现实购物能让消费者通过卖家提供的虚拟现实设备获得沉浸式和交互式体验，3D 立体环境的优势在于它比实体环境更真实。如全真的数字化室内装饰可以帮助消费者判断一个大屏幕彩电是否适合放在某一处位置。假设有一个消费者要购买家庭用电影娱乐系统，他可以进入一家消费电子产品销售站，利用 3D 计算机辅助工具了解自己的房子里究竟需要怎样的电影娱乐系统。同样，如果要在家里对家具位置进行调整，消费者也可以点击鼠标完成。他们可以先看 3D 效果图，再采购。3D 效果图有助于人们采购和安置家庭娱乐系统、家具，进行装修等工作。

3. 实例

2016 年 3 月 17 日，阿里巴巴宣布成立虚拟现实实验室"GM Lab"，围绕硬件、内容、购物场景 3 个层面来展开自己的虚拟现实战略布局：在硬件上支持多个虚拟现实设备商成功完成淘宝众筹；在内容上与众多商家合作制作商品的 3D 模型；在购物场景上打造虚拟现实商场。2016 年"双十一"活动中，"淘宝 Buy+"虚拟现实购物的试用是阿里巴巴实施虚拟现实战略布局的第一步。"淘宝 buy+"能为消费者打造基于虚拟现实技术的商场和商品，消费者借

助虚拟现实设备可以走上街、走进世界各地的商店，可以看到、摸到眼前的商品，获得更加情景化、沉浸式的购物享受，解决不能亲自试穿、选择等带来的遗憾，同时减少退换过程中造成的极大资金和物流浪费。

其他的虚拟现实购物应用还有：美国汽车电商"Vroom"建立了虚拟现实车展空间，能让消费者利用虚拟现实技术试车，能满足消费者 360°全方位试车、"先试再买"的需求。我国的"赞那度（ZANDU）"成立了全球首家虚拟现实旅游体验空间，能提供先睹为快的高端旅游体验定制服务。

当前虚拟现实购物仅仅是一个开端，处在市场培育期，需耐心向消费者传达一种未来购物理念。从市场来看，虚拟现实购物最大的局限在于头显设备用户数量太少，在短期内难以形成潮流。

9.3 传统电子商务模式

本节主要讲述 C2C 电子商务、B2B 电子商务和 B2C 电子商务 3 种基本的传统电子商务模式。在此基础上讲述传统电子商务的最新发展：LBS 电子商务和 O2O 电子商务。

9.3.1 C2C 电子商务

1. 简介

C2C 电子商务主要是消费者与消费者之间的交易，消费者借助一个网络平台（如淘宝网、易趣网等）开展个人间的交易。简单来说，C2C 电子商务是个体消费者之间的在线交易，有时候人们也称这种交易为 P2P 电子商务，指伙伴之间的商务活动。

2. 服务模式

目前，C2C 电子商务的服务模式主要有网上拍卖模式和第三方交易平台模式。网上拍卖模式的基本原理为：出售商品的个人在网上发布消息，由多个买者竞价，或与买者讨价还价，最终完成交易。第三方交易平台模式的基本原理为：由独立的第三方搭建 C2C 商务平台，方便个人在交易平台开设店铺，以会员制的方式收费；卖家（个人）只需要登录交易平台，按照要求注册成为用户，然后登录填写建店信息即可完成建店；卖家（个人）可以使用平台工具，实施店铺"装修"设计，不受时间、地域的限制，卖家（个人）只需要一台计算机就可以天天上网管理商品，决定价格和促销手段，实现在线销售商品。

对 C2C 电子商务平台来说，有效的注册认证机制是其开展诚信交易的重要保障。如淘宝网主要提供手机认证和邮箱认证两种普通会员认证方式，但若开店，还需要完成支付宝实名认证。据淘宝网官网介绍，支付宝实名认证方式主要包括"快捷认证"方式和"银行汇报认证"方式。快捷认证方式就是网上购物时只需要一张银行卡，无须办理网银，输入支付宝支付密码即可完成付款，具体流程包括开通快捷支付和填写身份信息，核对正确后就算认证成功。银行汇报认证方式的认证流程包括：填写会员身份信息和银行卡信息、支付宝向会员的银行卡打款、会员登录支付宝输入打款金额、系统核对正确后就算认证成功。

3. 实例

全球著名的 C2C 电子商务平台主要有淘宝网、eBay 和 Craigslist。C2C 电子商务模式在我国的产生以 1998 年易趣成立为标志，目前采用 C2C 电子商务模式的主要有易趣、淘宝网、拍拍等应用。淘宝网作为我国深受消费者欢迎的网购零售平台之一，其战略定位描述为"足不出户的网购首选平台"。

9.3.2　B2B 电子商务

1. 简介

B2B 电子商务模式，即企业与企业之间的电子商务模式，是指企业间通过网络（互联网、内联网、外联网、专用网等）开展的交易活动。这种交易有的是在企业与供应商之间进行的，有的则是企业与政府机构或是与其他各类企业之间进行的。交易的过程包括：发布供求信息，订货及确认订货，支付过程及票据的签发、传送和接收，确定配送方案并监控配送过程等。B2B 电子商务的主要特征就是企业通过网络自动地开展交易，或是通过网络进行沟通、协作，目的是对经营、管理的持续优化。

B2B 电子商务应用的目标定位一般为：搭建企业间交易活动的网络平台。其中的企业，可以指各类组织，不管是私有的、国有的、营利的、非营利的，都可笼统地称作企业。

2. 服务模式

B2B 电子商务可以在买卖双方间直接进行，也可以通过在线中介进行。从这一角度出发，我们将 B2B 电子商务应用的服务模式分为卖方市场（Sell-Side Marketplace）、买方市场（Buy-Side Marketplace）和公共市场（Public E-Marketplace）。

（1）卖方市场

卖方市场的功能一般包括网上订购、订单履行、库存管理、物流、网上支付、客户服务和查询订单状态等。

（2）买方市场

买方市场主要是电子商务在采购方面的应用。网上采购就是通过互联网，借助计算机管理企业的采购业务。从采购的产品和服务的类型方面来看，网上采购分为直接采购和间接采购。直接采购是指涉及生产的直接原材料、设备等的采购。间接采购是指企业日常用品和服务的采购。直接采购通常有固定的供应渠道，管理程序也比较容易固化。与强调用最低价格购买标准产品的间接采购不同，直接采购需要和供应商建立长期关系以获得质量稳定的产品。买方市场模式的业务类型主要包括反方向拍卖、集中目录和行业采购平台。

① 反方向拍卖。反方向拍卖模式下，买方企业在自己的服务器上开设电子市场，邀请潜在的供应商对自己所需的产品进行投标，这种模式也可以称为招标或竞标。政府和大企业经常要求使用这种模式。这种电子化模式流程速度更快，而且管理费用更低，同时有机会找到价格最低的产品。

② 集中目录。集中目录模式指企业整合所有选定的供应商目录，合并成单一的内部电子目录。价格是事先协商好的，或者是经过一次采购后确定下来的，因此采购人员不用每次订货都讨价还价。把供应商目录整合到买家的服务器上也便于集中管理所有的采购活动。集中目录模式通常用于桌面采购（Desktop Purchasing），桌面采购直接从企业内部电子目录采购，既不需要上级的批准也不需要通过采购部门，能降低购买急用或常用琐碎商品的管理成本和缩短采购周期，这对于 MRO 来说非常有效。

③ 行业采购平台。行业采购平台是某个行业的几家大采购者联合起来进行采购的市场，可以改善采购过程，并得到更为优惠的价格。

（3）公共市场

公共市场型 B2B 电子商务是指买方和卖方利用第三方提供的电子市场实现交易。公共市场与买方市场和卖方市场模式的 B2B 电子商务的根本区别在于：交易是多个卖方和多个买方在第三方提供的电子市场进行交易，电子市场不再以某一企业为中心。

公共市场的功能一般包括提供基本信息服务、提供附加信息服务和提供与交易配套的服务。

公共市场模式一般适合中小企业，中小企业急需拓展市场，但又缺乏资金实力和技术力量，随着市场竞争环境的愈发激烈，其抗风险能力也更弱。

企业利用公共市场实现 B2B 电子商务时，必须考虑企业的自身力量和情况。首先，企业如果自身有力量建设以企业为中心的买方市场或卖方市场，则应该考虑自行建设服务更贴切的私有市场。如果企业缺乏力量，则可以利用公共市场实现网上交易。其次，企业在选择公共市场时要慎重，一是要选择提供的服务与自己行业比较相近的公共市场，二是要选择有一定品牌形象和知名度的公共市场，企业可以选择少数几个公共市场提供服务。

3. 实例

1688 网站为阿里巴巴集团旗下 B2B 电子商务平台。1688 创立于 1999 年，是我国领先的综合型内贸批发交易市场之一，能有效促进国内批发买家和卖家在服装、日用品、家装建材、电子产品、包装材料和鞋靴等多个类目中的交易。

1688.com 在原有"诚信通"服务的基础上，推出"智能旺铺"服务，具体包括两项核心服务功能："千人千面智能旺铺"建设服务和"店小蜜"智能接待服务（智能客服机器人）。

千人千面智能旺铺建设服务：拖曳式个性化智能旺铺建设，提供免费装修模板；可根据买家的采购习惯，实现旺铺商品和采购需求的精准化匹配；可根据买家喜好进行个性化推荐；商家无须进行烦琐的商品设置，组件会提供默认装修，商家可根据需要选择手动删除/添加。如图 9-3-1 所示，诚信通会员只需添加"为你推荐"组件，就能实现根据买家喜好进行推荐的服务功能。

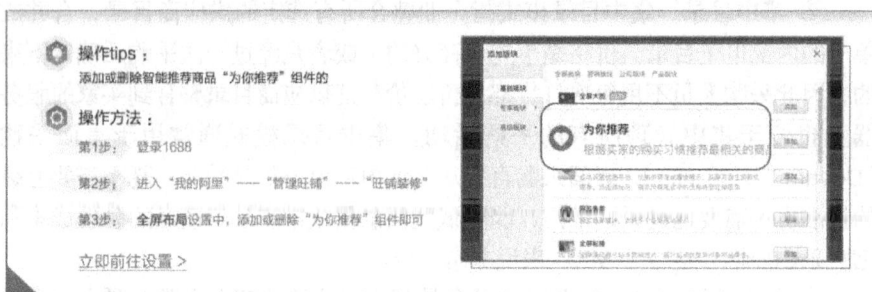

图 9-3-1　千人千面智能旺铺建设服务界面

店小蜜智能接待服务：人工效率提升；日常问题自动化服务；夜间和周末询单承接；7×24 小时在线；提升旺旺响应速度。诚信通会员根据图 9-3-2 所示的步骤，就能开通店小蜜智能接待服务。

图 9-3-2　店小蜜智能接待服务开通界面

9.3.3　B2C 电子商务

1. 简介

（1）概念

B2C 电子商务模式，即电子商务企业与消费者之间的电子商务。也就是通常说的网络零售，企业通过网络直接面向消费者销售产品和服务。目前，在因特网上有许许多多各种类型的虚拟商店和虚拟企业，提供各种与商品销售有关的服务，比如书籍、鲜花、服装、食品、汽车、电视等实物产品，以及新闻、音乐、电影、数据库、软件等数字化产品，还有提供各类服务，比如旅游、在线医疗诊断和远程教育等。这种形式的电子商务一般以网络零售业为主，主要借助互联网开展在线销售活动。B2C 电子商务模式是我国最早产生的电子商务模式，以 8848 网上商城正式运营为标志。B2C 电子商务模式即企业通过互联网为消费者提供一个新型的购物环境——网上商店，消费者通过网络在网上购物并进行在线支付。这种模式节省了客户和企业的时间和空间，能大大提高交易效率，特别对于工作忙碌的上班族而言，这种模式可以为他们节省宝贵的时间。

（2）网络零售商的类型

网络零售商的类型主要包括两种：纯网络零售商和砖瓦鼠标式零售商。

纯网络零售商（也称为虚拟零售）是指没有实体销售渠道，仅通过互联网直接向消费者销售商品和服务的一种网络零售商。纯网络零售商的优势在于管理成本低，渠道更加流畅。其缺陷是没有实体的门店（甚至没有实体的配送系统）来支撑网络前台的运营。纯网络零售商有普通商品零售商和特殊商品零售商之分。普通商品零售商在线销售各种商品和服务，利用互联网向各地的消费者销售各种各样的商品，而不需要维持大型的零售网络。亚马逊是典型的普通商品零售商，销售宠物玩具的网站是典型的特殊商品零售商。

砖瓦鼠标式零售商是指传统零售商与在线交易网站相结合的一种网络零售商。砖瓦鼠标式零售商包括两种类型。一种是初创的时候都拥有实体的门店，随着时间的推移，它们采纳了网络交易的形式（先是只有实体的门店，后来变成了砖瓦鼠标式零售商）。另一种是先有网络店铺，然后增加实体的门店（先是只有网络店铺，后来变成了砖瓦鼠标式零售商）。

（3）网络零售的智能化发展

目前，各大网络零售服务提供商纷纷借助人工智能提升自身的网络零售服务的品质。如京东零售不断推进智能化能力建设，通过大数据、人工智能等各项技术提高网络零售服务的用户体验。京东为企业提供"云主机"服务（一种云计算服务单元）、企业信用服务（企业实名认证、信用报告、关联关系、企业反欺诈、企业评分和风险预警等）、"京准通"（基于大数据的营销推广平台）等智能服务。特别是，京东推出的反向定制（Customer to Manufacturer，C2M）模式能大幅减少商品需求调研时间，能大幅缩短新品上市周期。京东零售也是首家采用大数据和人工智能管控价格的平台，能确保向消费者提供最实、最稳、最具竞争力的价格。

2. 服务模式

根据交易的客体对服务模式进行分类，主要包括无形产品和有形产品两种。

（1）无形产品

无形产品（如电子信息、计算机软件、数字化视听娱乐产品等）一般是指可以通过网络直接提供给消费者的产品。无形产品的服务模式主要包括网上订阅模式、广告支持模式和网上赠与模式。

① 网上订阅模式。消费者通过网络订阅企业提供的无形产品，并在网上直接浏览或消费。网上订阅模式主要有在线出版、在线服务、在线娱乐 3 种形态。在线出版指出版商通过互联网向消费者提供除传统出版物之外的电子出版物。出版商在网上发布电子刊物，消费者可以通过订阅来下载该刊物所包含的信息。与大众媒体不同的是，这些网站经营的是较为专业的内容，面向的是较为专业的人士，其收费方式也是较为成功的。在线服务指在线服务商通过每月收取固定的费用而向消费者提供各种形式的在线信息服务。在线服务一般是针对一定的社会群体提供的，以培养消费者的忠诚度。在线娱乐指在线娱乐商通过网站向消费者提供在线游戏，并收取一定的订阅费，这是无形产品和服务在线销售中令人关注的一个领域，也取得了一定的成功。事实上，网络经营者们已将眼光放得更远，他们通过一些免费或价格低廉的网上娱乐换取消费者的访问率和忠诚度。

② 广告支持模式。在线服务商免费向消费者提供在线信息服务，其营业收入完全靠网站上的广告来获得。这种模式虽然不直接向消费者收费，却是目前最成功的电子商务模式之一。其网站能否吸引大量的广告就成为其生存的关键，而能否吸引广告主要依赖于该网站的知名度。提升网站的访问次数、为访问者提供大量的信息、吸引广大消费者的注意力成为其成功的主要因素。

③ 网上赠与模式。软件公司经常用这种模式来赠送软件产品，以扩大其知名度和市场份额。一些软件公司将测试版软件通过互联网向用户免费赠送，用户自行下载试用，也可以将意见或建议反馈给软件公司。用户对测试版软件试用一段时间后，如果满意，则有可能购买正式版本的软件。采用这种模式，软件公司不仅可以降低成本，还可以扩大测试群体，改善测试效果，提高市场占有率。

（2）有形产品

有形产品是指传统的实物商品，如果采用这种模式，有形产品和服务的查询、订购、付款等活动在网络进行，但最终的交付不能通过网络实现，需用传统的方法完成。这种电子商务模式也叫在线销售，最典型的运作模式是网上商店模式。

网上商店模式即消费者通过网上商店购买商品，是 B2C 电子商务的典型应用之一。通过网上商店，消费者可以浏览、选购自己喜欢的商品，通过网上购物可以获得更多的商业信息，买到价格较低的商品，节省购物的时间，足不出户就可以通过"货比三家"来购买商品，安全地完成网上支付，享受网络的便捷性。对于企业，则可以通过网上商店将商品销售出去，同时减少租用店面的开销，减少雇用大量销售人员的支出，同时可能实现零库存销售，极大地减少资金占用和降低风险。

一般而言，网上商店主要包含 4 大功能：商品目录（含商品搜索引擎）、购物车、付款台和后台管理系统。

随着 B2C 模式的发展和演化，逐步形成了一种社交商务服务模式。社交商务服务平台能向消费者提供广泛的社交机会和社交圈，这些社交圈都与他们的购买活动有关。社交商务服务平台能向购物者提供 3 种活动形式，即搜索、整合、分享信息。目前，借助微博等社交网络工具，已形成多种形式的社交商务服务模式，主要有在线团购模式、个性化活动销售模式、位置商务模式、虚拟可视化购物模式和推荐购物模式。

在线团购模式的基本原理为：利用社交网络成员之间的"口口相传"聚集团购成员；利用成员规模向商品供应商争取折扣价，人数越多，折扣的幅度就越大；团购成员在线提供对商品和服务的反馈信息。比较著名的国外团购网站有 Groupon、LivingSocial、BuyWithMe 等；国内比较著名的团购网站有拉手网等。在线团购模式的发展中，还出现了一种叫在线封闭式购物俱乐部（Private Shopping Club）的模式。该模式是仅对俱乐部会员开放的购物俱乐部：会员购买商品可以享受很大的折扣；俱乐部会定期组织会员活动，一般持续 2~6 天；由于俱乐部是封闭式的，所以会员要先签约入会，然后才会收到邀请，了解特价商品或服务。

个性化活动销售模式的基本原理为：用户可以签约某种产品，同意商家通过微博等沟通方式邀请自己去参加其商品促销活动；一旦该商家组织促销活动，例如新产品促销，系统就会自动地向签约用户发出邀请。基于个性化活动销售模式，可以实现群体在线礼品采购：为了迎接某个值得纪念的日子（例如生日、乔迁、婚礼等），朋友或是家庭可发起群体采购活动。

按照营销学的观点，所谓推荐经济（Referral Economy）指的是消费者在做出购买决策时接受其他消费者的推荐所产生的经济模式。推荐购物模式就是消费者在网上向其他人推荐商品，由于推荐是在网络上进行的，因此人们总认为推荐者没有什么商业目的，愿意接受他们的意见。如今，许多广告商都在使用"口口相传"的营销方式，利用网络开展"病毒营销"，也有的称其为"喷嚏营销"。用"打喷嚏"的方式来吸引消费者的关注，让消费者自己来称道某种产品或是品牌。

3. 实例 1

阿里巴巴集团旗下的天猫是典型的 B2C 电子商务平台。天猫创立于 2012 年，致力服务日益追求更高质量的产品与极致购物体验的消费者。大量的国际、国内品牌和零售商都已入驻天猫。天猫能为商家提供旗舰店、专卖店、专营店、卖场型旗舰店 4 种类型的开店服务：旗舰店指以自有品牌或由商标权人提供独占授权的品牌入驻天猫开设的店铺；专卖店指以商标权人提供普通授权的品牌入驻天猫开设的店铺；专营店指同一天猫经营大类下经营两个及以上品牌的店铺；卖场型旗舰店指以服务类型商标开设且经营多个品牌的旗舰店。

4. 实例 2

"Kaboodle"是典型的推荐购物应用。Kaboodle 有三大功能：商品收藏（Add to Kaboodle）、寻找风格相同的朋友（Style Friends Finder）和趋势表（Trend Meter），用户界面截图如图 9-3-3 所示。

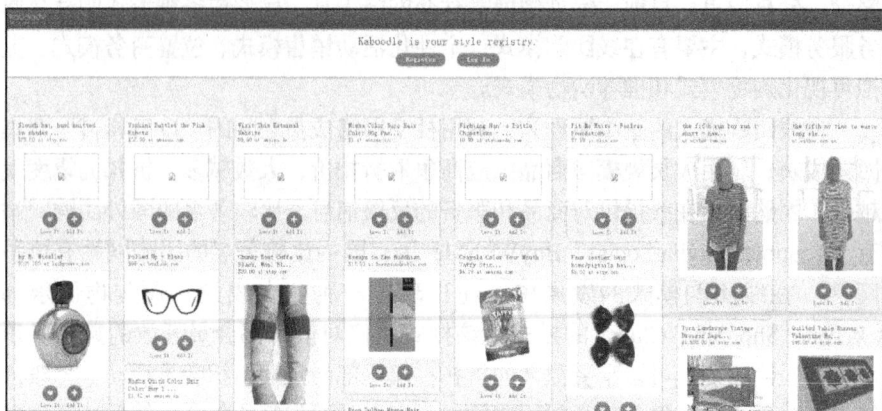

图 9-3-3　Kaboodle 用户界面截图

商品收藏：当用户在网上的任何地方看到一个其感兴趣的商品时，只需点击"Add to kaboodle"，Kaboodle 网站上就会自动上传该商品的快照。

寻找风格相同的朋友：可以帮助用户寻找到相近风格的朋友，从而找到更多符合自己风格的商品。

趋势表：实时时尚追踪器，能展示最新的流行趋势和品牌；它是 Kaboodle 基于用户的搜索活动统计出来的，这样用户可以据此作为参考来购买商品。

总之，在 Kaboodle 上用户可以将网上的任何商品添加到自己的列表；创建和组织购物清单；展示自己的独特风格；能发现靠自己发现不了的令人惊叹的商品；连接与自己志同道合的消费者和他们的发现。

9.3.4　LBS 电子商务

1. 简介

位置商务，也可称作移动定位商务（Location-Based-Commerce，L-Commerce），主要是指利用移动定位技术对用户进行定位，并向其推送广告、折扣券或是各类服务的电子商务。移动定位商务对消费者和企业而言都有很大的吸引力。从消费者或是用户的角度看，本地化营销意味着安全（发生紧急情况时可以确认移动设备持有者的精确位置）、便利（消费者不用查阅地图就能了解周边的设施）、工作的高效率（容易找到目的地，节省时间）。从企业的角度看，移动定位商务可以准确、快捷地满足目标用户的需求。

位置商务的战略定位一般为：致力于为用户提供定位、导航、跟踪、测绘和测时服务。定位服务：判断人或是物（如一辆车或是一艘船）的具体位置。导航服务：确定从一地到另一地的路线。跟踪服务：监视人或是物（例如包裹或是车辆等）的移动状况。测绘服务：绘制某一区域的地图。测时服务：确定某一地点的精确时间。例如，美国的"WeatherBug"公司及"Send Word Now"公司将上述 5 种服务结合在一起，在恶劣的天气环境下保障用户、员工、商铺的安全。

特别是实时定位系统（Real-Time Location Systems）可以实时判断或跟踪某一物的具体位置。实时定位系统与射频识别系统相似，可以用阅读器接收附着在人或是物上的标签上的无线信号，能够用来识别目标（如车辆、流水线上的产品、人）的地理位置；实时定位系统一般是内置在一件产品里面的，如移动电话、导航设备等；系统里面有一个个的无线节点（例如标签、徽章等，用来发射无线信号），以及一个个阅读器（用来接收无线信号）。

2. 服务模式

位置商务的服务功能主要包括定位服务和增值服务。

（1）定位服务

定位服务与地理定位（Geolocation）是分不开的。地理定位指的是自动识别用户的位置，不需要用户提供任何信息。各种网络浏览器都可以开展地理定位，不需要插件或是网络跟踪器提供支持。全球许多网站都在使用地理定位。一般来说，位置商务系统中的地理定位依赖的是网络或是终端的位置。基于网络的定位（Network-Based Positioning）依靠基站来判断发送信号的移动设备或者直接由网络来识别。例如，利用附近的移动设备天线，也就是基站就可以判断移动设备的位置。基于终端的定位（Terminal-Based Positioning）则是由移动设备来计算基站收到的信号到移动设备的距离。

定位服务及定位商务一般是围绕与定位相关的问题或是请求开展的，主要包括定位、导航、搜索、识别和事件确认 5 个方面。定位：我的位置在哪里？某人或某物在哪里？导航：我要去某个地址、地方、位置该如何走？搜索：某一类场所最近的在哪里？找人或找事物最合适的场所在哪里？识别：某处有什么？有谁？有多少？事件确认：这里或那里发生了什么？定位服务（Location Based Service，LBS）也是一种信息服务，其通过移动网络及移动设备发送并接收信息。系统能够识别移动设备的位置，然后为用户提供服务。

（2）增值服务

位置商务系统还能为用户提供一些基于定位的增值服务，主要包括以下 4 个方面。

① 动态配送物品的跟踪：涉及的事物有出租车、客户服务人员、租用的

设备、出诊的医生、车队调度等。

② 物品跟踪：涉及的物品一般是无须保密的东西，可以用被动的感应器或是射频信号标签操作，例如包裹、火车车厢等。

③ 寻人或是寻物：涉及的人或事物有技术人员（例如医生等）、商务指南、导航设备、天气报告、交通管理、客房配置、被盗手机、紧急呼叫等。

④ 基于贴近度的服务：定位广告、好友列表、约会配对、机场自动办理登机手续等。

如美国的基于 LBS 电子商务的购物平台"Shopkick"在 2009 年由 5 位工程师在地下室创办，和易趣网和亚马逊一起成为全美最常用的购物应用之一。另外还有，"MyTown""Facebook Local"也是典型的位置商务应用。

3. 实例

高德地图的目标定位是"为移动互联网用户提供专业地图、语音导航、即时位置服务等出行服务的地图应用"。高德地图不只是地图，它所要解决的问题也不仅仅是地图需要解决的问题，还是提供包括出行路线方案设计、语音导航提示以及基于即时地理位置的信息服务在内的一系列服务，让"用户没有不会走的路，没有不熟悉的地方"，体验到极致享受的出行。

高德地图的基础服务功能主要包括：动态导航、离线地图和地图搜索。动态导航：交通路况实时播报；智能计算到达目的地所需的时间；避堵路线方案规划。离线地图：分地区下载地图包；全国地图包、全国概要图。地图搜索：热门地点、线路搜索；公交、自驾出行线路规划；公交、火车、天气查询服务。另外，还有公交地图、室内地图、地点搜索等附加服务。公交地图：城市公交线路、地铁公交站点搜索。室内地图：商场内的品牌、美食、入口和出口的定位和搜索。地点搜索：餐饮、住宿和演出地点的定位和搜索。

9.3.5　O2O 电子商务

1. 简介

O2O 电子商务模式，是指消费者利用互联网获取足够的信息，随后在线下的实体店中弥补 B2C 电子商务模式的不足，对商品进行实质性体验，并完成购买。购买最终可以在线下完成，也可以在线上完成。

O2O 电子商务模式是近年来兴起的一种将线下交易与互联网结合在一起的新的应用模式，即网上商城把线下商店的消息推送给线上用户，用户在获取相关信息之后可以在线完成下单、支付等流程，之后再凭借订单凭证等去线下商家提取商品或享受服务。在电子商务的信息流、资金流、物流和商流中，O2O 电子商务模式只把信息流、资金流放在线上进行，而把物流和商流放在线下。

由此可见，O2O 电子商务模式就是在移动互联网时代，生活消费领域通过线上（虚拟世界）和线下（现实世界）互动的一种新型电子商务应用模式，其本质就是生活消费领域中虚实互动的应用模式。O2O 电子商务模式最重要的特点是：推广效果可查，每笔交易可跟踪。

O2O 的概念在 2010 年 8 月被亚历克斯·兰佩尔（Alex Rampell）提出，2011 年 11 月被引入中国。从 10 岁起就开始运营公司的亚历克斯·兰佩尔于 2006 年创办了新的公司"Trial Pay"，目的是为用户提供免费的虚拟商品，鼓励用户前往"Gap""Netflix"等网站购物，而 Trial Pay 则会从中收取佣金。

亚历克斯·兰佩尔在分析"Groupon""Open Table Groupon""Spa Finder"公司时，发现它们之间有个共同点：它们能促进线上、线下商务的发展。然后亚历克斯·兰佩尔将该模式定义为 O2O。亚历克斯·兰佩尔定义的 O2O 的核心是：在网上寻找消费者，然后将他们带到现实的商店中，它是支付模式和线下门店客流量的一种结合。目前，O2O 的概念已经脱离了亚历克斯·兰佩尔最原始的"线上—线下"（Online to Offline）的定义，增加了"线下—线上"（Offline to Online）、"线下—线上—线下"（Offline to Online to Offline）、"线上—线下—线上"（Online to Offline to Online）3 个新的模式。

在过去的 10 年，现实世界与虚拟世界是泾渭分明的两个世界，却逐步形成了线下传统零售企业和线上互联网企业两种不同的商业形态：互联网的快速发展，线上的网游、网购和社交等线上消费体验造就了大量的"宅男宅女"；涉及民生消费的各行各业，如电信、银行、旅游、石化、快速消费品、耐用消费品、文化票务等实体行业都在学习如何拥抱互联网这个虚拟世界。

在国外，O2O 已经融入人们的生活。如团购网站 Groupon 的目标是成为世界性的商务运营系统：通过价格和折扣将消费者和商家联系起来，使登录网站成为消费者和商家的日常习惯，从而推动 Groupon 成为人们生活的必需。也即，团购应用本质是为商家及消费者提供一个本地化服务平台：商家通过该平台推广自身的餐饮、娱乐、美容等服务，消费者通过团购的方式获得优惠的价格，网站本身则获取服务费或产品差价收益。除此之外，国外比较成功的 O2O 应用还有"Uber""J. Hilburn""Jetsetter""Zaarly"。其中，Uber 是一个允许用户通过手机购买一个私家车搭乘服务的应用；J. Hilburn 是一家允许男士购买个性化设计的衬衫和西裤的电子商务网站，其最大的优点就是它能以更低的价格提供高端设计服装。

在中国，"滴滴打车""快的打车""美丽说""蘑菇街""今夜酒店特价""逛街助手""街库网""布丁优惠券""同行"，以及"云家园""云家政""e 家洁""叮咚小区""小区无忧""小区管家""社区 001""比邻店""生活 U 社区""猫屋男孩"等 O2O 应用快速发展。其中蘑菇街主要向用户提供这些服务：发布并分享网购经验，查询商品和服务信息，达成交易意向并进行交易，对商家和其他用户进行评价，推荐网购商品，收藏网购商品和店铺，在蘑菇街中发布消息、话题、上传图片，参加蘑菇街组织的活动以及使用其他信息服务及技术服务等；进入蘑菇街的主界面，重点呈现用户们喜欢的衣服、鞋子、包包、配饰、家居、美妆，用户通过瀑布墙即可找到人气高的、满意的商品。

另外，我国的互联网企业和传统电子商务应用提供商都纷纷部署 O2O 战略。如阿里巴巴提出"千军万马"和"四通八达"的 O2O 战略构想；百度全面实施"中间页战略"（一种在搜索引擎和传统产业中间的状态），试图打破搜索单线"产品越好用户停留越短"的怪圈，进而实现 C 端（用户端）收费的新业务增长点，试图打造完整的从技术到生活的 O2O 服务流程。

O2O 应用的总体战略定位就是在网上寻找消费者，然后将他们带到现实的商店中。O2O 应用的功能定位是将线下商务的机会与互联网结合在一起，让互联网成为线下交易的前台，这样线下服务就可以在线上揽客，消费者可以在线上筛选服务，成交订单可以在线结算。

2. 服务模式

O2O 应用的服务模式就是支付模式和为商家创造客流量的一种结合（对消费者来说，也是一种"发现"机制），能实现线下的购买；O2O 应用的服务模式是可计量的，因为每一笔交易（或者是预约）都发生在线上，其服务模式应该说更偏向于线下，更利于消费者，让消费者感觉消费得较踏实。总之，O2O 应用采用"电子市场 to 商店消费"的服务模式，而不是"电子市场 to 物流配送"的服务模式：用户在线上平台预先支付，然后到线下消费体验，商家实时追踪其营销效果，由此形成闭环的商业服务和体验过程。O2O 应用的服务模式类型主要包括先线上后线下模式、先线下后线上模式、先线上后线下再线上模式和先线下后线上再线下模式。

（1）先线上后线下模式

企业先搭建起一个线上平台，以这个平台为依托和入口，将线下商业流导入线上进行营销和交易。同时，用户借此又到线下享受相应的服务体验。如，腾讯凭借其积累的资源流聚集和转化能力以及经济基础，构建的 O2O 平台生态系统即是如此。

（2）先线下后线上模式

企业先搭建起线下平台，以这个平台为依托进行线下营销，让用户享受相应的服务体验，同时将线下商业流导入线上平台，在线上进行交易，由此促使线上线下互动并形成闭环。在这种 O2O 服务模式中，企业需自建两个平台，即线下实体平台和线上互联网平台；其基本结构是先开实体店铺，后自建网上商城，再实现线下实体店铺与线上网上商城同步运行。如苏宁云商所构建的 O2O 平台生态系统即是如此。

（3）先线上后线下再线上模式

先搭建起线上平台进行营销，再将线上商业流导入线下让用户享受服务体验，然后让用户到线上进行交易或体验消费。如京东商城与便利店合作建构的O2O 服务模式：通过京东平台上便利店的官网，消费者可借助基站定位，在其旗下所有门店中找寻最近的门店进行购物；而且由于仓储体系的共通，便利店可以在网上扩充品类建立线上卖场、生鲜超市、冷饮店等多类业态，大大丰富产品品类，改变现有产品结构，形成多种销售模式；甚至在未来，还可发展出预售模式，让商家按需进货和按需生产，最终实现"零库存"。

这种服务模式的主要优势有三点。其一，相互做广告：便利店为京东做实体广告，品牌的相互影响增值。其二，客户信息的交换和整合：用大数据的思维去做零售，未来将产生巨大的价值。其三，营销活动：便利店接近用户但受场地限制，电商只能活跃于线上，线下推广成本高，两者合作能创新很多O2O 的营销模式。

总之，这种 O2O 服务模式能打破原来零售业的业态边界（杂货店、便利店、超市、大卖场、百货公司）：与纯线上服务相比，这种服务模式有本地服务优势；与纯线下服务相比，这种服务模式有更全的品类、更低的价格和更多的流量优势。

（4）先线下后线上再线下模式

先搭建起线下平台进行营销，再将线下商业流导入或借力全国布局的第三方网上平台进行线上交易，然后让用户到线下享受消费体验。这种O2O 服务模式中，所选择的第三方网上平台一般是现成的、颇具影响面的社会化平台，比如微信、微淘、大众点评网等，且可同时借用多个第三方网上平台，这样就可以借力第三方网上平台进行引流，从而实现自己的商业目标。在现实中，餐饮、美容、娱乐等本地生活服务类 O2O 企业采用这种服务模式的居多。

O2O 应用的服务模式主要包括 3 个节点。（1）核心节点（线上）：企业的信息出口，比如官网、企业官方微博、企业微信等。（2）枢纽节点（线上）：目标客户登录的网站，例如微博、博客、论坛、SNS 等。（3）终端节点（线下）：目标客户在线下使用的设备，如手机、广告牌、户外屏幕、专用设备、客厅电视等。在 O2O 服务模式下，企业的社会化营销渠道从核心节点通过枢纽节点发散到终端节点。O2O 应用的服务流程大体上包括 5 个阶段：让消费者知道、让消费者了解、让消费者信任、让消费者交易、让消费者分享。

3. 实例

"飞猪"应用能为出境旅行的用户提供机票、酒店、火车票、汽车票、景点门票、用车、周末游、跟团游、自由行、自驾游、邮轮、旅游度假等 O2O出行服务，具有"信用住"酒店服务（免押金、免查房、免排队）、"目的地"导引服务（涵盖全球热门目的地的攻略和旅游指南）、"行程"服务（路线规划和行程安排、在线值机、退改、打车）等特色服务。

【课后习题】

1. 根据自己的亲身体验，请简述人工智能对人们购物方式的影响。

2. 请选择一种自己熟悉的智能商务应用，对其开展应用模式分析，主要说明其具有哪些特色。

3. 结合具体的实例，简要分析智能电子商务和传统电子商务的异同点。

4. 请构思一种全新的人工智能+电子商务的应用，完成其应用模式的完整设计。

第10章 智能新媒体产品的运营思维

学习要点

- 何为用户思维
- 如何设计激励机制
- 常见的盈利模式
- 如何设计盈利模式

关键术语

- 用户思维
- 以用户为中心
- 个人隐私
- 垂直化
- 盈利模式

　　智能新媒体的应用模式是否具有独创性是非常重要的，能决定智能新媒体产品的发展前景。但一流的产品需要一流的运营管理才可能最终获得成功。因此，智能新媒体产品的运营管理是网络与新媒体专业人才必须掌握的重要能力之一。本书认为用户思维、数据思维和云生态思维是智能新媒体运营者必须具备的三大思维。智能新媒体产品通常试图面向用户提供智能服务，其本质是帮助用户建立数据思维，但智能新媒体运营商自身首先要建立数据思维，运用大数据分析手段提高自身的产品运营能力。其需要掌握的理论和方法已在本书的第5章进行了较为详细的论述，在此不再重复。本章重点讲述用户思维和云生态思维。

10.1 智能新媒体产品运营的基本思维：用户思维

人类社会已进入用户体验经济时代，用户体验不仅仅是外观、功能的设计，更重要的是满足用户需求，只有用户需求能真正得到满足，才能给用户带来良好的体验。企业坚持用户导向，强化用户数据分析，就能在不断变化的时长中把握用户的真实需求，从而更好地推进产品持续优化和创新。本节拟重点讲述实现良好用户体验的思维方法：用户思维。

10.1.1 什么是用户思维

1. 用户思维的定义

用户思维是以用户为中心的思维。以用户为中心就是指在网络应用模式的设计中把用户的诉求和感受摆在第一位。具体来说，以用户为中心的原则是指在设计中将人的利益和需求作为考虑一切问题的最基本的出发点，并以此作为衡量活动结果的尺度。创业团队在设计一种新型应用模式时，首先要瞄准一个用户需求作为功能重点、优先满足的对象，这个用户需求就是用户对应用模式的核心需求。核心需求处于应用模式满足用户的所有需求的中心位置，也是用户关注的重点。如果新的应用模式能够找到一种比其他应用模式更优的全新方式满足用户的核心需求，那么就有机会开拓一个全新的领域，并取得竞争上的先发优势。在互联网行业，这点表现得尤为明显，每个领域都会不断出现新的应用模式以全新的方式满足已有应用模式正在满足的用户需求。从众多互联网企业的成功实践来看，选准用户的核心需求，把握"人性"的真实需求且设法予以满足，进而挖掘更多的用户价值是其成功的重要策略之一。

以用户为中心不仅是网络应用模式设计的基本原则，也是总体战略制定、网络应用系统分析与设计、网络应用系统开发与实施的基本原则。在广义上来讲，以用户为中心作为一种思想，就是在进行产品设计、开发、维护时从用户的需求和用户的感受出发，围绕用户为中心进行产品设计、开发及维护，而不是让用户去适应产品。

2. 用户思维的实践

在具体操作层面，用户思维需要有效的用户管理机制来保证和实现。用户管理也是每一种媒介产品运营管理的重要内容之一，其基本内容包括收受用户的注册认证管理和用户激励管理等。每一种媒介产品收受用户管理常常面临着这些难题：如何防止"恶意"用户的批量注册？如何有效地保护用户的登录安全？这一切，在云传播和人工智能时代，只需接入专业的云服务就可轻松解决。如网易云服务能提供包括注册保护、登录保护和验证码在内的完整解决方案。其注册保护云服务能实现防"机器批量注册"、防"垃圾账号"产生、防"批量注册攻击"和防"恶意注册"功能。媒介产品接入其注册保护云服务，就能识别恶意人群，及时预判潜在风险，能在各终端实现注册保护。智能新媒体产品接入其登录保护云服务，就能实时检测恶意登录，及时发现撞库、盗号、机器批量登录等异常登录行为，能防范恶意登录引起的业务风险。媒介产品接入其验证码云服务，就能实现点选验证码功能：能让用户告别形同虚设又晦涩难懂的字符验证，用户只需按顺序点击图中文字，就能实现全新的行为验证，可保障验证安全。目前，"考拉海购""探探""兑吧""贝极圈""蓝店"等新媒介产品都已接入上述网易云服务的一种或多种。

10.1.2　激励机制：黏住用户的关键

根据应用模式的基本构成，激励管理模式主要是为了有效激励用户经常使用某种产品，使用得越多越频繁，其享受的服务级别就越高。任何一种产品，只有建立有效的激励机制，才能黏住用户。下面以"百度知道"和《摩尔庄园》的激励机制设计为例进行探讨。

1. 百度知道的激励机制设计

百度知道的成长体系，即知道等级能全面评估用户在问答系统中的影响力。用户通过回答行为获取知道经验值与财富值，提升等级。百度知道将为处于不同成长阶段的用户提供不同的、更多的服务和特权，以满足不同阶段的用户需求，鼓励用户参与知识分享。

百度知道的成长体系共包含 20 个等级，由经验值、采纳率、被采纳答案数（含提问者采纳与被管理员采纳）3 个因素决定，三者越高，等级越高，如表 10-1-1 所示。

表 10-1-1　百度知道的成长体系

等级	经验值	采纳率	被采纳答案数	等级	经验值	采纳率	被采纳答案数
1	0	0%	0	11	22001	27%	650
2	81	0%	2	12	32001	27%	900
3	401	10%	5	13	45001	29%	1300
4	801	10%	10	14	60001	29%	1800
5	2001	15%	30	15	100001	31%	2500
6	4001	15%	70	16	150001	31%	3500
7	7001	20%	120	17	250001	33%	5000
8	10001	20%	200	18	400001	33%	7000
9	14001	25%	300	19	700001	35%	10000
10	18001	25%	450	20	1000001	35%	15000

等级是根据不同的积分数量来划分的，分为头衔和采纳率星级，头衔反映积分高低，共 20 级，采纳率星级反映用户回答问题的采纳率高低，共 7 级。积分达到一定分值，系统自动完成级别提高，积分降低也会使级别下降。给每月中积分表现突出的用户奖励小礼品。

【拓展案例】新浪爱问

2.《摩尔庄园》的激励机制设计

（1）《摩尔庄园》的用户等级类型设计

《摩尔庄园》的用户等级类型主要包括小摩尔公民、拥有拉姆的摩尔公民和拥有超级拉姆的摩尔公民。

拉姆是摩尔的好伙伴。拉姆是摩尔庄园里一种神奇的植物，经过摩尔的悉心照顾——喂食、清洁、玩耍，它们将成为摩尔最亲密的朋友，和摩尔一起生活，一起玩耍，可以帮助摩尔去到很多未知的地方，完成很多事情！拉姆们聚集在淘淘乐街上的宠物店里，摩尔可以从那里领养自己喜欢的拉姆。

超级拉姆是摩尔庄园的守护精灵。它的神奇能力可以帮助全体摩尔公民。拥有超级拉姆的摩尔，有更大的责任去帮助别人，保证庄园的安宁。

（2）《摩尔庄园》用户的管理机制设计

《摩尔庄园》主要通过庄园组织（公民管理处和超级摩尔俱乐部）对虚拟公民（摩尔）进行管理。

① 公民管理处。公民管理处是摩尔庄园的唯一管理机构，公民管理处承接着对整个庄园的管理及维护，每个摩尔都必须遵守公民管理处所制订的规章制度，当然公民管理处也会保证每位摩尔在庄园内能开心、快乐地成长。当摩尔发现庄园里有违法行为，或者摩尔对庄园有什么建议，可以直接联系公民管理处。

② 超级摩尔俱乐部。超级摩尔俱乐部是摩尔庄园最神秘的组织，维持着整个庄园的和谐、安宁生活，拥有多个职业分支。要想成为超级摩尔俱乐部的一员，除了需要经过严格的考验之外，更重要的是要有一颗乐于助人的心，因为每个超级摩尔俱乐部的成员都有义务无偿帮助其他摩尔。

（3）《摩尔庄园》用户的特权机制设计

用户主要需要每个月为超级宠物拉姆支付 10 元，淘米游戏公司故意不把这种收费称为会员费，而是称为超级拉姆。和普通宠物相比，超级拉姆具备更为强大的功能，如会有一些独特的道具，或能去一些独特的地方，不会死等。

超级拉姆的特权：拥有更多摩尔豆，每星期五去豆豆机领 5000 摩尔豆；买绝版酷炫装扮可以半价；体验轮滑、吹泡泡等特殊道具；带摩尔飞向天空，潜入海底；轻松穿梭蘑菇洞等隐藏场景；丝姐姐米奇哥哥信箱 24 小时准时回信；优先进入新发现场景；每周 7 天客户支持；米米号更安全；帮别的摩尔解除变身和自己反弹保护；每周都有新物品或新发现。

游戏包月是淘米游戏公司为用户提供的 VIP 包月服务，开通服务后用户你就会享有各种等级的特权，如图 10-1-2 所示。

图 10-1-2 《摩尔庄园》的 VIP 包月服务

10.1.3　保护个人隐私：留住用户的底线

个人数据是最重要的个人资产之一，关乎公民个人的隐私、财产和生命安全。个人数据又对互联网经济特别是人工智能应用具有重要价值，个人数据被视为数字经济的"油"，是智能涌现的源泉，已经成为各类智能新媒体相抢夺的重要战略资源之一。在人工智能环境下，各类智能新媒体能集聚海量的个人数据，但这些个人数据的安全较难得到有效保障，个人数据泄露和滥用事件频发。据 2018 年 10 月 10 日发布的全球公共数据泄露数据库——数据泄露水平指数（Breach Level Index）的最新调查结果显示：自 2013 年该指数开始对公开披露的数据泄露进行基准测试以来，近 150 亿条数据记录被泄露；2018 年上半年发生了 945 次数据泄露事件，导致全球 45 亿条数据记录被泄露；社交网络平台的数据泄露事件占被泄露记录的 56%以上；个人身份盗用仍然是主要的数据泄露类型；脸书和推特上大量的用户数据泄露，使得社交网络平台成为泄露记录数量最多的领域（56%），这两家公司分别有 22 亿和 3.36 亿条数据被泄露。

互联网诞生以来，个人隐私保护的话题不绝于耳，侵犯个人隐私的事件也时有发生。对用户来说，个人隐私能否得到有效保护是其是否选择使用一种网络应用的重要考

【拓展案例】脸书的用户数据泄露案

205

量；对应用提供商来说，如果其要求用户提交很多隐私数据，但又拒绝承诺用户的隐私数据永久不会泄露的话，其也很难做到可持续发展。关键问题是在智能新媒体的应用模式设计中如何体现保护个人隐私的原则。

也许有人认为，个人隐私保护主要依赖于应用系统的安全防护技术，与智能新媒体应用模式的设计并无直接关系。其实，在一种应用中的用户管理模式设计中贯彻个人隐私保护原则，在一定程度上，是解决个人隐私隐患的重要起点。例如，一种智能新媒体应用需要向用户提供什么样的智能服务，为了实现智能服务，智能新媒体应用需要采集用户的哪些隐私数据应该有非常严格的限制，隐私数据采集的范围应该以满足实际的应用需求为准则。换言之，采集哪些数据、如何采集、被采集数据的保存周期多长、如何使用这些数据，以及如何获得用户的采集授权等问题都应该有严格的规定。对于智能新媒体运营商来说，在应用模式建构、应用产品设计、应用系统开发和应用产品运营维护等各个环节都必须重视个人隐私保护，才能赢得用户的喜爱和社会的欢迎。

另外，保护个人隐私，不仅是智能新媒体自身的发展问题，也是一个非常重要的社会问题。对于国家和政府来说，需要制定和完善有关的法律和政策，运用法治手段促使应用提供商承担起应有的社会责任。我国的《信息安全技术 个人信息安全规范》于 2018 年 5 月开始实施。欧盟《通用数据保护条例》于 2018 年 5 月 25 日在全体成员国正式生效，该条例对 IT 企业保护个人隐私的责任规范空前严格：任何机构获取用户个人数据，必须征得用户个人"明确同意"；用户对"本人隐私数据由谁处理、作何用途"有知情权；用户可行使"被遗忘权利"，删除网络上的个人隐私数据。

10.1.4　简约和新鲜：抓住用户的法宝

一些新媒体应用在发展中功能体系一般会无限膨胀，最终导致用户不便使用。运营者始终要牢记的是用户使用这款应用最原始的需求和动机是什么。WhatsApp 前首席执行官简·寇姆（Jan Koum）和他的创业伙伴布赖恩·阿克顿（Brian Acton）认为，复杂和臃肿是阻碍 WhatsApp 发展的最大障碍。"我担心，如何能在不加大用户界面复杂度、不破坏用户体验、不让应用变得臃肿的情况下，提供一组有竞争力的功能。"他说，"屏幕很小，内存和带宽也很有限，这就是我们的重点。"简约的确很重要，因为很多用户购买第一部手机或第一次上网时就开始使用 WhatsApp。从地区分布来看，WhatsApp 用户的最大来源是墨西哥、巴西、印度和俄罗斯，仅在印度这个大市场就拥有约 4800 万活跃用户。虽然微信似乎变得很复杂，推出了"摇一摇""漂流瓶""附近的人""朋友圈"等一系列附加功能，但它们都以插件的形式存在，且都是可以被关闭的插件。也即，提供人们之间的交流服务是微信的根本，微信的本质在于沟通，正如微信创始人张小龙所言"微信就是消息系统，它的核心就是人和信息，它们在系统里流转。""你如何使用微信，决定了微信对你而言，它到底是什么。"

深刻理解移动互联网的用户需求，确立清晰的产品定位，持续更新，永远给用户新鲜感是黏住用户的法宝。

10.2　智能新媒体产品运营的云生态思维：开放合作

"媒介即讯息"。任何技术都逐渐创造出一种全新的环境，环境并非消极的包装用品，而是积极的作用机制。同样，在云传播时代，一种全新的环境已经被创造出来了，无处不在的"云"逐步成为人类生活的新环境，"云"和水、电和煤气一样逐步成为人类生活的必需品和基础设施，能形成一种新型的媒介环境——云生态。在这种情况下，智能新媒体的产品运营必须建立云生态思维。

10.2.1　什么是云生态思维

要厘清何为云生态思维，首先要界定清楚什么是云生态。云生态可定义为以云计算技术为基础，以云服务为媒介的新型媒介环境。所谓生态通常指生物的生活状态，指生物在一定的自然环境下生存和发展的状态，也指生物的生理特性和生活习性，以及它们之间和它们与环境之间环环相扣的关系。生态学研究的是如何保持生物个体、群体与自然环境的状态均衡，是个体或群体与环境的均衡，其能为云生态的研究提供基础理论与方法。云生态的研究同样需要关注云生态系统中各要素的相互关系，以及云生态系统与外部环境的关系。云生态的内涵可从 3 个层面进行把握。

1. 云生态的本质内涵可理解为一种基于云服务的媒介生态

媒介生态以生态的视角来考察与媒介产生关联的一切事物，是一种宏观概念。任何讯息即通常所谓的"内容"的冲击力远不如媒介本身的冲击力；一种新媒介通常不会置换或替代另一种媒介，而是增加其运行的复杂性。或者说，一种新媒介会催生一种新媒介生态的形成。云生态中，云服务是基础性的媒介产品，其中软件服务和平台服务为基础性的制作媒介变革，基础设施服务和网络服务是基础性的传输媒介变革，云终端和云发布是新型的收受媒介。云生态中，云服务相互连接能形成完整的媒介生态链：基础设施服务以网络服务为媒介；平台服务以基础设施服务为媒介；软件服务以平台服务为媒介；云终端以软件服务为媒介；用户以云终端为媒介。

2. 在云生态中，各种生态资源能自由流动

一般而言，任何媒介的"内容"都是另一种媒介。在传统环境下，网络、硬件设施、开发平台和应用软件都是传播媒介，但在云传播时代，网络带宽、基础设施、存储能力、开发平台和应用软件都可作为"内容"，分别以网络服务、基础设施服务、存储即服务、平台服务、软件服务的形态被广泛传播。"人工智能云服务"能使得自然语言处理、机器学习、深度学习、机器视觉、指纹识别、人脸识别、视网膜识别、虹膜识别、掌纹识别，以及智能搜索和智能控制等智能能力也能变成一种"内容"被其他智能新媒体应用平台共享。

3. 云生态具有显著的层次性

云生态与其他的生态学现象一样具有显著的层次性，依据不同的尺度可划分出不同层次的云生态。其中尺度是生态学的重要概念之一，一般是指对某一研究对象或现象在空间上或时间上的量度，分别称为空间尺度和时间尺度。按照组织尺度划分，云生态组织可划分为个体、种群、群落和生态系统等。云生态系统是以开放平台为媒介与媒介、媒介与自然、媒介与政府、媒介与市场、媒介与社会、媒介与人的连接器的新型媒介生态系统。

由此可见，云生态思维的核心理念是智能新媒体运营商要善于发现自身的独特资源和核心竞争力，建设开放平台，把自己的资源和能力开放出去，吸引第三方使用自己的资源和能力开发更加丰富的服务功能，逐步建立其自己的生态圈；同时需要充分利用第三方的云服务平台资源。其中开放平台是某智能新媒体平台邀请其他智能新媒体应用在现有的平台上构建应用程序的一种方式或提供的云服务；开放平台能创建一个标准化的接口，能使其他智能新媒体应用利用其提供的平台资源建立产品。

10.2.2 打造云生态圈：建立开放合作的基础

智能新媒体运营商到底如何实践云生态思维呢？依据上述云生态思维的内涵，对于平台型智能新媒体而言，实践云生态思维的关键一招就是开放自己的核心资源和能力，打造属于自己的云生态圈；对应用型智能新媒体而言，实践云生态思维的关键一招就是充分利用云端开放的资源和能力，让自己全面融入云生态系统中去。简而言之，实践云生态思维，就是要开放合作。以下结合智能新媒体运营商的一些具体做法来详细说明。

首先，开放自己的核心资源和能力，打造属于自己的云生态圈。例如，华为正在全面实施全场景智慧化战略，致力于打造全场景智慧家居生态。全场景智慧化战略把"华为 HiAI"作为 1 个核心驱动力，致力于打造 2 个生态平台（硬件生态和服务生态），试图建构 3 层结构化的产品。其中"HiLink"能提供 3 种生态合作模式："华为智选"产品专注深度合作赋能，致力于打造物联网

最高体验标准；"Works with HUAWEI HiLink"产品专注广度批量合作，致力于开放能力、助力伙伴产品智慧体验；"云云对接账号互通"产品致力于激活存量用户，保障基础体验。

其次，在硬件生态平台层面，HiLink 是华为构建物联网万物互联互通生态的统一标准架构和能力开放平台，其让所有设备遵循共同的连接标准、交互标准、服务标准。在服务生态平台层面，"Ability Gallery"快服务智慧平台结合终端感知到的用户需求，能动态聚合云端原子化的内容和信息，然后将其智慧分发给各场景多终端，能实现"一次接入、多端分发"。

最后，华为试图打造在一个轴上转动的 3 个齿轮"1+8+N"构成的 3 层结构化产品体系："1"是手机，是主轮，是连接人与信息、人与场景的最合适的工具，是智慧时代的最核心入口；"8"是指平板、PC、电视、车机、耳机、音箱、手表、眼镜等，与主轮紧密联动；"N"是各类物联网智能硬件终端，包括各种智能硬件，包括摄像头、扫地机、打印机、投影仪、车钥匙、血压计、智能秤等。

基于"小冰"的人工智能，微软与合作伙伴建立了相应的"Dual AI"生态环境：微软输出"小冰"的整体框架能力，帮助合作伙伴建立自由的人工智能平台，帮助合作伙伴推出合作的应用和产品。微软机器人系统"小冰"已经与众多国内知名企业的产品展开合作：与网易云音乐合作"小冰"电台，与小米"米家"及"米家"生态链合作打造"Yeelight"语音助手；为腾讯"Baby Q"提供部分人工智能和产品支持；内置于华为手机的微软"小冰"已上线。

再如，2014 年 6 月 30 日，由支付宝发起的支付安全生态圈建设计划正式启动，此项建设计划涉及包括公安部、安全产业基地、安全厂商、硬件厂商、线上线下商户等在内的上百万家机构，支付宝积累十年的风控系统此后将全面向外输出，用以推动生态圈内安全数据与技术的有效共享，从而为用户打造从云到端的全网联防。在生态圈中，支付宝将首先向外输出自己全套的支付安全技术，包括系统安全攻防、身份认证、风险评估和风险管控决策等，其安全风控模型可细微到用户输入账号信息时敲击键盘的节奏。在 IBM 公司打造的"开源 Power 生态圈"中，IBM 公司与合作伙伴的合作从最底层的芯片开始，有丰富多样的合作模式，可以形成多种生态系统；IBM 公司为用户提供的特殊应用程序接口，能让用户为特定负载生产有特殊输入输出（I/O）的处理器；合作伙伴可以基于 Power 处理器做更有差异化、更高效的产品。惠普公司的"惠普 Helion 联盟"是一个全球范围的、开放式的联盟，将吸引包含独立软件供应商、开发商、系统集成商和增值经销商在内的合作伙伴，共同提供基于开放标准的混合云服务，旨在向客户提供服务产品组合，使其有能力打造安全的混合信息技术环境。这些公司打造的云生态圈本质是"种群生态"，还没有与外界环境互联互通。

由此可见，云生态环境下，各类智能新媒体都可看作云生态系统中的一个要素，各要素之间互相连接，能形成一种"你中有我、我中有你"的生态，各要素之间能建立一种分工明确的共赢合作机制。但不管哪种类型的智能新媒体，互联互通正成为媒介发展的基本方向，开放合作逐步成为新型的媒介关系。

10.2.3 兼顾社会效益与商业利益："赚钱有道"是长久之计

智能新媒体产品的运营必须兼顾社会效益与商业利益，不能单纯地追求商业利益。在设计应用模式的战略定位、服务模式、盈利模式和用户管理模式中，要始终贯彻兼顾社会效益与商业利益的原则，二者不可偏废。换言之，应用模式本身的设计中就要充分考虑在该应用推向市场之后，如何产生相应的社会效益。也即，智能新媒体运营商应该承担一定的社会责任。智能新媒体运营商的社会责任是指智能新媒体运营商根据一定的道德法则和法律规范所应履行的相应职责，包括常规状态下应尽的基本责任，以及出现问题以后应该追究的责任。在操作层面上，一般从信息生产、教育大众、文化传承、提供娱乐和协调关系等5个维度进行考量。或者说，智能新媒体应用模式在实现特定服务功能的同时，应该兼具信息生产、教育大众、文化传承、提供娱乐和协调关系等社会功能。

例如，儿童网游《摩尔庄园》自我设定规矩，以"健康、快乐、创造、分享"为主题，游戏内容基本做到绿色环保，视听感受相对舒缓愉悦，游戏环节设计丰富益智。它在国内首创为儿童定制限时开放策略；控制上网时间，防止儿童沉迷；强大信息过滤器阻拦不良信息；开设禁言服务专区；严格的实时监控机制；便捷的举报投诉措施。这些都为儿童安全上网提供了一个相对绿色健康的空间。因此，《摩尔庄园》深受家长与孩子的欢迎，在积极应对同质化竞争，坚守社会责任的同时，也获得了极大的经济效益。

从更广泛的意义来看，智能新媒体逐步成为新型的社会整合平台，扮演着推动建立智能社会的重要角色。只有当智能新媒体自身健康发展时，才能真正推动社会的发展和进步。

当前在云生态系统中，社会动态、社会关系、社会事件、社会舆论和社会情绪都越来越全面详尽地被记录下来。当前，人与人之间的连接关系、人们之间的交互形态和交互行为主要有评论、心情、收藏、购买、评分、顶踩、分享、转载、加为好友、邀请等显性形态，以及跳转、浏览、翻页、收听、观看、聊天、点击、取消、会话中断、黑名单等隐性形态。云生态系统在一定程度上能详细记录社会生态环境的演化过程，能形成真实社会生态的仿真模拟系统，能为发现社会生态系统演化的动力机制提供重要依据，能为社会治理体系和治理能力的现代化提供重要支撑。

10.2.4 与整个经济生态环境融合发展：优化经济生态环境的"催化剂"

在云生态环境下，云服务成为行业信息化和企业信息化的基础设施，人工智能云服务成为各行各业智能化发展的支撑平台，"人工智能+"成为传统产业云端化、智能化的重要路径之一。人工智能云服务等云生态系统要素与经济生态系统要素的融合，正逐步成为优化经济生态环境的"催化剂"。

第一，在云生态环境下，云服务是传统产业实现云传播、融入云生态系统的重要媒介，能让传统产业领域的各类设备数据（如矿业设备、冶炼设备、工程机械、起重机械、液压机械和铸造机械等重工业设备）上传到云端，能实现智能化管理。如亚马逊的"AWS Greengrass"云服务可将其云计算服务平台无缝扩展至任何重型工机械等各类设备，以便在本地操作其生成的数据，同时可在云端实现数据管理、分析和持久存储。再如在通用电气公司的倡导下，思科、通用电气、IBM、英特尔等公司就已经在美国波士顿宣布成立工业互联网联盟，以期打破技术壁垒，促进物理世界和数字世界的融合。

第二，传统产业通过使用云服务，能实现商品、人和交易行为迁移到互联网上，能实现在线化，能形成"活的"数据，能促进数据在跨组织、跨地域的广泛流动、共享和使用。

第三，云服务等云生态要素，能催生层出不穷的新型商业模式，如人工智能的发展，会催生智慧家居、智慧医疗、智慧交通和智慧旅游等快速发展；"互联网+汽车市场服务"的发展，往往会带动"+保险""+代驾""+救援""+拼车"等服务的创新发展。由此可见，云服务等云生态要素与经济社会各领域的深度融合，能推动技术进步、效率提升和组织变革，能提升实体经济创新力和生产力，形成更广泛的以云计算、物联网和人工智能为基础设施和创新要素的经济社会发展新形态。

【课后习题】

1. 请结合具体的实例，谈谈你对用户思维的理解。

2. 请结合具体的实例，谈谈智能新媒体产品运营中如何平衡商业利益和社会效益。

3. 请结合具体的实例，谈谈云生态思维对智能新媒体产品运营的启发。

第 11 章　智能新媒体应用的案例分析

学习要点

- 应用分析的方法
- 应用模式创新的路径

关键术语

- TikTok
- Ta 在
- 新潮减压
- WeLink
- 沃德股市气象站

11.1　短视频社交应用："TikTok"

11.1.1　"TikTok"简介

TikTok 是抖音短视频国际版，是一款音乐创意短视频社交软件。TikTok 允许用户创建 3～15s 的简短舞蹈、口型同步、喜剧、才艺短视频和 3～60s 的简短循环视频。其信息架构如图 11-1-1 所示。

据 Business of Apps 的统计数据，截至 2019 年 12 月 31 日，TikTok 的总下载量超过 15 亿次，仅在 2019 年就被下载了 7.38 亿次，月活跃用户数为 8 亿。目前印度是 TikTok 最大的国际市场，2019 年印度的下载量为 3.23 亿。2019 年，TikTok 被列为 2010 年至 2019 年 10 年下载量排名第 7 的移动应用程序。同时它也是 2018 年和 2019 年 App Store 上下载量最大的移动应用程序。2017 年字节跳动公司斥资 10 亿美元收购"Music.ly"，并于 2018 年将 Music.ly 整合到了 TikTok 中。

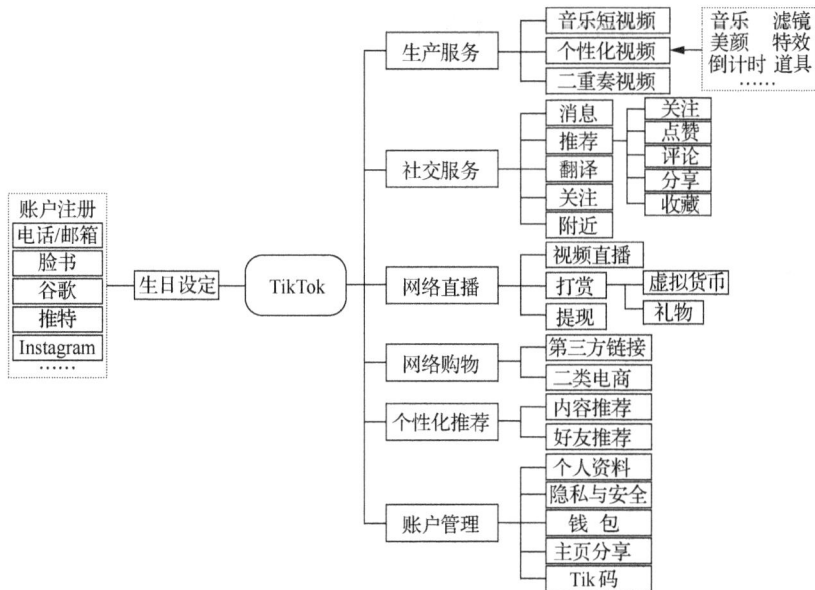

图 11-1-1 TikTok 信息架构

为了适应不同国家和地区的各自的法律法规和风俗习惯，TikTok 制订了不同版本的用户使用协议。其中虚拟物品的政策（Virtual Items Policy）有 3 个版本，分别适用于欧盟、印度和其他国家与地区；隐私政策有 3 个版本，分别适用于美国、欧洲经济区与瑞士、其他国家与地区；服务条款有 4 个版本，分别适用于美国、欧洲经济区与瑞士、印度、其他国家与地区。但 TikTok 拓展海外市场的道路仍然面临隐私保护、内容分级等多方面的挑战。

11.1.2 应用模式分析

1. 目标定位

TikTok 的主要目标是成为一个创意和表达的全球社区，主要形式是移动短视频，其使命是激发创造力和带来快乐。

2. 服务模式

TikTok 的目标是成为一个全球移动短视频创意社区，目前在全球 150 多个国家和地区都能下载使用 TikTok。由于不同国家和地区在风俗习惯、法律政策等方面的差异，TikTok 在不同国家和地区提供的服务（如视频制作特效、玩法等）有所差异。TikTok 以短视频社交模式为基础，集成了在线视频直播、网络购物等原子应用模式，其主要的服务功能包括 5 个方面。

（1）短视频生产服务。TikTok 允许用户拍摄制作短视频，视频时长分为 0～15s 和 0～60s 两种，能提供 3 种类型的短视频生产服务，TikTok 短视频生产界面如图 11-1-2 所示。一是音乐短视频生产服务：TikTok 音乐库中的音乐可供用户选择，也支持使用本地音乐，短视频搭配音乐是 TikTok 最大的服务特色。二是个性化短视频生产服务：TikTok 提供了滤镜、美颜、特效等功能供用户进行个性化视频创作，用户可以在拍摄前选择相关特效，也可以在拍摄完毕后进行剪辑和特效加工。三是"二重奏"（Create a Duet）视频生产服务：支持不同位置的两人合拍同一个视频，时长限制为15s。

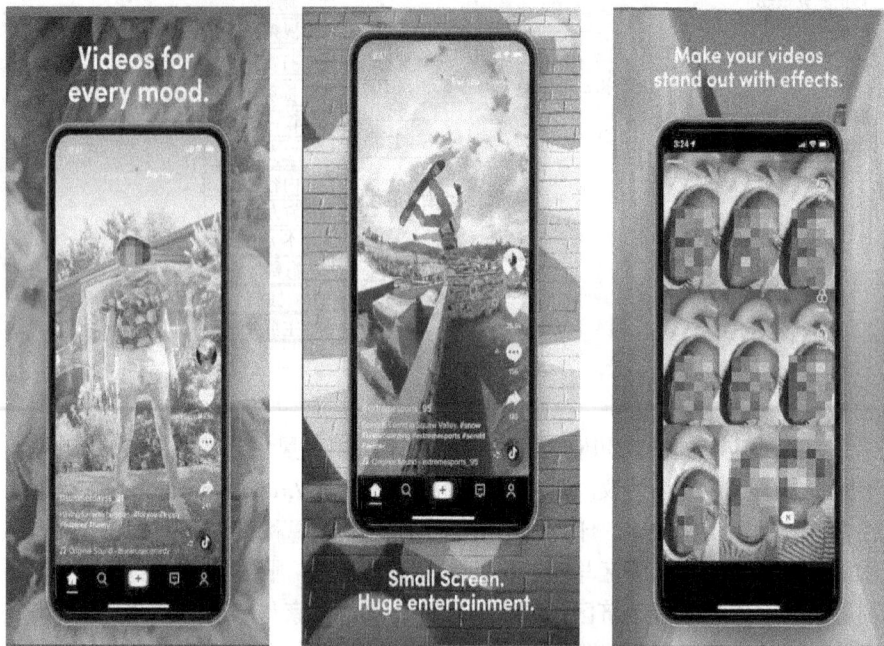

图 11-1-2　TikTok 短视频生产界面

（2）基于短视频的社交服务。除充当短视频制作工具外，TikTok 的目标在于构建一个全球创意社区，社交属性是 TikTok 极为重要的属性之一。一是应用架构突出社交属性，TikTok 将"收件箱（Inbox）"置于底部导航栏，突出了对社交消息的重视；在收件箱主页中有话题推荐，用户可以发现自己感兴趣的话题并进入社区讨论。二是构建社交关系网络，用户可以绑定手机通讯录导入好友，可以通过脸书邀请好友；TikTok 还会根据浏览记录给用户推荐感兴趣的好友；此外，在短视频播放页面，用户可以进入视频发布者的个人主页，可以看到发布者展示的信息，并可以关注、分享、评论、点赞等，还可以给视频发布者发送信息；同时，TikTok 在播放页面设置了翻译按钮，用户可以将视频文本介绍内容翻译为播放设备的系统语言，方便与不同语言背景的用户沟通。由此，TikTok 通过推送机制强化了内容与内容生产者和传播者之间的联系，加上用户的自我筛选（用户之间的关注、点赞、评论、分享等），用户可以构建基于现有关系（好友导入）和基于短视频内容的用户与用户之间的社交网络。

（3）视频直播服务。用户可以在 TikTok 进行视频直播（目前仅在部分国家和地区开通了这一功能，且暂时未开通游戏直播功能），观看用户可以购买虚拟货币和礼物对直播进行打赏。用户在平台的各类收入可以提现，TikTok 支持 "PayPal" 账户提现，用户可以在账户余额超过 100 美元时提现，每次最低提现金额为 100 美元，每日提现最多不超过 1000 美元。

（4）网络购物服务。用户可以在 TikTok 上进行网络购物，主要分为两种模式：一是通过超链接进入第三方平台购买商品；二是 TikTok 本身作为 "二类电商"，用户可以直接在平台内下单购买商品，完成交易。

（5）个性化推荐服务。TikTok 继承了母公司字节跳动的个性化推荐算法，依据用户的观看习惯，使用户在海量的短视频中能够看到符合自己口味的内容。一方面，个性化推荐能够确保优质的内容能够被用户看到（机会均等），能给用户带来极大的曝光度和播放量，收获关注。另一方面，个性化推荐能使用户尽快找到自己感兴趣的内容，用户观看一些视频之后，TikTok 就能大概获知用户的喜好，并据此主动推荐相关内容给用户。

3. 盈利模式

TikTok 为免费下载应用程序，但其被运营成一个新型的营销平台，主要依靠商业广告盈利，具体盈利模式包含以下几种。

品牌广告：通过售卖应用程序的广告位获得收入，如开屏广告、Top View（打开应用程序后的第一个视频，一般与开屏广告相关联）等，此类广告有广告位报价。

信息流广告：根据用户使用习惯进行智能匹配，在用户观看过程中推送广告，此类广告实行实时竞价。

平台抽成：对各类用户在应用程序内开展活动获取的收入进行利润抽成，如商品销售收入、直播打赏收入等；另外，企业搭建了广告主与平台网红的合作平台，通过收取佣金和销售收入抽成等方式获取利润。

账户认证收费：允许企业等类型的用户进行相关认证，并收取一定的费用。

4. 用户管理模式

用户注册与登录：用户注册方式有多种，既可以用手机号码、邮箱、谷歌账户注册，也可以用 "脸书" "Instagram" "推特" "VK" "Line" "KakaoTalk" 等常用的社交软件直接登录。

账户分类管理：TikTok 的视频分为 "公共视频" 和 "私人视频" 两类。公开视频中，如果账户为公开账户，则其他用户可以观看所有公开视频；如果账户为私人账户，则仅有该账户的关注者能观看公开视频。私人视频中，不论账户类型，仅该账户拥有者可以观看私人视频。此外，TikTok 可以设置账户类型，不同的账户能够实现不同的功能，在隐私权限等方面也有所差异。TikTok 提供了 16 种专业账户类型，升级专业账户可以对视频的表现情况进行跟踪分析，还可以了解更多有关账户关注者的信息。同时，用户可以删除关注者，用户也可以删除视频。

内容分级管理：不论采用何种方式注册和登录，用户首先需要设置出生日期，TikTok 根据用户年龄进行内容分级管理（Google Play Store 对 TikTok 的内容分级为"12 岁以上，建议父母监护"）。家长还可以设置"儿童模式"。

11.2　智能社交应用："Ta 在"

11.2.1　Ta 在简介

传统的社交网络应用面临着无效社交、信息过载、流量垄断、标签束缚和"信息茧房"等问题。Ta 在试图打破人与人的社交网络模式，拟建立由人与知识之间的关系构成的智能社交应用，试图破除信息茧房。Ta 在的信息架构如图 11-2-1 所示。

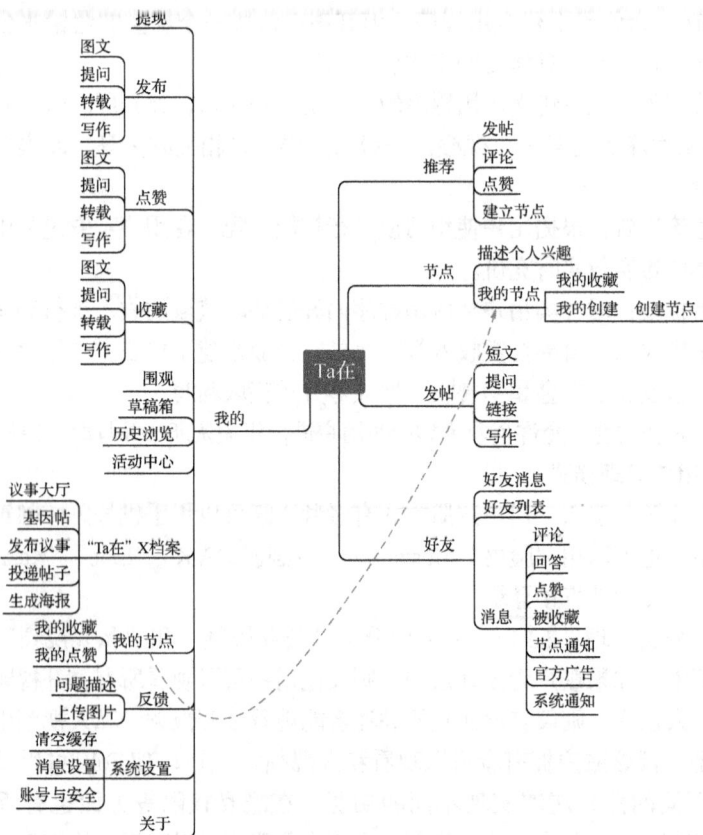

图 11-2-1　Ta 在的信息架构

Ta 在通过演化群体智能算法，不断捕捉、细分用户的互动行为信息，实现人与人之间颗粒度更小的知识关系，更平等、更开放的信息创作与传播，让再小的声音都能被听见，试图探索一种新型的社交网络应用模式。截至 2020 年 5 月 31 日，在 App Store，Ta 在获得 41147 个评分，其中五星好评占 95%。有用户表示"因好奇而下载，因不同而驻足"，也有用户称之为"心中自由的世界"，如此评价足以体现 Ta 在的应用独特性。

11.2.2　应用模式分析

1. 目标定位

Ta 在要做的社交是一种"零式社交"：让社交回归本质从零开始，实现知识和内容传播的最大化。

2. 服务模式

Ta 在抛弃了运用标签定义用户兴趣、再形成兴趣圈子的社交服务模式。Ta 在建立了基于演化群体智能算法的智能社交模式。在该模式中，用户只需自由展现趣味和审美；系统能不断捕捉、细分用户的互动行为，能借助演化群体智能算法动态地把具有共同价值观、兴趣、审美的人连接在一起。Ta 在致力于让用户成为"机器大脑"的训练师，能根据用户的发布、评论和收藏行为，快速捕捉用户潜意识中的需求。

Ta 在的具体服务功能包括"推荐"服务、"节点"服务、"发帖"服务和"好友"服务。

（1）推荐服务：用户可以在推荐中找到自己的兴趣所在，进行点赞、评论或转发等。

（2）节点服务：节点是对用户兴趣的一种分类方法；用户可以创建自己的"兴趣节点"，也可以发布"议事"、投递帖子和生成海报；进入节点页面，可以看到很多其他用户已经创建好的兴趣节点，如图 11-2-2 所示。

（3）发帖服务：用户可发布自己的想法、图片、地理位置等。

（4）好友服务：与其他社交软件不同的是，Ta 在的用户之间无法关注、私信，只能通过算法进行匹配，从而进行限时交流。

3. 盈利模式

Ta 在目前还未形成独创的、明确的盈利模式。

4. 用户管理模式

用户可以通过手机号码注册 Ta 在的账户，也可以直接使用微博账号、微信账号和 QQ 账号等第三方账号登录 Ta 在。

Ta 在建立了基于"系统智商"的用户激励模式，用户在平台上的互动行为（发帖、看帖、点赞、评论、转发、建节点等）可提高个人的系统智商贡献度。系统智商由系统根据节点活跃度和内容质量自动计算而得。

图 11-2-2　节点功能界面

11.3　智能健康应用："心潮减压"

11.3.1　心潮减压简介

　　心潮减压的理念是相信科技的态度是对世界的温度，专注于将心理健康与前沿科技结合。自 2015 年上线以来，新潮减压不断改进和提升，2019 年新增"健康冥想"和"心晴合辑"功能，还推出了增值功能"心肺压力检测"。心潮减压采用"光电容积脉搏波描记法（Photo Plethysmo Graphy，PPG）"，通过手机摄像头来识别人的瞬时心率（反映两个心跳周期内的波动）、内隐呼吸（细胞呼吸频率）以及心率变异性（心率节奏快慢随时间所发生的变化）等生理信号。识别之后再通过情绪算法（粒子群算法+遗传算法+模拟退火算法）来判断用户的压力情况，换算出用户现在的压力状态。心潮减压的信息架构如图 11-3-1 所示。

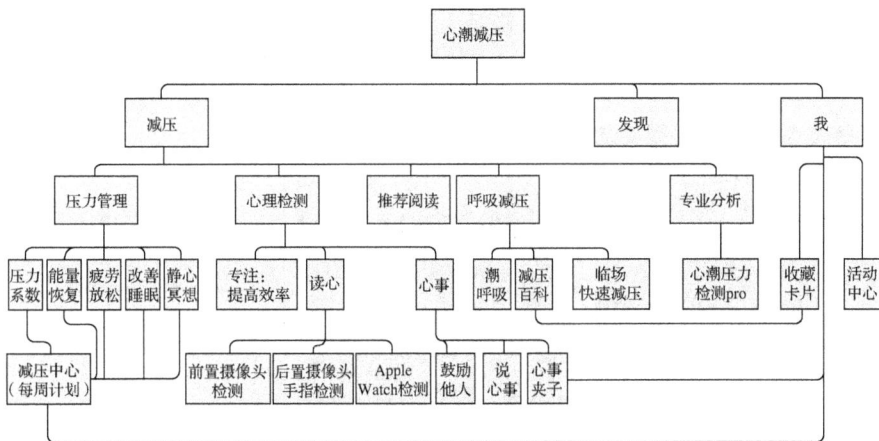

图 11-3-1　心潮减压的信息架构

截至 2020 年 5 月 31 日，心潮减压已有 150 万左右的注册用户，日活用户数 15 万左右，月活用户数 35 万左右，已生成了超过 1000 万份压力规划。

11.3.2　应用模式分析

1. 目标定位

当前，心理咨询费用高昂，服务难以标准化，传统心理咨询时效性差。但人们心理健康知识缺失，生活、工作节奏加快，压力增大。心潮减压是一款基于生物反馈与情绪计算的移动心理减压应用，用于快速减压、控制情绪、改善睡眠、生理监测等。简而言之，心潮减压就像是一位善解人意的心理减压师随时陪伴在用户身边，帮助用户进行心理健康管理。

2. 服务模式

心潮减压建立了基于人工智能的心理健康管理模式，具体的服务功能包括4 个方面。

（1）临场快速放松服务

临场快速放松服务（如图 11-3-2 所示）能通过摄像头识别来实时检测用户的生理参数，从而了解其压力变化。临场快速放松服务会将用户带入一个由漏斗与冰山构成的画面，伴着催眠师的语音提示，用户会开始经历吐纳式的催眠放松，在短短的 5 分钟内，看着冰山的逐渐融化，用户的呼吸也更有节奏，心情自然也就会放松下来。

（2）读心服务

读心服务利用自适应算法，能通过手机摄像头对面部毛细血管的细微颜色变化进行捕捉与分析，实现瞬时生理数据的监测，如图 11-3-3 所示。监测时，需要用户正面对准取景框，保持头部和面部静止；监测成功后，用户会获得 2 个生理指标，即瞬时心率和内隐呼吸；根据它们，应用能够换算出用户现在的压力状态，并划分出消极、普通、积极 3 个区域，帮助用户了解自己当前所处的压力状态。

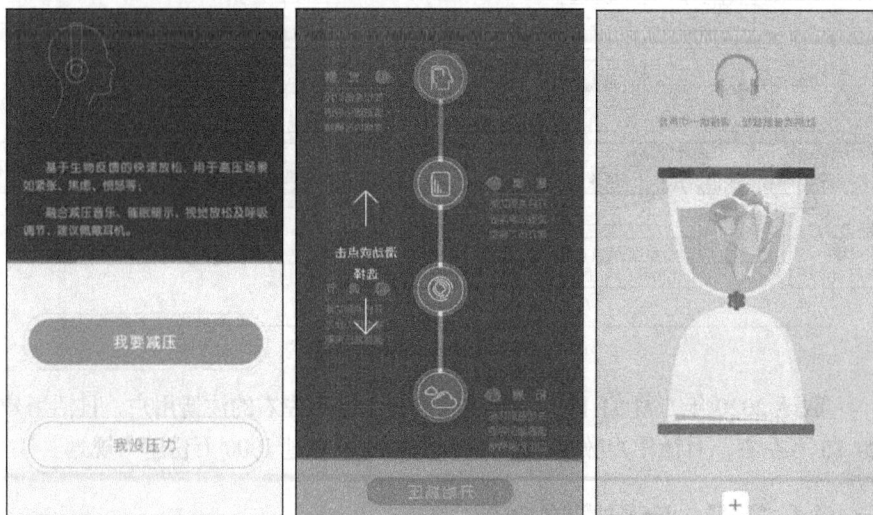

图 11-3-2　临场快速放松服务功能界面

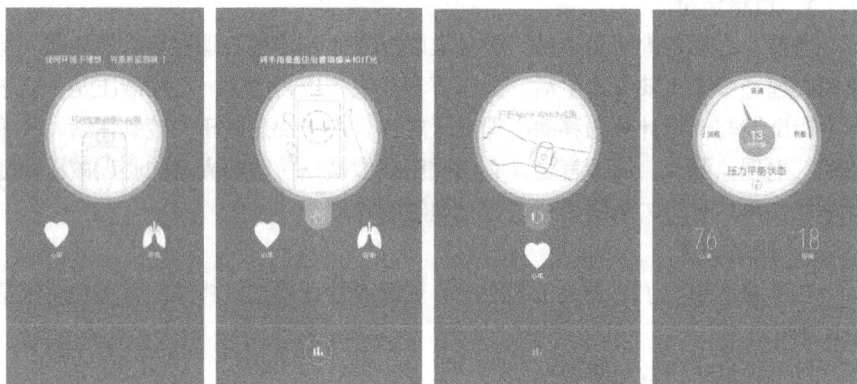

图 11-3-3　读心服务功能界面

（3）音乐减压服务

音乐减压服务用于日常进行呼吸练习，可缓解长期不良情绪、紧张与压力等。音乐减压服务共分为疲劳放松、改善睡眠、恢复能量、静心冥想四大场景，用户可根据实际需求进行选择。其搭配了数十种自然氛围音效、白噪声等脑波音乐，支持自由搭配组合。

（4）"祷告式"树洞社交服务

祷告式树洞社交服务鼓励用户在月光、流水和路过的星辰背景中说出所有烦恼与情绪，或者写下三行"心书"，可以是秘密、担忧、最糟糕的回忆等，写完后可以发布到网上；用户也可以收听陌生人的心事，并对对方说些鼓励的话，但只有一回合的交流且并不能知道对方的身份。

11.4 云会议应用："WeLink"

11.4.1 WeLink 简介

WeLink 以华为云为依托，着眼于企业协同工作场景，秉承智能、安全、开放的设计理念，专注做更懂企业的智能工作平台。WeLink 支持手机、平板、电脑、智慧屏和高清会议终端，能实现无线投屏和多屏操作。WeLink 能连接团队：即时通信、会议、企业直播、保密通信、智能邮箱。WeLink 能连接设备：能连接各类智能终端，如一体化会议终端、智能摄像机、云打印机和智能考勤机等。WeLink 能连接业务：日常办公、考勤打卡、审批、公告。WeLink 能连接知识：知识图谱、智能语音助手、智能翻译、智能搜索与推荐等。

据华为云官方介绍，华为云 WeLink 已经为我国近万家医院、各级卫健委、疾控中心等医疗机构和政府单位、学校，以及金融、能源、制造、交通等行业的数十万家企业提供了云办公服务。另外，华为云致力于打造 WeLink 生态联盟，金山办公等众多合作伙伴已加入该联盟。

11.4.2 应用模式分析

1. 目标定位
WeLink 致力于让办公更加智能，让企业实现无边界协同，能打造智能工作空间。

2. 服务模式
WeLink 作为企业的智能工作平台，服务功能主要包括四大方面：一是端云协同会议服务；二是智能助手服务；三是云空间服务；四是信息安全服务。

（1）端云协同会议服务：让会议更便捷高效
Welink 可与用户原有的会议系统互联互通，可重复利用现有会议资源；内外部会议可无缝衔接，支持多终端随时随地便捷入会；支持音频和视频两种会议形式；能屏蔽干扰区域噪音。端云协同会议服务的具体功能包括发起会议、加入会议和预约会议。用户通过 3 步就可以发起一次会议，如图 11-4-1 所示。

221

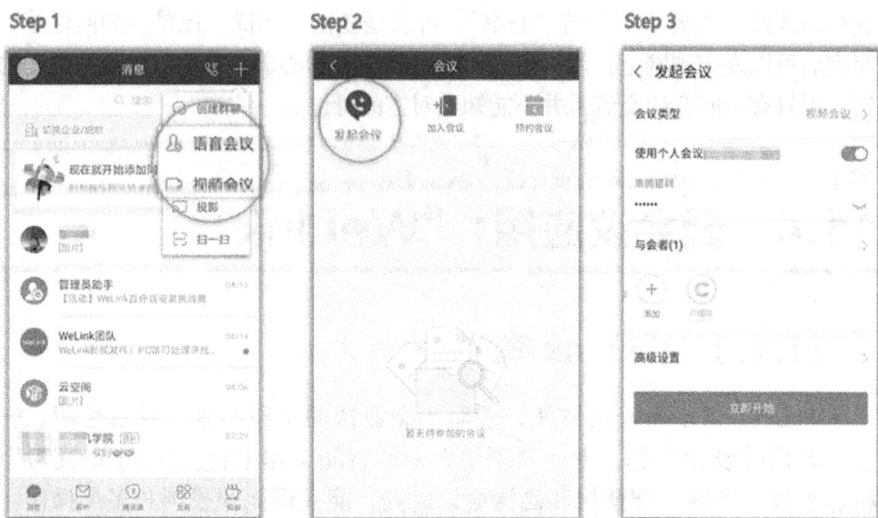

图 11-4-1　WeLink 发起会议的步骤示意

（2）智能助手服务：让信息精准直达

智能语音助手"小微"能解放用户双手，让用户使用语音就能办事。具体的使用方式有两种：一是用户在消息首页下滑屏幕；二是用户长按通讯录图标，说出自己的问题，便可呼出小微。如图 11-4-2 所示。

图 11-4-2　WeLink 智能助手小微

（3）云空间服务：让管理工作文件更轻松

云空间主要为用户提供海量文件的随时随地收发和共享。云空间服务主要有两种类型：个人空间和团队空间。在个人空间里，用户可查阅和管理专属于个人的文件；在团队空间里，群成员可随时随地点击查看和保存文件。

云空间的具体服务功能包括文件收发、云笔记和文件分享。文件收发：在云空间中直接管理云端文件和随时随地收发文件，能实现文件的上传、下载、分类、在线预览功能。云笔记：在云空间中及时保存个人的工作灵感。文件分享：个人可把自己的文档直接分享给联系人及群组，如图 11-4-3 所示。

图 11-4-3　文件分享服务功能界面

（4）信息安全服务：为企业数据安全保驾护航

信息安全服务主要包括企业数据专属服务、数据安全保护服务、设备安全接入服务和保密通讯服务。企业数据专属服务：账号和企业信息主权归属企业，统一由企业管控和发放；企业可自定义通讯录分级访问权限。数据安全保护服务：企业信息加密存储，禁止复制外发；消息、邮件、文档、浏览器中可自动添加安全水印，泄密后可追溯。设备安全接入服务：手机丢失可远程擦除数据；企业网络或企业办公电脑授权后方可接入。保密通讯服务：提供加密聊天、加密邮件和加密通话服务。

3. 盈利模式

华为云 WeLink 分为免费版和收费版两个版本，企业可先免费注册企业套餐进行体验，按需自主决定是否需要升级为收费版。免费版仅提供基础服务，收费版提供收费的增值服务和智能硬件接入服务。以增值服务为例，其计费标准如图 11-4-4 所示。

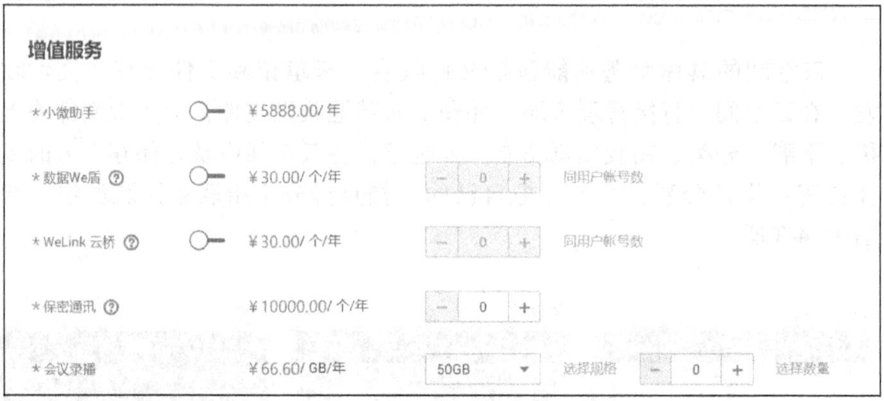

图 11-4-4　华为云 WeLink 增值服务计费标准

4. 用户管理模式

华为 WeLink 将其用户定义为两大类：一是企业管理员，二是客户端用户。企业管理员通过使用专属 WeLink 管理后台对企业员工进行统一管理和企业运营。除了员工通讯录管理、数据概览、考勤记录等基础功能外，WeLink 还提供了人性化的问答、社区、博客板块，企业管理员可在后台一键回复和发布，丰富了企业文化和员工之间的沟通与交流方式，提高了问题反馈与收集的效率。

11.5　智能商务应用："沃德股市气象站"

11.5.1　沃德股市气象站简介

沃德股市气象站以"让天下的人心不再难测"为宗旨，致力于大数据舆情选股、实时买卖点提示、解决股民炒股难题，能为投资者打造一个真实的、全方位的大数据炒股应用。沃德股市气象站的信息架构如图 11-5-1 所示。

截至 2020 年 5 月 31 日，沃德股市气象站客户端累计下载次数为 90941 次，注册人数达到 57282 人。

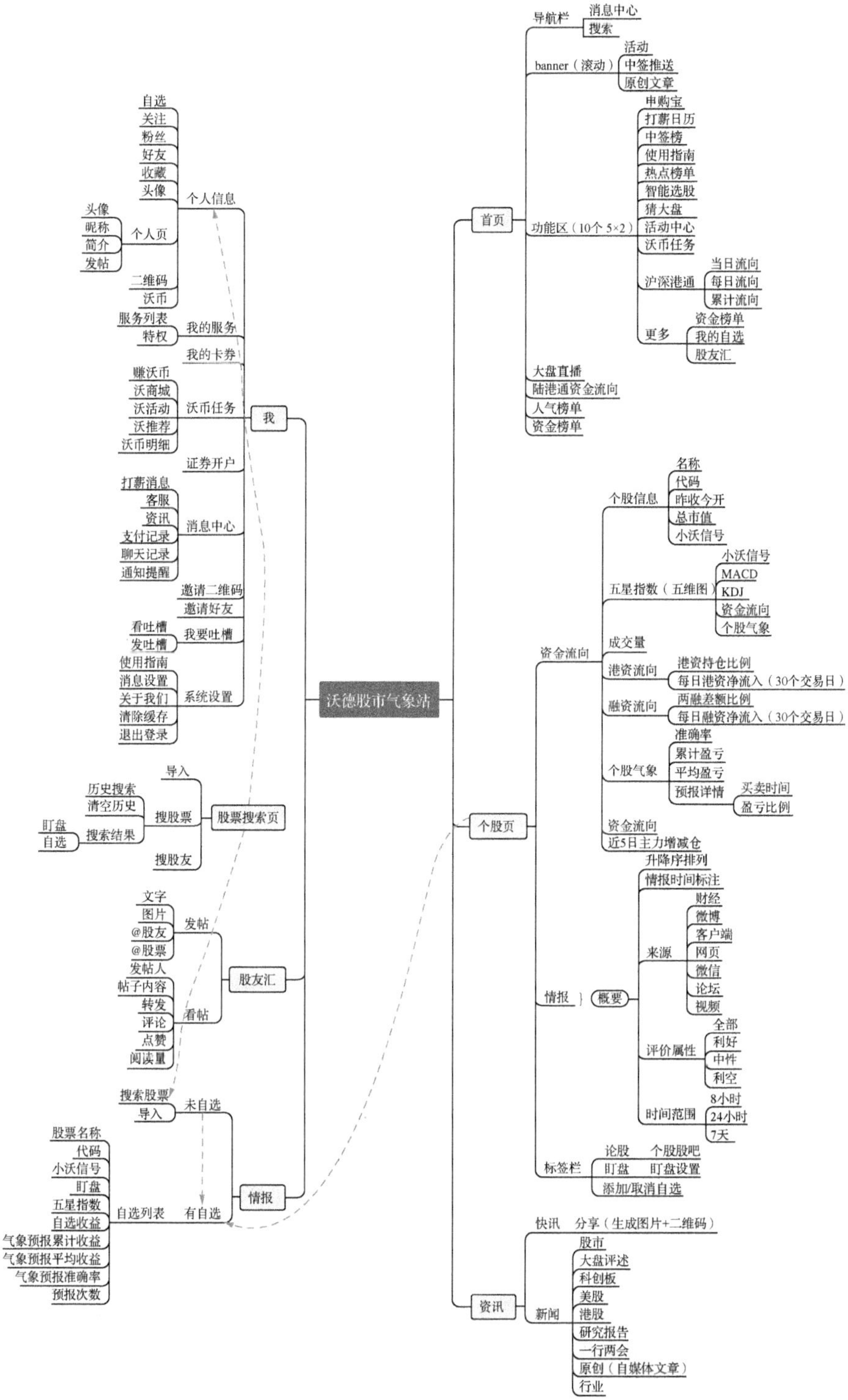

沃德股市气象站

- 首页
  - 导航栏
    - 消息中心
    - 搜索
  - banner（滚动）
    - 活动
    - 中签推送
    - 原创文章
  - 功能区（10个 5×2）
    - 申购宝
    - 打薪日历
    - 中签榜
    - 使用指南
    - 热点榜单
    - 智能选股
    - 猜大盘
    - 活动中心
    - 沃币任务
    - 沪深港通
      - 当日流向
      - 每日流向
      - 累计流向
    - 更多
      - 资金榜单
      - 我的自选
      - 股友汇
  - 大盘直播
  - 陆港通资金流向
  - 人气榜单
  - 资金榜单
- 个股页
  - 个股信息
    - 名称
    - 代码
    - 昨收今开
    - 总市值
    - 小沃信号
  - 五星指数（五维图）
    - 小沃信号
    - MACD
    - KDJ
    - 资金流向
    - 个股气象
  - 成交量
  - 资金流向
    - 港资流向
      - 港资持仓比例
      - 每日港资净流入（30个交易日）
    - 融资流向
      - 两融差额比例
      - 每日融资净流入（30个交易日）
  - 个股气象
    - 准确率
    - 累计盈亏
    - 平均盈亏
    - 预报详情
      - 买卖时间
      - 盈亏比例
  - 资金流向
  - 近5日主力增减仓
  - 情报
    - 概要
      - 升降序排列
      - 情报时间标注
      - 来源
        - 财经
        - 微博
        - 客户端
        - 网页
        - 微信
        - 论坛
        - 视频
      - 评价属性
        - 全部
        - 利好
        - 中性
        - 利空
      - 时间范围
        - 8小时
        - 24小时
        - 7天
    - 标签栏
      - 论股
      - 个股股吧
      - 盯盘
      - 盯盘设置
      - 添加/取消自选
- 资讯
  - 快讯　分享（生成图片+二维码）
  - 新闻
    - 股市
    - 大盘评述
    - 科创板
    - 美股
    - 港股
    - 研究报告
    - 一行两会
    - 原创（自媒体文章）
    - 行业
- 我
  - 个人信息
    - 自选
    - 关注
    - 粉丝
    - 好友
    - 收藏
    - 头像
  - 个人页
    - 头像
    - 昵称
    - 简介
    - 发帖
  - 二维码
  - 沃币
  - 我的服务
    - 服务列表
    - 特权
  - 我的卡券
  - 沃币任务
    - 赚沃币
    - 沃商城
    - 沃活动
    - 沃推荐
    - 沃币明细
  - 证券开户
  - 消息中心
    - 打薪消息
    - 客服
    - 资讯
    - 支付记录
    - 聊天记录
    - 通知提醒
  - 邀请好友
    - 邀请二维码
  - 我要吐槽
    - 看吐槽
    - 发吐槽
  - 系统设置
    - 使用指南
    - 消息设置
    - 关于我们
    - 清除缓存
    - 退出登录
- 股票搜索页
  - 历史搜索
    - 导入
    - 清空历史
  - 搜股票
    - 搜索结果
  - 搜股友
  - （盯盘、自选）
- 股友汇
  - 发帖
    - 文字
    - 图片
    - @股友
    - @股票
    - 发帖人
  - 看帖
    - 帖子内容
    - 转发
    - 评论
    - 点赞
    - 阅读量
- 情报
  - 未自选
    - 搜索股票
    - 导入
  - 有自选
    - 自选列表
  - 股票名称
    - 代码
    - 小沃信号
    - 盯盘
    - 五星指数
    - 自选收益
    - 气象预报累计收益
    - 气象预报平均收益
    - 气象预报准确率
    - 预报次数

图 11-5-1　沃德股市气象站的信息架构

11.5.2 应用模式分析

1. 目标定位

沃德股市气象站致力于为股民提供买卖股票的时机选择和对象选择服务，能帮助股民实现“低价买入，高价卖出”。

2. 服务模式

沃德股市气象站的服务功能主要包括人气榜单服务、小沃信号服务、盯盘精灵服务、个股气象服务、市场情报服务。

（1）人气榜单服务

人气榜单服务包括早盘、午盘与实时人气榜单服务，如图 11-5-2 所示。

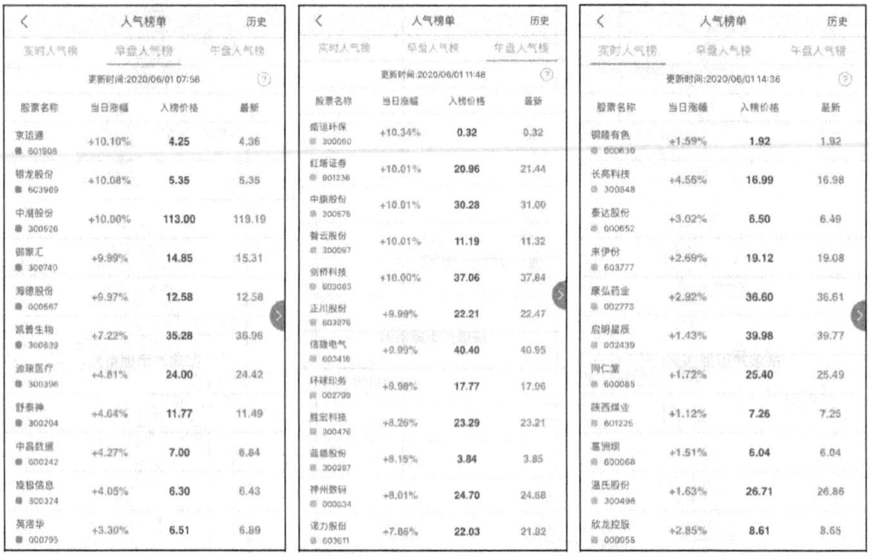
人气榜单
历史
实时人气榜
早盘人气榜
午盘人气榜
更新时间:2020/06/01 07:58
股票名称 当日涨幅 入榜价格 最新
京运通 601908 +10.10% 4.25 4.36
银龙股份 603969 +10.08% 5.35 5.35
中潜股份 300526 +10.00% 113.00 119.19
御家汇 300740 +9.99% 14.85 15.31
海德股份 000567 +9.97% 12.58 12.58
凯普生物 300639 +7.22% 35.28 36.96
迪瑞医疗 300396 +4.81% 24.00 24.42
舒泰神 300204 +4.64% 11.77 11.49
中昌数据 600242 +4.27% 7.00 6.84
旋极信息 300324 +4.05% 6.30 6.43
英洛华 000795 +3.30% 6.51 6.89
人气榜单
历史
实时人气榜
早盘人气榜
午盘人气榜
更新时间:2020/06/01 11:48
股票名称 当日涨幅 入榜价格 最新
盛运环保 300090 +10.34% 0.32 0.32
红塔证券 601236 +10.01% 20.96 21.44
中旗股份 300575 +10.01% 30.28 31.00
智云股份 300097 +10.01% 11.19 11.32
剑桥科技 603083 +10.00% 37.06 37.84
正川股份 603976 +9.99% 22.21 22.47
信捷电气 603416 +9.99% 40.40 40.95
环球印务 002799 +9.98% 17.77 17.96
胜宏科技 300476 +8.26% 23.29 23.21
蓝盾股份 300297 +8.15% 3.84 3.85
神州数码 000034 +8.01% 24.70 24.68
诺力股份 603611 +7.86% 22.03 21.82
人气榜单
历史
实时人气榜
早盘人气榜
午盘人气榜
更新时间:2020/06/01 14:36
股票名称 当日涨幅 入榜价格 最新
铜陵有色 000630 +1.59% 1.92 1.92
长亮科技 300348 +4.56% 16.99 16.98
泰达股份 000652 +3.02% 6.50 6.49
来伊份 603777 +2.69% 19.12 19.08
康弘药业 002773 +2.92% 36.60 36.61
启明星辰 002439 +1.43% 39.98 39.77
同仁堂 600085 +1.72% 25.40 25.49
陕西煤业 601225 +1.12% 7.26 7.25
葛洲坝 600068 +1.51% 6.04 6.04
温氏股份 300498 +1.63% 26.71 26.86
欣龙控股 000955 +2.85% 8.61 8.65

图 11-5-2　人气榜单服务功能界面

（2）小沃信号服务

小沃信号服务用黄、红、蓝、绿 4 色作为买入、持有、卖出、空仓的标识，根据收集到的股民言论公开信息、情绪与行情数据做出分析和判断，以最直观的方式显示智能炒股机器人每次入场和离场时间，将成为对股市专业投资者和普通散户都具有重要参考价值的风向标。小沃信号服务的示意图如图 11-5-3 所示。

（3）盯盘精灵服务

盯盘精灵服务可在用户添加自选股后，通过系统实时盯盘，帮助用户在最合适时机选择卖出。

黄色信号

买入信号，该股的综合情绪已经由看空转变为变盘动力

绿色信号

空仓信号，绿色波段如果不及时跑掉，只能被深套

红色信号

持有信号，红色信号通过历史数据来看，红色波段收益都很强势

蓝色信号

卖出信号，可以帮助我们躲过部分下跌的波段，这是极强的预警信号

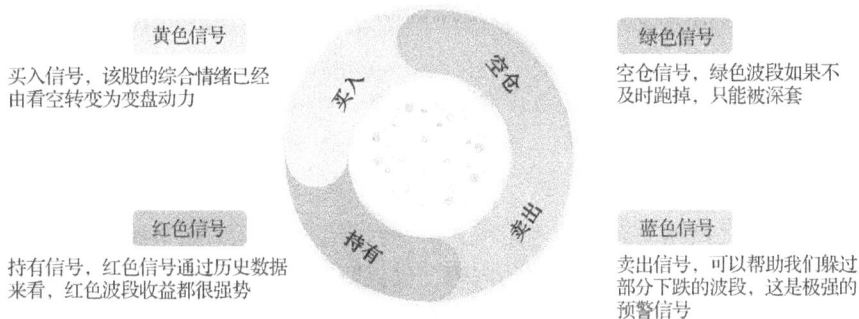

图 11-5-3　小沃信号服务的示意图

（4）个股气象服务

对股民来说，到底选择什么样的个股进行交易更好？个股气象服务使用黄、红、蓝、绿 4 色作为买入、持有、卖出、空仓的标识，为股民提供个股晴雨表。

（5）市场情报服务

市场情报服务依托于大数据智能分析，将社会舆情与炒股相结合，独创热度指标，根据个股关键字搜罗全网情报，旨在方便用户高效精准选股，提前预知利好与利空消息。

3. 盈利模式

目前，沃德股市气象站主要针对"智能选股""人气榜单""盯盘精灵""资金榜单""市场情报" 5 项服务进行收费。包括 5 项服务的套餐收费标准为：1588 元/月、3998 元/季 、6668 元/半年、10888 元/年。

4. 用户管理模式

沃德股市气象站将用户分为 6 个层级，权益分别如下.

V1 专属特权：专属徽章、升级礼包。

V2 专属特权：专属徽章、升级礼包、进入沃德沙龙微信群、包括 V2 以下级别特权。

V3 专属特权：专属徽章、升级礼包、每月幸运之星评选（奖品为沃币）、包括 V3 以下级别特权。

V4 专属特权：专属徽章、升级礼包、每月"老司机"评选活动（神秘大奖品）、包括 V4 以下级别特权。

V5 专属特权：专属徽章、升级礼包、可参加 V5 级别年终回馈会、可与炒股大咖定期通过视频探讨股市行情，为投资股票进行把脉分析，包括 V5 以下级别特权

V6 专属特权：专属徽章、升级礼包、沃德股市气象站年会邀请函（包括往返飞机票、住宿等）、包括 V6 以下级别特权。

后记

　　本书以《网络与新媒体应用模式——创新设计及运营战略视角》一书为基础进行改编，更新了近 70%的内容，仅保留原书约 30%的内容。华中科技大学人工智能与自动化学院的王永骥教授为全书的目录结构提出了诸多宝贵意见，撰写了人工智能基础知识和算法基础方面的内容。沃民高新科技（北京）股份有限公司董事长齐中祥先生为本书提供了其公司旗下人工智能应用产品"沃德股市气象站"的详细资料。感谢华中科技大学国家传播战略研究院院长张昆教授对本书编著的指导意见，感谢新闻与信息传播学院提供的一流学科平台，感谢传播系各位老师的帮助和指导。感谢人民邮电出版社武恩玉责编的精心策划。

　　感谢我的研究生对本书写作的贡献。华中科技大学新闻与信息传播学院2018 届陈文泰博士生（现为河南大学新闻与传播学院副教授）、2019 届贾瑞雪博士（现为中国人民大学新闻学院博士后）对本书原有版本写作的贡献较大。感谢华中科技大学新闻与信息传播学院在读的彭静博士生为本书的撰写搜索和整理了大量原始资料，撰写完成了第 1 章的部分内容及第 5 章的内容；李宁博士生撰写了 8.3.2 小节（在线视频直播）的初稿；覃亚林博士生撰写了 11.1 节（短视频社交应用："TikTok"）的初稿。沙传宇硕士生参与撰写了微信、QQ和抖音的案例分析内容；王一苇硕士生提供了智能社交应用"Ta 在"的案例分析材料；孙鑫硕士生提供了云会议应用"WeLink"的案例分析材料。另外，朱韦清、孔维敏、杨文倩、徐力等硕士生也为本书提供了一些人工智能应用的原始资料。感谢华中科技大学新闻与信息传播学院传播系 2018 届本科毕业生黄晴、李思婉和廖婷同学提供的智能健康应用"心潮减压"的案例分析初稿，2019 届本科毕业生曾回归同学提供的《基于智能手环的个人习惯打卡应用》的设计实例。智能新媒体为新兴事物，其本身在不断演变之中，新型的智能新媒体应用模式不断推陈出新，同时，本人的视野和水平有限，书中难免存在不当之处，较难全面涵盖最新的发展动态，敬请各位同行和读者批评指正。

主要参考文献

[1] EMC Education Services. 数据科学与大数据分析[M]. 曹逾，刘文苗，李枫林，译. 北京：人民邮电出版社，2016.

[2] Ernest Adams，Andrew Rollings. 游戏设计基础[M]. 王鹏杰，董西广，霍建同，译. 北京：机械工业出版社，2009.

[3] F Fang, M Tambe, B Dilkina, AJ Plumptre. Artificial Intelligence and Conservation[M]. Cambridge: Cambrdige University Press，2019.

[4] ITpro，Nikkei Computer. 人工智能新时代：全球人工智能应用真实落地50例[M]. 北京：电子工业出版社，2018.

[5] Jothy Rosenberg，Arthur Mateos. 云计算揭秘：企业实施云计算的核心问题[M]. 胡键，译. 北京：机械工业出版社，2012.

[6] Leo J. Obrst，Kevin T. Smith. 语义网——XML、WEB 服务和知识管理的未来[M]. 北京：中国科学技术出版社，2009.

[7] Michael Miller. 云计算[M]. 姜进磊等，译. 北京：机械工业出版社，2009.

[8] Michael E. Moore. 游戏设计师修炼之道：数据驱动的游戏设计[M]. 傅鑫，陈征，戴锋等，译. 北京：机械工业出版社，2012.

[9] Nicholas Gane，David Beer.New Media: The Key Concepts[M]. Oxford: Oxford University Press, 2008.

[10] Peter Fingar. 云计算：21世纪的商业平台[M]. 王灵俊，译. 北京：电子工业出版社，2009.

[11] Phil Simon.The Age of the Platform: How Amazon, Apple, Facebook, and Google Have Redefined Business[M]. Motion Publishing, 2011.

[12] Phil Simon. 大数据可视化：重构智慧社会[M]. 漆晨曦，译. 北京：人民邮电出版社，2015.

[13] Thomas Erl，Zaigham Mahmood，Ricardo Puttini. 云计算：概念、技术与架构[M]. 龚奕利，贺莲，胡创，译. 北京：机械工业出版社，2014.

[14] 阿里巴巴商学院. 互联网产品用户体验[M]. 北京：清华大学出版社，2013.

[15] 埃弗雷姆·特班，戴维·金，李在奎，梁定澎，德博拉·特班. 电子商务（管理与社交网络视角）[M]. 时启亮，陈育君，占丽，译. 北京：机械工业出版社，2014.

[16] 陈威如，余卓轩．平台战略：正在席卷全球的商业模式革命[M]．北京：中信出版社，2013．

[17] 大卫·西格尔．互联网的语义革命[M]．管策，译．北京：科学出版社，2013．

[18] 丹尼斯·麦奎尔麦．奎尔人众传播理论[M]．北京：清华大学出版社，2006．

[19] 杜骏飞．网络传播概论[M]．福州：福建人民出版社，2009．

[20] 樊永庆，黄国荣，周滨航，等．动漫设计系列教程：游戏中的网络编程技术及应用[M]．北京：中国水利水电出版社，2009．

[21] 范士喜，肖敏．游戏设计教程[M]．北京：清华大学出版社，2012．

[22] 郭庆光．传播学教程[M]．北京：中国人民大学出版社，2011．

[23] 赫克托·莱韦斯克．人工智能的进化[M]．王佩，译．北京：中信出版社，2018．

[24] 胡世良，钮钢，谷海颖．移动互联网赢在下一个十年的起点[M]．北京：人民邮电出版社，2013．

[25] 胡世良．移动互联网商业模式创新与变革[M]．北京：人民邮电出版社，2013．

[26] 胡昭民．游戏设计概论[M]．北京：清华大学出版社，2008．

[27] 黄京华，闻中．电子商务教程[M]．北京：清华大学出版社，2013．

[28] 李德毅，于剑．人工智能导论[M]．北京：中国科学技术出版社，2018．

[29] 李德毅．云计算技术发展报告[R]．北京：科学出版社，2013．

[30] 李卫东．网络与新媒体应用模式——创新设计及运营战略视角[M]．北京：高等教育出版社，2015．

[31] 李卫东．云传播时代：人类传播与治理的云端化、平台化、泛在化、社交化和智慧化变革[M]．北京：科学出版社，2018．

[32] 李卫东．政府信息资源传播[M]．北京：科学出版社，2015．

[33] 李亿豪．区块链+：区块链重建新世界[M]．北京：中国商业出版社，2018．

[34] 李征宇，付杨，吕双十．人工智能导论[M]．哈尔滨：哈尔滨工业大学出版社，2016．

[35] 刘韩．人工智能简史[M]．北京：人民邮电出版社，2018．

[36] 刘晓峰．5G 无线系统设计与国际标准[M]．北京：人民邮电出版社，2019．

[37] 卢西亚诺·弗洛里迪．第四次革命：人工智能如何重塑人类现实[M]．杭州：浙江人民出版社，2016．

[38] 罗伯特·斯考伯，谢尔·伊斯雷尔，吴声．场景革命：即将到来的

场景时代[M]. 赵乾坤, 周宝曜, 译. 北京: 机械工业出版社, 2016.

[39] 马化腾, 等. 互联网+: 国家战略行动路线图[M]. 北京: 中信出版社, 2015.

[40] 迈克尔·J. 凯维斯. 让云落地: 云计算服务模式设计决策[M]. 陈志伟, 辛敏, 译. 北京: 电子工业出版社, 2016.

[41] 潘雪峰, 花贵春, 梁斌. 走进搜索引擎[M]. 北京: 电子工业出版社, 2011.

[42] 彭兰. 新媒体概论[M]. 北京: 高等教育出版社, 2016.

[43] 乔·韦曼. 云经济学——企业云计算战略与布局[M]. 赛迪研究院专家组, 译. 北京: 人民邮电出版社, 2014.

[44] 琼斯. 新媒体百科全书[M]. 北京: 清华大学出版社, 2007.

[45] 丘南森. 数据之美: 一本书学会可视化设计[M]. 张伸, 译. 北京: 中国人民大学出版社, 2013.

[46] 尚文倩. 人工智能[M]. 北京: 清华大学出版社, 2017.

[47] 沈拓. 不一样的平台: 移动互联网时代的商业模式创新[M]. 北京: 人民邮电出版社, 2012.

[48] 史蒂芬·卢奇, 丹尼·科佩克. 人工智能[M]. 北京: 人民邮电出版社, 2018.

[49] 史忠植, 王文杰. 人工智能[M]. 北京: 国防工业出版社, 2007.

[50] 松尾丰. 人工智能狂潮[M]. 北京: 机械工业出版社, 2016.

[51] 腾讯研究院. 人工智能[M]. 北京: 中国人民大学出版社, 2017.

[52] 涂子沛. 大数据[M]. 桂林: 广西师范大学出版社, 2013.

[53] 汪勇, 等. 电子商务概论[M]. 北京: 清华大学出版社, 2009.

[54] 王克照. 智慧政府之路: 大数据、云计算、物联网架构应用[M]. 北京: 清华大学出版社, 2014.

[55] 王莉, 宋兴祖, 陈志宝. 大数据与人工智能研究[M]. 北京: 中国纺织出版社, 2019.

[56] 王鹏. 走进云计算[M]. 北京: 人民邮电出版社, 2009.

[57] 王万良. 人工智能导论: 第 4 版[M]. 北京: 高等教育出版社, 2017.

[58] 王万森. 人工智能原理及其应用: 第 4 版[M]. 北京: 电子工业出版社, 2018.

[59] 维克托·迈尔-舍恩伯格, 肯尼思·库克耶. 大数据时代: 生活、工作与思维的大变革[M]. 盛杨燕, 周涛, 译. 杭州: 浙江人民出版社, 2013.

[60] 吴爽, 等. 电子商务理论与实务[M]. 北京: 清华大学出版社, 2013.

[61] 武娟, 等. 新媒体游戏[M]. 北京: 人民邮电出版社, 2013.

[62] 项立刚. 5G 时代：什么是 5G，它将如何改变世界[M]. 北京：中国人民大学出版社，2019.

[63] 虚拟化与云计算小组. 虚拟化与云计算[M]. 北京：电子工业出版社，2010.

[64] 徐建极. 产品经理的 20 堂必修课[M]. 北京：人民邮电出版社，2013.

[65] 徐晓林，杨兰蓉. 电子政务：第 2 版[M]. 北京：科学出版社，2016.

[66] 杨剑，等. 计算机网络[M]. 北京：清华大学出版社，2013.

[67] 杨正洪. 企业云计算架构和实施指南[M]. 北京：清华大学出版社，2010.

[68] 喻国明，等. 传媒经济学教程：第 2 版[M]. 北京：中国人民大学出版社，2019.

[69] 袁津生. 计算机网络与应用技术[M]. 北京：清华大学出版社，2012.

[70] 约翰·马尔科夫. 人工智能简史[M]. 郭雪，译. 杭州：浙江人民出版社，2017.

[71] 恽如伟，董浩. 网络游戏编程教程[M]. 北京：机械工业出版社，2009.

[72] 张佰明，等. 网络传播实务[M]. 北京：中国传媒大学出版社，2012.

[73] 张波. O2O：移动互联网时代的商业革命[M]. 北京：机械工业出版社，2013.

[74] 张春红，等. 社交网络（SNS）技术基础与开发案例[M]. 北京：人民邮电出版社，2012.

[75] 张宏科，苏伟. 移动互联网技术[M]. 北京：人民邮电出版社，2010.

[76] 张竞宇. 人工智能产品经理——AI 时代 PM 修炼手册[M]. 北京：电子工业出版社，2018.

[77] 张昆. 中外新闻传播史[M]. 北京：高等教育出版社，2008.

[78] 张仰森，黄改娟. 人工智能教程[M]. 北京：高等教育出版社，2008.

[79] 中国版协游戏工委（GPC）. 2013 年中国游戏产业报告[R]. 2013.

[80] 中国人工智能 2.0 发展战略研究项目组. 中国人工智能 2.0 发展战略研究[M]. 杭州：浙江大学出版社，2019.

[81] 中国人工智能产业发展联盟. 人工智能浪潮：科技改变生活的 100 个前沿 AI 应用[M]. 北京：人民邮电出版社，2018.

[82] 钟瑛. 论新媒体社会责任. 中国新媒体社会责任研究报告[R]. 北京：社会科学文献出版社，2014.

[83] 周贤善，王祖荣. 计算机网络技术与 Internet 应用[M]. 北京：清华大学出版社，2011.

[84] 朱近之. 智慧的云计算[M]. 北京：电子工业出版社，2010.

[85] 朱岩，须峰. 网聚天下：互联网商业模式的进化[M]. 北京：清华大学出版社，2013.

附录　章节导读微课列表

第 1 章 智能新媒体概述	第 2 章 智能新媒体应用的产品形态和应用模式
第 3 章 智能新媒体的产品搭建方法	第 4 章 智能新媒体的传播模式：云传播
第 5 章 智能新媒体的内容生产：大数据可视化	第 6 章 人工智能+信息获取应用模式
第 7 章 人工智能+交流互动应用模式	第 8 章 人工智能+生活娱乐应用模式
第 9 章 人工智能+电子商务应用模式	第 10 章 智能新媒体产品的运营思维